本书出版得到西南财经大学中央高校基本科研业务经费专项资金2018年专著出版资助项目（编号：JBK1804025）资助

资本逻辑下的
休闲困境研究

STUDY ON
LEISURE
DILEMMA
IN CAPITAL LOGIC

周海荣 著

社会科学文献出版社
SOCIAL SCIENCES ACADEMIC PRESS (CHINA)

图书在版编目(CIP)数据

资本逻辑下的休闲困境研究 / 周海荣著. -- 北京 : 社会科学文献出版社, 2020.8

ISBN 978-7-5201-6879-3

Ⅰ.①资… Ⅱ.①周… Ⅲ.①闲暇社会学 Ⅳ.①C913.3

中国版本图书馆 CIP 数据核字(2020)第 122011 号

资本逻辑下的休闲困境研究

著　　者 / 周海荣

出 版 人 / 谢寿光
组稿编辑 / 刘　荣
责任编辑 / 单远举
文稿编辑 / 王春梅

出　　版 / 社会科学文献出版社・联合出版中心(010)59367011
地址:北京市北三环中路甲 29 号院华龙大厦　邮编:100029
网址:www.ssap.com.cn
发　　行 / 市场营销中心 (010) 59367081　59367083
印　　装 / 三河市尚艺印装有限公司

规　　格 / 开　本:787mm × 1092mm　1/16
印　张:14.25　字　数:218 千字
版　　次 / 2020 年 8 月第 1 版　2020 年 8 月第 1 次印刷
书　　号 / ISBN 978-7-5201-6879-3
定　　价 / 99.00 元

本书如有印装质量问题,请与读者服务中心(010-59367028)联系

目 录

第一章

导　论

人类社会发展的终极目标是每个人自由自觉地存在，而休闲正是最接近这种自由状态的存在方式。休闲强调人们在自由无迫的环境下享受生命的美好，充分发掘个体的潜力，发挥个体的创造性，彰显个性，拓展生命意义，实现自我价值。尽管受特定社会发展水平的限制，休闲往往被不同时代的主导价值所压制或遮蔽，未能得到充分发展，但自古希腊时期独立的休闲意识产生以来，休闲就一直是人类向往的生存状态。马克思论述的自由王国的社会理想也正是建立在自由自觉的劳动与自由自觉的休闲相融合的基础之上的。

第一节　问题的提出

个体在物质上总是有限的存在，指向无限的是人的精神存在，是对生命价值和意义的追求。马斯洛需求层次理论显示，人的需求层次由低到高恰是由物质需求不断指向精神需求。人类社会的发展在总体上表现为社会生产力的不断提高，目的就是通过不断努力，以尽可能少的劳作获得尽可能多的物质财富，尽量缩短人们为维持生存所需的必要劳动时间，从而为人的精神的、文化的存在，为人的全面发展，创造更多的自由时间。因为只有在自由时间里，在没有外界压迫的情况下，人们才可以按自己的意愿自由选择生活方式，如运动、阅读、欣赏，去丰富生命的意义；才可能更敏锐地去探索、感悟、自省，从而更豁达、从容和聪慧，以提高自己的幸福程度；才可能有心力主动地去完善自己的品格，维护自己的独立个性，努力实现自我，发展自我，提升生命价值。从这个意义上说，自由时间拓展生命的空间，使人的存在从多个层面展开，从而不断生成人的丰富本质。正因为如此，在人类文明演进史中，休闲一直是人们向往和追求的对象。亚里士多德把休闲誉为“一切事物环绕的中心”，并认为“人唯独在休闲时才有幸福可言”。英国著名思想家罗素曾说，能否聪明地用闲是对文明的最终考验。当代著名思想家于光远先生认为：“争取有闲是生产的根本目的之一。”[①]

在人类文明早期社会生产力极不发达的情况下，人们生活的主要内容便是通过劳作获得生存所需，谈不上专门的休闲。不过，有说服力的考证表明，即便在原始社会，人们也并非完全没有休闲。根据人类学家斯普顿和考恩斯研究毛利文化的报告，毛利人生活的各个层面都伴有娱乐的成分。“不管他们是捕鱼、捉鸟、耕田或是盖房子、造独木舟，所有这些场合中，都能找到可以被认为是娱乐性活动的痕迹”[②]，当然，这种休闲还只是一种无意识性、近乎本能的休闲。但这也恰恰说明，休闲伴随着人类的诞生而存在，是人类的本性需要。

随着生产力的发展，人类进入农耕社会，剩余产品的出现和社会分工的发展使阶级统治的社会形式得以建立。劳动的性质和整个社会结构都发生了变化，绝大部分人的辛苦劳作维持了少数特权阶级的休闲生活，休闲从劳动中分离出来，有了自身独立的形式。人们开始有意识地探索和追求休闲，从而形成了不同地域和时代独特的休闲伦理和灿烂的休闲文化。但在人类社会漫长的历史长河中，休闲始终是极少数人的特权，普通大众的绝大部分时间都在为维持生存而劳作，和休闲几乎无缘。

随着资本主义和机器大工业的兴起，资本展示出的神奇力量带来了强

① 于光远：《论普遍有闲的社会》，中国经济出版社，2005，第2页。

② 李仲广、卢昌崇：《基础休闲学》，社会科学文献出版社，2004，第244页。

大的社会生产力。物质生活资料极大丰富，同时社会必要劳动时间不断缩短。在西方，人们的周工作时间从1700年前后的72小时缩短到20世纪90年代的不到40小时。[①] 20世纪80年代，德国金属工业会成功为成员们争取到了现在的每周35小时的工作时间。近些年，部分国家甚至开始讨论30小时周工作时间的相关事宜。同时，带薪假期也普遍增加。法国人的带薪假期是每年5～6周，英国是4～6周等。[②] 这一切为普通大众的休闲提供了可能，20世纪六七十年代，欧美国家的许多社会学家就开始预言，国际社会正在步入大众休闲时代，休闲将代替工作和劳动成为生活的中心。

然而，现实情况远没有预言的那样乐观，当代人的休闲反而陷入了困境。

首先，生产效率的提高、管理的优化的直接目的并不在于增加人们的休闲时间，而是增加利润。这就决定了企业生产在提高效率、优化管理时不可能从人的需要出发。例如，“泰罗制”科学管理在科学实验的基础上，设计出最佳的工位布局、最合理的劳动定额、标准化的操作方法、最适合的劳动工具，从而将工人的潜能发挥到无以复加的程度。但这种科学管理的唯一目的在于实现利润最大化。它强调管理的科学性、严密性和纪律性，却很少考虑人的因素。工人成为机器的一部分，遵从机器运转的节奏，且随着机器工业技术不断改进，工人必须设法不断加快自己的工作节奏。最终，这种高效率运转必然导致人的内心紧张和焦虑。同时，随着自动化技术的发展和科学管理理念的普及，高效合理性原则辐射到社会发展的各个领域，整体社会的生活节奏越来越快。人们被机器和效率“撵”着走，下意识地总是在“赶”。于是，从繁重的体力劳动中解放出来的现代人陷入了巨大的精神压力的旋涡之中。

其次，现代社会的工作伦理和消费伦理使自由时间的增加成为假象。一方面，最优化的生产自然要求最优秀的员工，随着资本技术构成不断优

---

① 〔美〕格雷厄姆·莫利托：《未来世界的五大冲击》，操凤琴译，《中国改革》2000年第4期。

② 〔美〕朱丽叶·斯格尔：《过度劳累的美国人》，赵惠君、蒋天敏译，重庆大学出版社，2010，第90页。

化，在日益增加的竞争压力下，人们被迫竭尽全力向精英看齐：在工作之余接受各种职业培训和进修，甚至不惜牺牲自由时间加班加点等——精英式工作责任迫使人们放弃自由时间而为工作出色加倍努力。另一方面，无论是出于政府拉动经济的需要还是企业与媒体的合作倡导的结果，消费主义在当今社会正呈现蓬勃生机，而高消费必然要求高收入，为了维持一定的消费水平，利用自由时间从事各种兼职是普通大众无奈的选择。于是，高增长、高效率带来的自由时间又被工作时间重新吸收。这就是为什么在科技发达、物质丰富的现代社会，人们看上去并没有比以往更悠闲，甚至是更忙碌了。

最后，当代人的休闲生活发生了异化。其一，“高效”成为当今时代的普适原则，匆忙感无处不在，人们在休闲时间里也需要奋力追求，难以闲适。其二，休闲逐渐物质化，难以承载人们的精神追求。人们在休闲中更加注重物质享受和感官刺激，忽视了对意义和价值的追求。最终，休闲活动或是在人们相互追随、显摆和竞争中沦为消费主义活动，或是陷于低级趣味，甚至变成触犯道德底线、危害社会的活动。其三，休闲失去了自主性，服务于资本主体的自我增长。当代休闲成为一种工业，由生产和消费环节构成，休闲生产和休闲消费规模的不断扩大都是以利润增长为目的的，而不是以人的发展为目的的。

总之，当代休闲没有成为人们休养生息、陶冶情操、提升自我、构筑和谐人际关系的精神家园，而是陷入工具性的物的操控之中，成为被商家利用的途径。在这种休闲生活中，人们只管消费物品、参与活动、感受刺激，而无法静下心来听、欣赏、思考和寻求心灵感悟。但是，人的存在始终需要价值和意义做支撑，当所有那些填满我们生活的物的忙碌突然停止时，留给我们的不是心灵的宁静，而是由内在的贫乏所导致的空虚和焦躁不安。这也是很多人迷惘、焦虑、压抑与充满幻灭感的重要原因。

正是对这些现实问题的困惑与思考引发了本书的选题。我们不得不去追问，什么才是真正的休闲？当今时代休闲困境的根源何在？我们应该如何合理地做出休闲选择？除非我们彻底弄清这些问题，否则我们不会获得理想的休闲。这就要求我们对整个人类休闲发展史、休闲与社会发展、休闲与人的发展之间的关系进行探索，并试图探寻一条通往理想休闲之路，从而为当代人的休闲观念和休闲选择进行理论奠基。

第二节　选题的目的与意义

本书将休闲放在资本逻辑主导的工业时代背景下进行考察，深入分析并揭示当代人的休闲如何在资本逻辑的控制下陷入困境，力图在资本仍具有不可阻挡之势的今天，唤起人们谨慎、理性地利用资本的责任意识，让资本真正服务于人的发展，同时激发人们珍视休闲、合理休闲的理论与行动自觉，因而具有重要的理论和现实意义。

其一，对当代人休闲实践的审视和批判，有助于我们从整体上认识和理解人类的生存困境，反思现代社会和文化发展方式，以重新厘定社会发展的目标。科学技术与工业化的发展赋予现代社会强大的生产力与巨大的物质财富，人类从总体上摆脱了饥饿、贫乏等物质上的威胁与压迫，生存境况得到根本性改善。但同时，人类也被迫面临新的危机，例如大气污染、能源枯竭、土地沙漠化……与饥饿、贫乏相比，如今人们在空气和水等更为基本的需要问题上受到了威胁。同时，在精神方面，存在道德下滑、信仰缺失、人与人之间关系的异化等现象，人类陷入了新的生存困境。而在这种困境的背后，我们看到的是：资本成为当今时代的主体，“有用之善”成为最大的信仰，无论“自然的属性”还是“人的属性”都成为资本利用的对象，自然界和人类社会均沦为资本繁衍增殖①的工具。物质的增长没有以人们生活得更好为根本目的，而只是使资本主体性得到更好的体现。在这种情况下，休闲陷入困境便成为必然。美国著名心理学家斯金纳认为：“一种文化能在多大程度上决定自身的前途，检验这种能

① “增殖”是马克思在《资本论》中的用语，资本的本性是不断追求价值增值，从资本的生命力角度来讲即是无限繁殖。本书在强调资本无限扩张时多用“增殖”，在涉及利润、价值等语境时多用“增值”。

力的有效办法之一是看它如何处理闲暇问题。”① 因此，呈现和批判休闲现实的当代困境，对我们理解和反思人与自然、人与人之间的关系以及当代人整个的生存状态，重新厘定社会整体发展目标有着重要的意义。

其二，对休闲本质的追问，对休闲困境、休闲异化现象的批判和反思，有助于我们正确理解人与休闲之间的关系，树立正确的休闲价值观。在中国，改革开放40多年来，国人的休闲时间大幅度增加，然而，在市场经济体制和全球化的影响下，休闲日益走向物质化。物质成为休闲的重要基础，消费成为休闲的主要内容，人们拼命地工作，匆忙而紧张地进行消费和休闲，结果在物质基础具备了、休闲内容也丰富了的情况下，一些人却比以往更疲惫不堪、精神空虚。这个时候，引导人们深刻认识过度追求物质性休闲对于人的生存的危害，树立科学的休闲观就尤为重要。同时，科学的休闲观对于政府指导休闲服务产业的发展、加强对民众的休闲服务管理等方面非常重要。从当前情况来看，政府和社会对休闲产业拉动经济发展方面关注得更多，而对提高休闲服务质量、满足人们的休闲和文化需求方面关注不足。这从每年大小长假里媒体对各个旅游景点的出游人数的关注度可见一斑。只有在深入理解休闲的本质及其与个人以及整个社会的发展之间的关系的基础上，也即在树立正确的休闲观念的基础上，政府才能合理规划和引导休闲产业与休闲服务业发展，使其真正有利于提高人们休闲生活的质量。

其三，改革开放以来，在以经济建设为中心的理念指导下，休闲观念发展相对滞后，从而导致我国的休闲研究起步较晚。从目前情况看，与休闲经济发展相对应的实证调查与应用性研究较多，基础理论研究不足；在基础理论及批判理论方面，译著较多，自主创造性不足（这一点在随后的文献综述中会展开说明）。因此，深入研究休闲的本质及其与社会发展、个体发展之间的关系，对于加强休闲学科建设、提升休闲研究的理论水平有着重要意义。

---

① 〔美〕B. F. 斯金纳：《超越自由与尊严》，王映桥、栗爱平译，贵州人民出版社，1988，第178页。

其四，本书在考察资本逻辑下的休闲困境这一问题时，对休闲困境的理论批判、根源探寻以及出路探讨都是以马克思的资本理论和自由时间理论为基点的，其中对马克思的异化劳动理论、自由时间理论以及人的全面发展理论中休闲思想的阐发有助于我们加强对马克思休闲思想的理解和把握，并从整体上更好地理解和把握马克思关于共产主义和人的自由解放的伟大理想。

第三节 国内外相关研究综述

一 关于资本逻辑的国内外研究综述

所谓资本逻辑，是指资本追求无限增殖和利润最大化的内在本性和运行规律。在资本主导的现代工业社会，资本依据无限增殖原则对生产、交换、消费等整个社会运行过程进行支配和组织，从而使社会各领域的发展及特征都为资本逻辑所规定。因此，对资本逻辑的研究就体现在对资本的本质、资本的运行原则、资本与现代性、资本与社会发展、资本与人的生存等相关问题的研究之中。

（一）国外相关研究综述

对资本逻辑进行最深刻而辩证的认识继而进行全面而彻底批判的无疑是马克思。与国民经济学家将资本单纯地视为生产要素不同，马克思认为资本在本质上是一种社会关系，体现为劳动者与资本家之间的雇佣关系。通过对资本本质的分析，马克思指出资本发展是一个旨在寻求无限增殖的动态过程，整个现代社会就是资本不断壮大自身的运动的产物。对资本运动逻辑的分析主要出现在马克思的《资本论》《1857—1858 年经济学手稿》《1861—1863 年经济学手稿》《1863—1865 年经济学手稿》等著作中。正是在这几部著作中，马克思从资本运动自身的角度对现代社会进行了分析，同时清楚地展示了资本运动的内在逻辑。

从 19 世纪末开始到第一次世界大战前夕，第二国际理论界分别形成了以鲁道夫·希法亭、罗莎·卢森堡和卡尔·考茨基为代表的马克思主义现代资本主义理论。其中，希法亭的《金融资本》从资本本身支配形态的演化出发，揭示现代资本主义的经济实质和发展趋势，他认为，金融资本的形成和统治是资本主义国家经济政策转变以及帝国主义政治和意识形态形成的经济根源。[①]

罗莎·卢森堡的《资本积累论》是其帝国主义理论的代表作，这部著作的主要旨趣在于揭示帝国主义时代世界范围内的资本积累模式。她强调，资本积累包含两个环节：资本的生产和流通构成的资本主义内部市场是剩余价值的来源，而非资本主义生产方式的外部市场才是资本无限扩张的历史条件。从根本上说，卢森堡是“运用马克思有关资本积累的内在动力和本质的思想来揭示世界历史运动的经济动因，从而使马克思的资本积累理论变得能够说明当代世界正在发展的资本主义的本质和运动规律”[②]。与卢森堡突出资本与非资本的经济形态不同，考茨基的《帝国主义》则从工业与农业不同的产业结构之间的关系来阐发资本主义新形态。考茨基认为，帝国主义的实质是高度发达的工业资本对农业地区的征服和兼并。[③]

综合第二国际马克思主义者们从不同维度阐发的资本主义现代形态批判理论来看，尽管他们的目标主要在于揭示帝国主义的本质，实现现代资本主义批判理论创新，但无论是希法亭的产业资本到金融资本的发展、卢森堡的资本主义向非资本主义的扩张还是考茨基的工业资本对农业地区的征服，都客观地展示了资本运行和发展的历程，揭示了资本为追求无限增殖而无限扩张的运动逻辑。

20 世纪 30 年代至 60 年代末，西方马克思主义出现众多流派，如法兰克福学派、存在主义马克思主义、弗洛伊德主义马克思主义、结构主义马

---

① 姚顺良：《希法亭对马克思资本主义理解模式的逻辑转换》，《南京大学学报》（哲学·人文科学·社会科学）2009 年第 3 期。

② 何萍：《罗莎·卢森堡的〈资本积累论〉与中国》，《马克思主义研究》2005 年第 6 期。

③ 〔德〕卡尔·考茨基：《帝国主义》，史集译，生活·读书·新知三联书店，1964。

克思主义、新实证主义马克思主义等。“他们反思启蒙精神、工具理性、科学技术、大众文化，致力于发达工业文明批判，构筑批判理论的哲学基础，并用各种西方社会思潮解释、补充、重建马克思主义。”① 这一时期的资本理论主要针对资本与现代性的关系，通过对工具理性、科技异化、大众文化工业化等现象的批判，直击资本主义工业社会的重重矛盾，并努力提出自己的解决方案。

马尔库塞的《单向度的人》通过对政治、生活、思想、文化、语言等领域的分析、批判，指出发达工业社会如何成功地压制人们心中的否定性、批判性、超越性的向度，使这个社会成为单向度的社会，而生活于其中的人成了单向度的人。该书对现代资本主义社会做了深刻的揭露和批判，但局限在于没有从资本的本性处寻找根源，而是把造成社会和人单向度存在的极权控制归因为技术的进步。另外，在出路的探讨上，也暴露出其社会批判理论的乌托邦性质。② 弗洛姆③的《健全的社会》是对资本主义社会中人的精神状况的一次有力的探索。最突出的创见在于他提出了社会作为整体的精神健康问题。他指出，现代社会的普遍特征是集体焦虑和不安、人的自我丧失，人们与自己创造的事物、自己建立的组织、他人甚至自己相疏离，对这种趋势放任自流的结果是形成被异化力量支配的精神失常的社会。但相对于其批判现存制度的深刻有力，他所提出的诊治方案是缺乏足够力度的。④

随着在经济政策和运行机制上的自我调节以及经济全球化局面的形成，资本的发展有了新的形式和特点。西方学者对资本理论的探索也是创见不断。美国著名经济学家与经济思想史学家罗伯特·海尔布隆纳的《资本主义的本质与逻辑》一书从多个层面和领域探讨了“资本主义是什么”这一问题，包括原始社会的组织和财富的起源、利润源泉和资本

---

① 魏连、王清涛：《理解马克思学说必须正确区分的三对关系》，《东岳论丛》2011 年第 2 期。

② 〔美〕赫伯特·马尔库塞：《单向度的人——发达工业社会意形态研究》，刘继译，上海译文出版社，2013。

③ 又译弗罗姆。本书行文中使用弗洛姆，在引用具体文献时，尊重原文献的译法，维持原貌。

④ 〔美〕艾里希·弗洛姆：《健全的社会》，孙恺祥译，上海译文出版社，2011。

“制度”的概念、变化相对缓慢的制度和财富积累的强大力量之间的相互作用等。[①]美国著名学者威廉·格雷德在《资本主义全球化的疯狂逻辑》一书中深刻揭示了全球经济中人与人之间争斗的神话和现实。格雷德认为，全球经济处于急剧变化之中，这种变化正在以慢速运动的灾难形式威胁我们。[②] 英国著名学者 I. 梅扎罗斯在《超越资本》中对资本主义的全球扩张及其后果进行了揭露，并提出对未来社会主义的战略设想：超越资本，破除“普遍永恒资本”的符咒。[③] 该书在国际马克思主义学界引起了广泛反响。

相关的著作还有德国社会学家格罗·詹纳的《资本主义的未来》、秘鲁经济学家赫尔南多·德·索托的《资本的秘密》、美国学者吉布森－格雷汉姆从女性主义视角进行批判的《资本主义的终结》等。

综观西方学界的相关研究，直接对资本的发展逻辑进行剖析和批判的并不多见。因为在资本主义社会中，资本的种种特性、本质和发展逻辑直接表现为当代社会的特性、本质及发展趋势，因此，一方面，学者们对资本主义社会的运行历程、内部矛盾、发展趋势以及资本主义社会中人的生存异化、生态环境危机等问题的研究直接加深了我们对资本逻辑的理解。另一方面，也正因为身处资本主义社会，一些西方学者常有意无意地混淆问题的根源，例如，他们（如法兰克福学派众多成员）常把资本主义社会纷繁复杂的矛盾以及人在各领域的异化现象归因于当代科技文明的发展或理性形而上学等，而不是归因于资本逻辑。尽管如此，但他们对当代资本主义社会暴露出的种种问题进行了深刻有力的揭露，这为本书提供了广阔的批判视野和丰富的现象层面的材料。

（二）国内相关研究综述

在国内，随着我国市场经济的发展，资本逐渐成为中国学术界的研究

---

① 〔美〕罗伯特·L. 海尔布隆纳：《资本主义的本质与逻辑》，马林梅译，东方出版社，2013。

② 〔美〕威廉·格雷德：《资本主义全球化的疯狂逻辑》，张定淮、周新琦、夏家驷译，社会科学文献出版社，2003。

③ 〔英〕I. 梅扎罗斯：《超越资本——关于一种过渡理论》，郑一明等译，中国人民大学出版社，2003。

热点。学者探讨的主要问题有资本与现代性的关系、资本的历史作用、资本对社会主义国家的影响以及如何对资本加以制衡等。

关于资本与现代性问题，孙承叔在其《资本与现代性——马克思的回答》一文中认为现代性问题是人类当前面临的主要问题，在现代性问题上，离开了对资本的批判，不仅是肤浅的，而且带有虚伪的本质。[①] 俞吾金在其《马克思对现代性的论断及其启示》一文中指出“资本构成现代社会的基础和动力，也构成各种现代性现象的核心和灵魂”[②]。鲁品越、骆祖望在《资本与现代性的生成》一文中指出，正是资本逻辑不断把生活世界纳入资本运行体系中，在实践中通过对现实社会生活的不断引领和创造，产生了现代性的各种基本特质。[③]

对于资本的历史作用问题，黄楠森等学者以马克思的“三大社会形态”理论为基础，指出资本主义生产方式在为更高的社会形态创造强大物质基础的同时，也在客观上发展了人的能力、人全面的社会关系和人超出本能的丰富的需要，即为人的自由全面发展创造条件。[④] 余源培认为，资本的历史作用，既典型体现于资本主义社会，又表现于社会主义社会。这其实阐明了我国社会主义市场经济体制的哲学基础。[⑤]

关于资本与人的异化问题，陈学明认为，在资本逻辑控制下，人的功能会发生异化而出现单向发展，主要是物质需求和物质功能不断膨胀，精神的、情感的需求和功能相应地萎缩，因此必须对资本逻辑进行制衡，在利用和限制资本之间保持合理的张力，使资本最大化服务于社会主义发展。[⑥]

相关研究成果还有鲁品越的《资本逻辑与当代现实》、赵峰的《资本主义经济增长的逻辑》、邵腾的《资本的历史极限与社会主义》、张彤玉

---

① 孙承叔：《资本与现代性——马克思的回答》，《上海财经大学学报》（哲学社会科学版）2006 年第 4 期。

② 俞吾金：《马克思对现代性的诊断及其启示》，《中国社会科学》2005 年第 1 期。

③ 鲁品越、骆祖望：《资本与现代性的生成》，《中国社会科学》2005 年第 3 期。

④ 黄楠森、庄福龄、林利主编《马克思主义哲学史》，北京出版社，1996。

⑤ 余源培：《〈资本论〉的当代意义》，《复旦学报》（社会科学版）2006 年第 5 期。

⑥ 陈学明：《资本逻辑与生态危机》，《中国社会科学》2012 年第 11 期。

等人的《嬗变与断裂——如何认识资本主义发展的历史进程》、江涌的《资本主义还能走多远》以及陈宝的博士学位论文《资本·现代性·人——马克思资本理论的哲学诠释》、韩金起的博士学位论文《资本与现代社会——读〈1857—1858年经济学手稿〉》、王欢的博士学位论文《超越资本逻辑与符号逻辑》等。

国内关于资本逻辑的研究从最初对资本的全盘否定甚至敌视，发展到现在对资本的客观评价和辩证批判，已逐渐成熟和全面。在资本与现代性的关系、资本的历史作用、资本对人的发展以及如何对资本加以制衡等问题上，不同视角的研究不仅深化了对资本的认识，而且大多数批判直击问题的本质，促进了马克思理论在新时代的丰富和发展。但在所有相关研究中，还没有学者直接将资本逻辑与休闲领域的异化现象联系起来考察。这一方面反映了人们对当前的休闲异化现象缺少足够的意识自觉，另一方面也反映了学者们对资本在休闲领域的控制本质缺少现实和理论警觉。

二 关于休闲及休闲异化的国内外研究综述

（一）国外相关研究综述

西方人对休闲的认识有着悠久的历史，早在公元前3世纪，被西方休闲学家尊为“休闲学之父”的亚里士多德就在其著作中多次阐释休闲问题。他认为闲暇包含“人生的幸福境界”①，“个人和城邦都应具备操持闲暇的品德”②。不过，真正把休闲放在学术层面加以考察和研究，并形成学科体系是一百多年来的事情，它是和近代工业发展联系在一起的。一方面，近代工业的高度发展促进了人们物质财富和闲暇时间的大量增加，使休闲日益成为人们生活的重要内容。这时系统的休闲研究应运而生。另一方面，工业文明的高度发展又以人的丰富性的丧失和人的全面异化为代价。这使人们对理性科学和工业文明的效能和价值产生深深的疑虑。思想

① 〔古希腊〕亚里士多德：《政治学》，吴寿彭译，商务印书馆，1996，第410页。

② 〔古希腊〕亚里士多德：《政治学》，吴寿彭译，商务印书馆，1996，第392页。

家们试图通过对休闲与人生价值的思索促进人类自省，寻找克服异化使人回归本我状态的途径。这些便是休闲学兴起的时代背景。

西方社会学研究领域普遍认为现代意义的休闲研究始于1899年美国社会学家和经济学家凡勃伦出版的《有闲阶级论》。但近些年来，越来越多的学者认为，马克思在近代资本主义社会发展初期就对闲暇时间与人的发展的关系做了深入研究。在从《1844年经济学哲学手稿》的异化劳动理论到《资本论》的雇佣劳动理论批判中，马克思不仅充分论证了工人阶级的休闲权，而且揭示出自由时间在人类社会发展及个人全面发展中的重要地位和作用。继马克思之后，法国马克思主义者拉法格的《休闲的权利》被西方学者尊为现代休闲研究的奠基之作。该书作者为劳苦大众休闲权利进行了有力的辩护。

20世纪以后，随着休闲在西方发达国家社会生活中占据越来越重要的地位，越来越多的学者开始研究休闲，产生了一大批有影响力的研究成果。

1. 对休闲理论与应用的研究

（1）20世纪60年代前对古典休闲思想的研究

20世纪60年代前，西方休闲理论研究热衷于对以古希腊哲学家为代表的古典休闲思想进行回顾和探讨，并在此基础上对现代西方社会的休闲实践进行批判和审视，试图以古典休闲思想规范现代人的休闲实践。

荷兰学者J. 胡伊青加的《人：游戏者》从游戏的角度阐述了游戏与人的文化进化的相关性。该书作者一反西方在人和人性理解上的理性主义传统，把游戏作为“生活的一个最根本的范畴”来论述，强调人的游戏本质和游戏因素对于文明的极端重要性。[①] 德国哲学家约瑟夫·皮珀的《闲暇：文化的基础》被誉为现代西方休闲理论研究的经典之作。皮珀分析了从古希腊时代的柏拉图和亚里士多德到中世纪的托马斯·阿奎那的休闲思想，以证明闲暇是古人最为珍视的礼物，是文化的根源和基础。在他看来，今天的人们正生活在“工作至上”的无闲暇文化中，理性主义和

① 〔荷〕J. 胡伊青加：《人：游戏者》，成穷译，贵州人民出版社，2007。

功利主义的风靡使人们失去了骚动和惊奇的能力。在这种“工作至上”的世界中，“‘纯粹的人性’一再被忽略和置之不顾”[①]。最贴近真实世界和人的本性的哲学行动、宗教行动、艺术行动也无法逃离工作伦理的束缚，只能为工作世界服务。皮珀从天主教思想传统出发批判了西方文化价值观由休闲向工作发生的重大转折。他的思想对西方休闲研究产生了深远的影响。美国学者葛拉齐亚的《论时间、工作和休闲》一书通过追溯工作和休闲从古希腊、罗马、中世纪到现代工业化的历史来反思现代工业社会的休闲观念和实践，并讨论了现代西方社会中经济、政治和社会的运行方式给休闲带来的障碍。[②]

（2）对现代休闲实践的反思

20 世纪 60 年代后，休闲逐渐成为人们生活的重要部分，休闲科学理论在欧美大陆得到迅猛发展。但同时，休闲领域暴露出的问题也不容忽视。休闲的不平等问题、意识形态与控制问题，以及诸如药物滥用等一系列“反休闲”活动，严重挑战传统价值观。这时休闲理论研究就不再满足于为人们提供一个完美的休闲理想，而是要结合社会问题，对休闲现实问题进行反思和批判，让人们在新的时代背景下更好地理解和运用休闲。

美国哲学家查里斯·波瑞特比尔的《挑战休闲》和《以休闲为中心的教育》两部著作是这一时期西方公认的休闲学研究力著。《挑战休闲》指出，自由时间的增多使我们社会的不安定因素越来越多，我们只注意到工作的伦理，却没有思考如何发展休闲的伦理。因此，他提出以休闲为中心的教育。[③] 美国心理学家席齐克森特米哈伊（M. Csikszentmihalyi）于 1990 年发表了对休闲心理学影响深远的专著《畅：最佳体验的心理学》。该书从心理学的角度对休闲体验的性质做了深入的研究，强调休闲本质上是一种有益于个人健康发展的内心体验，并提出了“畅”（Flow）的概念。[④] 由美国学者托马斯·古德尔和杰弗瑞·戈比合著的《人类思想史中

---

① 〔德〕约瑟夫·皮珀：《闲暇：文化的基础》，刘森尧译，新星出版社，2005，第 47 页。

② de Grazia Sebastian, *Of Time, Work and Leisure*, Twentieth Century Fund, 1960.

③ Brightbill, Chales K., *The Challenge of Leisure*, Prentice-Hall, 1963.

④ Mihaly Csikszentmihalyi, *Flow-The Psychology of Optimal Experience*, Harper & Row, 1990.

的休闲》通过对休闲在西方雅典城邦的出现直到在当代的发展状况的考察，探索了休闲在人类思想史中的价值演变过程，批判了商品时代的物欲横行和人类对大自然的掠夺以及人类道德和理性面临的困境。[①] 杰弗瑞·戈比的另一著作《你生命中的休闲》从时间、心态、生存状态、行为等不同角度探讨了人生命中的休闲，并给出了有普遍影响的休闲概念。他认为休闲是人生命中的一部分，是对生命意义和快乐的探索。[②] 相关且同样重要的著作还有约翰·凯利的《走向自由——休闲社会学新论》《女性休闲——女性主义的视角》等。

20 世纪 60 年代后的休闲学研究植根于现实生活，以大量实证材料为依据来反思人们的休闲实践，从而达到警醒世人的目的。而其局限在于，这些休闲理论尽管对当今社会休闲领域所暴露出来的休闲物质化、低俗化等多种问题进行了深刻的反思和批判，但始终未能真正揭示休闲面临异化和困境的根源所在。

（3）对休闲的应用性研究

20 世纪六七十年代，对休闲的应用性研究开始兴起。到 20 世纪 80 年代，休闲产业已经成为西方发达国家的重要产业。但在休闲产业的规划与管理方面缺乏相应的理论和方法指导。在这种背景下，西方越来越多的学者开始尝试将经济学理论应用于休闲产业、休闲消费与休闲服务研究。

西方学者对休闲经济的研究主要有两种类型：一种是以美国为代表的定量研究，主要以数理统计模型、统计学方法、系统方法等为研究方法，以休闲现象之间的相互关系为研究基础，侧重于进行休闲产品生产及休闲服务的定量化的研究工作；另一种则是以欧洲国家为代表的定性研究，侧重于将管理学、经济学的基本理论应用于休闲经济研究，注重对休闲经济和休闲产业发展进行理论性的分析，而且习惯将一些心理学和社会学的观点融入其中。[③]

① 〔美〕托马斯·古德尔、杰弗瑞·戈比：《人类思想史中的休闲》，成素梅、马惠娣、季斌、冯世梅译，云南人民出版社，2000。

② 〔美〕杰弗瑞·戈比：《你生命中的休闲》，康筝译，云南人民出版社，2000。

③ 卿前龙：《西方休闲研究的一般性考察》，《自然辩证法研究》2005 年第 1 期。

休闲的应用研究可以为休闲产业的发展和政府制定休闲政策提供依据，但这种研究往往过于强调休闲所具有的各种社会功能与效益，从而导致对现实休闲领域所存在的矛盾和问题的忽视，以及对休闲与人的存在的本体论维度的遮蔽。在当今休闲产业作为全球经济新增长点的背景下，服务于商业化休闲发展的应用性研究越来越缺乏应有的价值导向。

2. 对休闲异化的相关研究

西方哲学家对工业社会人的异化生存状况有着深刻的揭露和批判传统，不过对于专门的休闲异化批判研究并不多见，只是散见于其他的批判理论之中。马克思的劳动异化批判理论以及资本剥夺工人自由时间的批判理论就包含对早期资本主义社会中工人休闲境遇的相关研究。马克思揭露了资本主义条件下工人遭受无情剥削根本没有自由时间的残酷现实。

（1）社会批判理论中的休闲异化批判

西方马克思主义的社会批判理论中蕴含着丰富的休闲异化相关理论。法兰克福学派，尤其是霍克海默和阿道尔诺[①]在对资本主义大众文化工业批判中指出了当代资本主义文化日益商品化的一般趋势以及这种趋势对文化事业的危害。他们指出，在西方发达国家商品经济全面渗透的历史趋势下，文化发展出现了实用主义和拜金主义倾向，文化艺术失去了自身存在的自律性和独立性，被严重地物化。[②] 文化艺术与休闲具有内在相关性，霍克海默和阿道尔诺对文化艺术异化现象的批判对本书的休闲异化批判有重要的借鉴意义。

休闲与人们的日常生活直接相关，因此，同样有重要参照意义的还有列斐伏尔的日常生活批判理论。列斐伏尔认为“日常生活与一切活动有着深层次的联系，并将它们之间的种种区别与冲突一并囊括于其中”[③]，因此，日常生活是最能实现人的完整性和丰富性的领域，但是随着资本商品逻辑的渗透，日常生活越来越单调刻板，人的主体性、丰富性、革命性

---

① 又译阿多诺。本书行文中使用阿道尔诺，在引用具体文献时，尊重原文献的译法，维持原貌。

② 〔德〕马克斯·霍克海默、西奥多·阿道尔诺：《启蒙辩证法——哲学断片》，渠敬东、曹卫东译，上海人民出版社，2003。

③ Henri Lefebvre, *Critique of Everyday Life*, Verso, 1991, pp. 66 – 67.

不断被削弱。在列斐伏尔看来，根本意义上的革命是完全改变生活，他提倡让日常生活变成艺术，在劳动、娱乐、家庭、邻里、两性关系等这些日常生活中摆脱资本主义异化。

法国社会学家波德里亚写于1970年的《消费社会》在消费社会的大背景下直接谈到了休闲异化问题。波德里亚指出，由符号逻辑主宰的消费异化是当今社会的典型特征。而异化的消费必然导致异化的休闲。在波德里亚看来，消费社会的最大财富是时间，但是，在现代消费社会里，在商品逻辑的支配下，劳动时间和自由时间都成为商品。自由时间本身也变得越来越需要直接或间接地被购买以被消费。①

媒介娱乐成为当今时代休闲生活的主要内容之一，同时也导致休闲失去精神和思想向度。美国媒介文化研究学者尼尔·波兹曼的《娱乐至死》与《童年的消逝》从媒介生态学和媒介文化学的角度深入分析了媒介娱乐化的现象。他认为，在媒介娱乐影响的积累下，人们既失去了传统，又放弃了思考，最终人类会在娱乐中灭亡。②

美国学者朱丽叶·斯格尔在《过度劳累的美国人》一书中向人们揭示了当代美国人的休闲困境。工作时间增加、休闲时间相应减少似乎成为二战后美国人的普遍感受。该书作者详尽地分析了这一趋势的经济、社会原因以及它给家庭、社会带来的巨大危害。普遍的观点认为，随着生产力的提升，人们的休闲时间会不断增加。那么，现代人总是生活匆忙就只能归因于他们自己。该书作者质疑这一逻辑，指出资本主义劳动力市场机制、纯功利的社会价值观标准以及“高效率—高消费”的恶性循环等才是这一反常趋势的根源。③

（2）休闲学研究中的休闲异化批判

在专门的休闲论著中，关于休闲批判的成分更翔实和具体一些。像前文提到的凡勃伦的《有闲阶级论》所提出的“炫耀性消费”正是当今一种典型的休闲异化的现象，即休闲成为“保持身份、礼俗”和“证明个

① 〔法〕让·波德里亚：《消费社会》，刘成富、全志钢译，南京大学出版社，2008。

② 〔美〕尼尔·波兹曼：《娱乐至死》，章艳译，广西师范大学出版社，2004。

③ 〔美〕朱丽叶·斯格尔：《过度劳累的美国人》，赵惠君、蒋天敏译，重庆大学出版社，2010。

人金钱力量”的一个必要条件。[①] 皮珀的《闲暇：文化的基础》、葛拉齐亚的《论时间、工作和休闲》以及波瑞特比尔的《挑战休闲》都是在对现实的休闲生活进行批判的基础上提出相关理论。

20 世纪八九十年代，美国休闲研究界出版的一批引人关注的学术成果中的《走向自由——休闲社会学新论》《女性休闲——女性主义的视角》《人类思想史中的休闲》《你生命中的休闲》都以相当大的篇幅描述和分析了休闲异化的各种表现。杰弗瑞·戈比在《21 世纪的休闲与休闲服务》中描述了美国人休闲时的匆忙感以及对时间的深度利用，他指出，对时间的深度利用意味着美国人在休闲期间从未充分地经历一切——从未真正投入过。[②] 他在《你生命中的休闲》一书中指出，当今的休闲产品和休闲服务使人们的生活更加复杂，人们难以获得内心的平和与宁静。[③] 托马斯·古德尔与杰弗瑞·戈比在《人类思想史中的休闲》一书中对休闲中的时间深度利用问题进行了研究。约翰·凯利在《走向自由——休闲社会学新论》第八章中从“传媒、潮流与时尚”“自由的失窃”“异化的暗示”等几个方面揭示休闲的异化，并指出休闲异化是“成为人”的最大障碍。[④] 韩国休闲研究学者孙海植等在《休闲学》中阐述了“休闲的消极作用”，他还指出，这种休闲的特征是单一化、模仿性、虚伪性和享乐性。[⑤]

这些作品结合多层面的实证材料对现实生活中的休闲异化现象进行了深刻的批判。他们的相关著作成为本书的重要参考文献。

（二）国内相关研究综述

中国的休闲思想具有和西方休闲思想一样悠久的历史和深邃的观点。中国学者往往把休闲视为一种个人体验活动，推崇“君子之行，静以修

① 〔美〕凡勃伦：《有闲阶级论》，蔡受百译，商务印书馆，2018。
② 〔美〕杰弗瑞·戈比：《21 世纪的休闲与休闲服务》，张春波、陈定家、刘风华译，云南人民出版社，2000。
③ 〔美〕杰弗瑞·戈比：《你生命中的休闲》，康筝译，云南人民出版社，2000。
④ 〔美〕约翰·凯利：《走向自由——休闲社会学新论》，赵冉译，云南人民出版社，2000。
⑤ 〔韩〕孙海植等：《休闲学》，朴松爱、李仲广译，东北财经大学出版社，2005。

身，俭以养德，非淡泊无以明志，非宁静无以致远”的休闲观。不过，在国内把休闲作为一门学问进行研究却起步非常晚。在我国，著名学者于光远最早提出要进行休闲理论研究。在他的大力倡导下，1995 年成立了北京六合休闲文化策划中心，它成为我国第一个休闲研究民间学术机构。随后，在他和龚育之、成思危等学界泰斗以及我国知名休闲学研究学者马惠娣等人的推动下，成立了休闲文化研究小组等学术机构。随之有一大批学者进入休闲研究领域，产出了一批有影响力的研究成果。

1. 对休闲理论与应用的研究

王雅林、董鸿扬主编的《闲暇社会学》是国内第一部研究休闲的专著。1996 年，在第四届世界休闲大会上，马惠娣提交了《文化精神领域的休闲理论》（On Leisure Theory in the Field of Cultural Spirit）一文，成为第一位参与国际休闲学术研究的大陆学者，标志着休闲研究在国内的萌芽和传播。此后，我国休闲研究逐步发展起来。

（1）奠基性译著和论著

目前我国休闲研究较具代表性的成果是由马惠娣等组织翻译的两套“休闲研究译丛”（共 10 本书）和于光远等人牵头出版的“中国学人休闲研究丛书”（共 5 本书）。“休闲研究译丛”分别从不同层面对美国的休闲问题做了多方面的探索，对中国学者研究当代西方人休闲生活、休闲价值观，反思中国当前休闲领域的相关现象有着重要意义。“中国学人休闲研究丛书”是目前我国休闲研究的阶段性标志成果。其中，于光远的《论普遍有闲的社会》以战略思想家的眼光论述了休闲与社会进步的关系，并深刻地指出，“闲”是生产力发展的根本目的之一。① 陈鲁直的《民闲论》以深厚的马克思主义理论素养，系统地整理了马克思关于“劳”与“闲”关系的论述。他认为，通过“闲”，不仅可以促进人的多方面发展，而且可以完善人、提升人，从内在方面提高劳动者的素质，促进人与自然的和谐、人与人的和谐、人与社会的和谐。② 马惠娣的《走向

---

① 于光远：《论普遍有闲的社会》，中国经济出版社，2005。

② 陈鲁直：《民闲论》，中国经济出版社，2005。

人文关怀的休闲经济》论述了休闲经济、休闲产业、休闲消费的本质问题。马惠娣的《休闲：人类美丽的精神家园》从跨学科的视野论述了休闲哲学、休闲文化、休闲经济、休闲产业等若干方面的问题。马惠娣、张景安主编的《中国公众休闲状况调查》是国内外数十位学者用近三年时间对我国公众休闲状况所做的一个调查报告，对本书的研究有重要的参考作用。

（2）视角丰富的学术论文

20 世纪 80 年代含“休闲”关键词的论文所论述的休闲其实和现代意义上的休闲并无关系，指农田耕种的休闲期，是技术术语。20 世纪 90 年代才开始出现与休闲主题相关的论文，且数目不多。21 世纪以来，相关论文急剧增加，尤其是近 5 年来，每年有数千篇论述休闲的文章发表。这些论文从不同角度切入，论述了休闲的内涵与本质、中国传统的休闲思想、某一特定群体的休闲方式、某历史名人的休闲思想、中西休闲文化的异同、休闲历史的考察，休闲体育、休闲旅游、休闲经济、休闲消费、大众休闲、农村休闲、城市休闲，休闲教育，休闲与审美、休闲与大众媒介，马克思休闲思想等不同主题。近些年来，尤其是 2003 年以来，研究“休闲”的学位论文开始增多。其中，社会学背景的学位论文集中于休闲经济、休闲产业以及社会某一群体或阶层的休闲方式等主题；哲学背景的学位论文倾向于研究休闲的内涵、休闲的价值意蕴、马克思主义休闲观、休闲与人的全面发展及休闲异化等主题；其他学科背景的学位论文则将休闲与其专业领域进行巧妙的结合。具体论文不一一列举。

与西方休闲研究类似，中国休闲研究的兴起也是对当代中国休闲实践的发展在理论上的关注和回应。我国改革开放以来，特别是 20 世纪 90 年代中后期，居民生活消费结构从温饱型向小康型迈进，推动了体育、旅游等休闲生活方式和休闲需求的兴起和出现，休闲经济、休闲服务等休闲实践的发展促进了休闲研究的进步，但从总体上看，休闲的实证研究和应用研究占大多数，休闲的基本理论研究较少。据岳培宇、楼嘉军的统计，在所搜集到的国内休闲研究论文中，有关休闲经济研究的论文占 1/4，接着是关注城镇居民休闲消费和休闲行为以及城市休闲空间规划和设计的论文，以上三种论文所占的比例高达67%[①]，而有关休闲基本理论的研究则严重滞后。虽然存在诸多不足，但是经过30多年的发展，中国休闲研究积累了大量的材料和实证数据，为进行系统、深入的研究打下了坚实的基础。

2. 对休闲异化的相关研究

目前，我国的休闲研究的重点还是集中在有关休闲的理论以及休闲发展的经济和社会推动效应方面，对休闲领域的问题的反思相对滞后，因此，关于休闲异化的研究成果并不丰富。

（1）对休闲异化现象的揭示

马惠娣、成素梅指出了我国的休闲目前所面临的几个误区，对自由时间的异化进行了揭示并提出要树立可持续发展的消费观。[②] 章海荣、方起东对享乐炫耀性消费进行了研究，并对消费主义休闲进行了批判。[③] 陈玉霞研究了信息技术带来的精神上的困惑和压抑，以及由此引发的休闲异化问题。[④] 周觉对休闲异化的本质进行了探索。[⑤] 袁其微从伦理角度论述了休闲异化。[⑥]

（2）对休闲异化的归因及克服路径分析

李春生教授撰文指出，生态休闲是应对休闲异化、实现休闲回归自然状态的休闲理念。[⑦] 谢秀华揭示了人类进入资本主义工业社会时期以来，物质财富的增长成为社会发展的目标，致使休闲生活物质化、商业化、低俗化。她认为工业社会人的休闲生活异化的根源在于人的劳动的异

---

① 岳培宇、楼嘉军：《国内休闲理论研究阶段、重点及评述》，《北京第二外国语学院学报》2005年第5期。

② 马惠娣、成素梅：《关于自由时间的理性思考》，《自然辩证法研究》1999年第1期。

③ 章海荣、方起东：《休闲学概论》，云南大学出版社，2005。

④ 陈玉霞：《信息技术对休闲的双重效应》，《学术交流》2002年第3期。

⑤ 周觉：《资本主义社会片面追求效率与休闲的异化》，《消费经济》2005年第6期。

⑥ 袁其微：《休闲道德对精神文明建设的重要意义》，《全国商情》（经济理论研究）2009年第19期。

⑦ 李春生：《生态体验：从休闲到生态休闲》，《自然辩证法研究》2006年第10期。

化，并在马克思异化劳动理论的基础上提出克服休闲异化的路径。[①] 王立新主要论述工业社会的技术乐观主义、技术价值悖论和价值理性失衡导致休闲异化。他认为克服休闲异化应该从技术与休闲的合目的性着手，即通过对技术价值实现的规制和价值理性的重构来防范休闲异化。[②] 赵瑞华论述了休闲异化与当代大众媒介文化之间的关系，指出媒介文化推动并加深了现代休闲异化。媒介文化本身的娱乐化、消费化倾向推动并促成了休闲的娱乐化与消费化，而媒介文化的标准化则加深并强化了休闲的标准化。因此，建构理想的休闲生活，必须培养大众对现代媒介的批判意识。[③]

从以上休闲困境和休闲异化的相关研究可以看出，由于休闲异化现象是随着资本逻辑扩张到休闲领域才逐渐凸显的，因此相关研究还并不十分成熟，在国内外为数不多的相关论著和论文中，尽管学者们在揭示休闲异化多种表现形式、探究休闲异化的根源以及探讨克服休闲异化路径上都做出了相当有成效的研究，但不足之处也是明显的。综合起来看，学者们对休闲异化的批判大多酣畅淋漓，但在涉及异化的根源问题时往往意见不一。被不同学者归结为休闲异化根源的有消费异化、技术统治、媒介文化、效率文化、劳动异化、资本主义劳动力市场机制等，这些确实都是加剧休闲困境的重要因素，但实际上它们本身也都是表象，和休闲困境有着共同的更深层次的根源——资本逻辑的统治。困境的根源确定不到位，必然导致对出路的探讨或者不切实际，或者行之无效。在马克思时代，休闲异化现象还没有完全展现，而最早论及工人休闲困境的马克思却已准确无误地指出资本是最终的根源，工人休闲权的实现、自由王国的理想休闲的实现依赖资本的发展，也依赖对资本的最终超越。也就是说，资本逻辑才是导致休闲困境的根源，超越资本才是根本的出路。

---

① 谢秀华：《工业社会休闲异化批判》，吉林大学出版社，2016。

② 王立新：《休闲异化的技术审视》，东北财经大学出版社，2017。

③ 赵瑞华：《媒介文化与休闲异化——媒介文化对现代休闲方式负面影响研究》，中山大学出版社，2017。

第四节　主要内容及研究思路

在现代社会，资本成为社会的主体并依据其无限增殖和利润最大化原则对生产、交换、消费等整个社会运行过程进行支配和组织。通过在劳动、消费、文化观念等各领域实施强制，资本将整个世界纳入其“普遍有用性的体系”[①]，造就了空前发达的社会生产力以及充裕的物质财富和自由时间，从而使人类社会步入大众休闲时代，但同时，休闲又陷入困境。休闲总是被规定、引导，以更好地服务于资本的价值增值，而不再以促进人的发展为目的。结果是，大众休闲时代的人们反而无法享有真正的休闲。这首先表现为资本逻辑造成发达工业社会新的“无闲”。在“高消费”被迫成为既成的文化观念后，社会生产率的提高不再转化为更多的自由时间，而是转化为对高收入的追求，从而使现代社会不断增长的自由时间成为假象。其次，资本逻辑的高效合理化原则造成现代社会普遍的“时间饥荒”，引发人们对自由时间的“深度利用”，休闲不再轻松自在。再次，休闲的产业化发展以及资本逻辑对休闲需求的制造和引领导致休闲陷入消费主义。休闲流于物质追求而远离了精神思考。最后，资本逻辑控制了人们的休闲需求、休闲方式乃至休闲观念，从而使休闲丧失原本的自主性。这样一来，与现代社会丰富的休闲商品与服务相悖的是，真正可能带领人们走向自由状态的休闲彻底远离了现代人。

资本逻辑不仅是造成休闲困境的根源，还是导致包括劳动异化、消费异化、生态危机在内的整个人类生存困境的罪魁祸首。马克思对资本的深刻分析与批判早已明确揭示出超越资本逻辑既是人类实现自由解放的必然选择，也是资本依据其内在逻辑扬弃自身的必然结果。尽管人们在需要依赖资本进一步壮大社会物质基础的当前阶段，还无法立即超越资本逻辑，只能顺着资本潮流的方向对资本进行“横向”制约，尽可能减少资本对

① 《马克思恩格斯全集》第30卷，人民出版社，1995，第390页。

属人世界的渗透与伤害，但最终，人们会在资本亲自建造的坚实的物质大厦上超越资本逻辑，使劳动、需要、消费、休闲等人类基本生存实践恢复它们的本然样态！

因此，本书主要探讨如下问题：如何理解当代人的休闲所面临的这种困境？困境的根源是什么？物质丰富以后人们应该拥有怎样的消费观和休闲观？如何进行休闲选择，享有高质量的休闲生活？为了更好地理解和回答这些问题，本书共分以下几个部分来研究和探讨。

一　廓清休闲的本质和内涵，为休闲困境批判进行理论奠基

既然本书的主题是对当下呈现的休闲困境现象进行揭示和批判，那么首先应该弄清楚什么是真正意义上的休闲，休闲的本然样态是什么。而对休闲本质与本然样态的理解当然不能凭主观想象得出，它必须建立在充分了解整个休闲观的演变历史以及当代人对休闲概念的各种界定的基础之上。而马克思对于休闲（在马克思那里表达为“自由时间”）的深刻理解及前瞻性思想当然是无法绕过去的，它将成为本书休闲本质界定的直接理论基础。在西方休闲观的历史演变中，有突出地位的是古希腊的理想主义休闲观和中世纪的宗教休闲观。在以亚里士多德为代表的古希腊哲人的休闲观念中，休闲具有极高的价值地位。休闲被认为是和德性相联系的可以通达幸福的最理想的实现活动，因此被古希腊自由人当作生活的目的来追求。而在中世纪的休闲观念中，上帝成为最高的信仰和目的，休闲只能作为侍奉上帝的手段，但是休闲仍然是接近上帝的最理想的现实途径，因而仍具有很高的价值与地位。只是到了近代资本主义早期，休闲才在资本主义对劳动价值的推崇中遭到敌视和否定。休闲被认为不利于财富的生产与积累而应该予以抵制。从休闲观的发展历史看出，一方面休闲自古以来就是人们的理想生活方式，并与人类生存的高层次追求相联系；另一方面也说明资本主义从一开始就不是以人的生存与发展为目的，不顾及人的精神层面的需要与追求，正因如此，与人的精神生活相联系的休闲的价值才遭到忽视。马克思正是在对早期资本主义以物质利益为唯一目的造成劳动者非人的异化境遇的批判中论证了工人阶级的休闲权。在对自由时间的分析

中，马克思揭示了自由时间与人的全面发展之间的关系，从而继亚里士多德之后再一次将闲暇时间与人的理想生存状态联系起来。而在对未来理想社会的论述中，马克思描述了自由自觉的劳动与自由自觉的休闲完美融合的状态，即劳动和休闲都不再被强制，而是共同融入人自由自觉的生存实践中，第一次改变了自古希腊以来劳动与休闲对立的观念。而当代学者对休闲的界定是在休闲学成为一门学科之后对休闲所做的各种实证研究的基础上得出的，这些界定主要从实践、活动、心态以及存在状态四个方面进行。

本书对休闲的理解主要以人类休闲观念的演变史和马克思的休闲理论为基础，从历史生成论的角度把握休闲的发生和发展，并界定休闲的本质和内涵。本书认为休闲是作为对现世种种异化境遇①的一种妥协方案而出现的，在人类还未进入真正自由自觉的生存状态之前，休闲为人们提供一种符合人本性需要的“自由保护区”，为人们打造一种暂时的自由领地，供人们自由自主地活动，在未来理想社会中，当人的所有活动都成为自由自觉的活动时，休闲作为一种独立的存在方式将不复存在，而是和全部的社会生活相融合。在这之前，在当代工业社会，休闲基本的功能仍然是放松和修复人的身心，但休闲更应该进行对商品社会物性压抑的抵制和对人的精神世界的守护，成为个体实现和发展自我的精神舞台。

二　辩证分析资本逻辑的本质及其对人的发展的双重作用

要理解资本逻辑和当代休闲发展之间的关系，我们必须首先考察资本逻辑的本质及其运行原则，辩证分析资本逻辑对于人的发展的进步力量及控制因素，以及资本逻辑如何带来大众休闲时代，并以马克思对资本逻辑的存在论分析为依据，洞悉资本逻辑当前的运行状态及总的运行趋势。在此基础上，我们才能对休闲困境的发生和发展过程持有客观的认识和进行全面的把握。

---

① 异化境遇并不是在资本主义社会才出现，只是到资本主义社会才集中凸显出来。可以说，在进入共产主义社会之前，人类所有非自由自觉的生存状态都是一种异化境遇。

资本逻辑是本书的关键范畴之一，在深入分析资本的繁殖本能的基础上，我们认为，资本逻辑包括三层含义。首先，资本逻辑是指资本就是当今资本主义时代的本质和逻辑。其次，资本逻辑是指资本发展过程中必然如此的规律和特点，最集中和典型的就是资本无限增殖的本性和利润最大化原则。最后，资本逻辑还包括资本自身发生与消亡的辩证发展逻辑。

资本的增殖本性决定其在运动过程中必然会形成符合自身发展情况的运行原则。它主要表现为效用原则、合理性原则和无限扩张原则。效用原则意味着只要资本作为这个时代的最高逻辑，整个世界就通过“普遍有用”而组织起来，“效用”（是否具有交换价值、能否带来利润）就成为一切事物能否存在及其存在价值大小的判断依据；合理性原则要求无论是人与自然还是人与人之间的交互活动都变得更加科学合理，具备可计算性和可控制性，最终使人们一直崇尚的理性蜕变成一种统治奴役人的工具；无限扩张原则决定资本超越一切其他的生产方式，克服所有地域的、领域的限制，甚至克服人的需要的限制，实现极力扩张。

资本逻辑根据其运行原则建立起自身的“有用性的体系”，并将人类、自然界均纳入“有用性的体系”之中，从而形成对人的劳动、消费、文化观念等的全面统治。但同时，资本逻辑凭借伟大的“创造性作用”带来的发达的资本文明又极大地促进了人的发展。资本逻辑发展了人的丰富的社会关系、人的需求的丰富性以及人的多方面能力。更关键的是，资本逻辑带来了大众休闲时代。资本文明为休闲发展奠定了坚实的物质基础，普遍增加了自由时间并发展了丰富的休闲方式。人类终于迎来普遍有闲的时代。

三　全面揭示当代社会休闲面临的困境

根据对休闲的本质和内涵的界定，当代休闲困境主要是指人们在拥有了相对充足的物质基础和自由时间后却无法获得真正的休闲的矛盾境遇。关于休闲困境主要从四个方面来分析。其一，发达工业社会出现的新的“无闲”。现代工业生产在不断提高生产效率的同时理应不断缩短人们的劳动时间，不断增加人们的自由时间，但在“高消费”被强迫成既成的文化观念后，社会生产率的提高不再转化为更多的自由时间，而是转化为对高收入的追求，“高效率、高收入、高消费”之间的循环迫使人们“主动”延长工作时间或提高工作强度，从而导致高效率社会新的“无闲”，即本书中提到的休闲领域的“杰文斯悖论”。其二，休闲高效合理化。高效合理化原则造成现代社会普遍的“时间饥荒”，从而引发人们对自由时间进行“深度利用”。人们对休闲做出了越来越细致的控制与管理，以在更少的时间里获得更多的休闲体验。结果是，无处不在的匆忙感不仅彻底剥夺了休闲应有的闲适与宁静，而且甚至使休闲丧失放松与修复的基本功能。其三，休闲陷入消费主义。首先，消费主义休闲流于单纯的物质追求而远离了精神思考。其次，消费主义休闲也展现出与其他消费活动相似的符号化功能，从而使休闲疏离了对意义的追求，而成为带来区分的符号性活动。最后，消费主义休闲表现出娱乐化及放纵倾向。其四，休闲丧失原本的自由自主性。这不仅表现在商家利用大众传媒对人们的休闲需求、休闲观念进行驯化，诱导人们的休闲选择及休闲行为，而且表现为工业社会的技术系统对休闲方式造成的强制，如以电视、电脑、智能手机为主的屏幕前的休闲锁定了人们的自由时间，从而侵占了人们参与其他休闲（例如户外休闲、社区群体休闲等）的机会。

最后得出结论：在现代社会，休闲违背了其本质内涵和应有的功能而成为别的服务于物的目的的活动，现代人无论是在休闲时间、休闲方式还是在休闲质量上都遭到了控制和剥夺，从而无法享有真正的休闲。这就是现代休闲面临的困境。

四　重点分析资本逻辑导致休闲困境的作用机制

工作至上理念、工具理性、科技强制、消费主义、“文化工业”等都曾被当作造成现代社会人类生存困境的原因，但显然，休闲困境最终根源不在于此，而在于现代社会的主导原则——资本逻辑。那么资本逻辑何以导致休闲困境？在资本无限增殖逻辑下，资本的无限扩张原则、合理性原则、效用原则共同作用于现代休闲发展的理念、方式及内容，导致休闲发生异化；同时，资本逻辑下的劳动强制、消费强制以及文化观念强制也渗透到休闲领域，强化了休闲的异化；最后，资本逻辑带来的精神困境阻碍了真正的休闲的发生，让现代人陷入真正“无家可归”的状态。

资本逻辑的运行原则对休闲发展的强制包括以下内容。①资本逻辑的无限扩张原则对休闲的强制。休闲在现代社会的大发展正是资本对休闲价值的新发现，即资本将休闲纳入其“有用性的体系”的结果。这就从根本上决定了现代休闲的性质——休闲发展也必须服从于资本的价值增值规律。②资本的效用原则决定了休闲在现代社会进行选择性发展，即与消费有关的、能给资本带来价值增值的休闲蓬勃发展，而那些传统的、不能带来经济效益的休闲渐渐被遮蔽。③资本的合理性原则促使人们对休闲时间进行深度利用，促使休闲的高度组织化与合理化。④资本逻辑造成的劳动、消费以及文化观念强制也会渗透到休闲领域，强化资本逻辑对休闲的控制。劳动强制在现代休闲社会依然盛行，只是变换了形式而更加隐蔽，现代人几乎心甘情愿地接受资本的劳动强制，并自愿让渡自己的自由时间，从而造成当今社会新的“无闲”，而消费强制与文化观念强制则共同促进了休闲消费主义的形成，结果导致现代社会出现人们“无闲”和放纵休闲并存的局面。

资本逻辑导致的休闲精神困境包括以下内容。①资本逻辑对人的主体性的消解，导致休闲与人的本质生成不再统一。②资本逻辑使休闲与哲学思考失去了联系。休闲成为社会生产、消费的一个环节，而没有被人们当作目的以及作为与幸福相联系的生活目标来追求。③资本逻辑下的精神贫困使真正的休闲难以可能。资本逻辑坚持利润至上，导致现代社会功利主义、拜金主义盛行。现代人安全感、信任感、归属感的丧失，精神贫困、内心焦虑、创造力受限等状态使真正的休闲成为不可能。

五　探讨超越休闲困境的理论和现实路径

休闲困境是人类总的生存困境的一部分，因此，人类究竟能否走出休闲困境拥有真实而自由的休闲，关系到人类究竟能否扬弃资本逻辑导致的全面异化处境而走向理想的生存状态。由此出发，本书首先集中梳理几种典型的对资本逻辑的超越路径，在辩证分析前几种超越路径的深刻性以及局限性的基础上，阐述马克思对资本逻辑的辩证批判，并以此作为超越休闲困境的理论基础。对休闲困境的现实超越主要从三个方面探讨。

1. 对资本逻辑的制衡

在人类社会依然需要大力提高生产力、大力发展物质财富的现阶段，我们无法做到立即取消资本，因此需要在限制和利用资本之间保持一种张力，对资本进行“纵向发展”和“横向制约”，即在发展资本的同时给资本设置适当的横向边界，让资本在合理的界域内释放能量。

2. 加强休闲教育，提高人们科学用闲的能力

就增强人们对抗资本逻辑的控制能力而言，休闲教育能帮助人们形成自觉的休闲意识，以抵制媒介的诱导而自主进行休闲选择；就休闲质量而言，理想休闲本身需要休闲教育。休闲教育的具体目标和内容应该包括正确的休闲观的培养、休闲伦理教育、对休闲活动的评估和选择能力的培养以及具体的休闲技能培养。

3. 完善休闲文化政策，规定休闲发展的边界和方向

休闲是美好生活的重要组成部分，不断满足人民日益增长的美好生活需要已成为新时期我国社会发展的根本任务，如何协调好休闲发展的经济效益诉求和人民日益增长的美好生活需要之间的关系，推进以人的发展为中心的社会发展模式形成，成为重要时代课题。在借鉴国外有效经验的基础上，我国政府应全面制定科学合理的休闲经济和社会政策，以保障休闲产业和休闲公共事业有序发展。本书主要探讨规范休闲文化产业发展、完善休假制度以及提升公共休闲文化服务水平等几个方面的政策。

总之，超越必然王国走向自由王国是马克思的最高理想，也是人类长期以来的梦想，而休闲是通往自由王国的重要桥梁。尽管人类目前还必须利用资本发展生产力，为理想中的自由王国夯实物质基础，但最终人类会超越资本逻辑的束缚，超越一切物的束缚，在自由无迫的时间里诗意地劳作和休闲。

第二章

休闲的本质与真意

在揭示当代人面临的休闲困境之前，我们首先应该对休闲的本质与真意有一个清楚的认识，由此，我们才可能获得分析与批判的理论基础，才能对人们遭遇的休闲困境、对人们经历的各种“伪休闲”甚至“反休闲”持有基本的判断依据。同时，只有彻底了解什么是真正的休闲以及人们追求的理想休闲究竟是什么样子，才能为人们走出休闲困境指明方向。本章将在梳理西方休闲观的历史演变以及解读马克思休闲观的基础上，结合当代学者从不同角度对休闲下的定义，努力阐明休闲的本真内涵，揭示作为人们理想存在方式的休闲真意之所在。

第一节　西方休闲观的历史演变

“休闲”是一个动态的概念，人们的休闲方式以及对休闲的理解会随着不同历史时期的社会发展而不断变化。正如美国学者杰弗瑞·戈比所言，每一种文化都创造休闲的概念，也不断地对这一概念做出新的界定。因此，休闲的本质只有在分析了前人对休闲的理解，在追寻了作为人们生活重要组成部分的休闲的历史以后，才能得到较好的理解。同时，只有分析了在休闲发展过程中社会经济、政治、文化等力量的作用方式后，我们才能更好地理解当代的休闲模式。

一　古希腊的理想主义休闲观

休闲之事，古已有之，但在西方，真正明确的休闲观念到古希腊城邦时期才逐渐形成。在此之前，原始部落社会中，尽管人们的日常生活也伴随着娱乐成分，但“休闲”的概念并没有出现。劳动和娱乐消遣只是以生存本能的形式自然融合于原始人的生活之中。可以说，古希腊人创建了“休闲”概念，赋予休闲以崇高的地位，自觉追求休闲理想，并形成了独特的休闲伦理。美国休闲学家托马斯·古德尔、杰弗瑞·戈比提出：“在思考休闲问题这方面，我们不可能比古希腊人做得更好。”① 所以，梳理休闲观的历史流变，首先必须从分析古希腊哲学家（以亚里士多德为代表）的休闲思想开始，并把他们的休闲观念放到整个希腊文化的理想主义情境中进行考察。

古希腊人热爱休闲，也懂得休闲。当时典型的休闲活动主要包括探索自然、研究学术问题、辩论、沉思以及其他的娱乐活动。在古希腊，每年都会定期举行盛大的祭祀活动以及戏剧公演、音乐和舞蹈比赛等，同时，以体育运动为主的身体娱乐成熟而丰富，除了定期举办的大型运动会（如奥林匹亚运动会、皮提亚运动会、伊斯米亚运动会、尼米运动会等）外，放风筝、转陀螺、滚铁环、弹球和投球游戏等也都深受人们欢迎。② 人们在丰富的休闲活动中享受音乐的优美、舞蹈和运动的奔放、喜剧的快乐和悲剧的壮美。法国史学家兼文艺理论家丹纳在《艺术哲学》中这样描述古希腊人的生活：“民族的本能使希腊人天生是可爱的理想主义者。一些极小的东西，一棵树，一朵花，一条蜥蜴，一只乌龟，都令人会想到是人们所歌咏的无数变形的故事。一条溪流，一个嵌在岩石中间的空隙，所谓水仙的洞窟；一口井，井栏上放着一个杯子；一湾狭窄的海峡，往往蝴蝶从中飞过……山岩中间的一个小松林。所有这一类的景致致使希腊人

① 〔美〕托马斯·古德尔、杰弗瑞·戈比：《人类思想史中的休闲》，成素梅、马惠娣、季斌、冯世梅译，云南人民出版社，2000，第15页。

② 〔英〕M. J. 卡里、T. J. 哈阿霍夫：《希腊罗马世界的生活与思想》，郭子林、曹彩霞译，大象出版社，2012，第125～126页。

在美感中获得满足。晚上在园中散步，听着蝉鸣，坐在月下吹笛；或者上山去喝泉水，随身带着一小块面包，一条鱼，一瓶酒，一边喝一边唱……这就是希腊人的乐趣，一个清寒、俭省、永远年轻的民族的乐趣。”[①] 托马斯·古德尔和杰弗瑞·戈比认为，古希腊人的休闲渗透着一种智力的热情和对理想的追求，对任何其他文化而言，这种热情和追求都是古希腊所特有的。[②] 这是一种对世界充满了好奇而促发的满怀激情的探索，一种对生命寄予了深厚尊重而激起的对理想生活的勇敢追求。正是这些东西使古希腊的休闲具有了与自由、幸福等终极目的相关联的神圣意味。

作为古希腊思想的集大成者，亚里士多德的休闲观自然是对他之前古希腊思想家的休闲思想的继承与发展。亚里士多德的休闲观就是一种理想主义休闲观。

（一）休闲是一种严肃的实现活动[③]

首先，在亚里士多德看来，休闲绝不是指单纯的远离工作后的休息与消遣，而是与人们沉思、静观、冥想等高级活动相联系的严肃的实现活动。娱乐消遣虽然也令人愉悦，但真正的休闲不在于此。其次，休闲产生快乐，但并非为了快乐。在实现活动中，快乐并不是作为感觉者本身的品质或内在的东西产生影响，“而是作为产生出来的东西而完善着它”，“快

---

① 〔法〕丹纳：《艺术哲学》，傅雷译，人民文学出版社，1963，第265页。

② 〔美〕托马斯·古德尔、杰弗瑞·戈比：《人类思想史中的休闲》，成素梅、马惠娣、季斌、冯世梅译，云南人民出版社，2000，第23页。

③ 这一观点主要参考廖申白先生翻译的《尼各马可伦理学》（商务印书馆，2003）序言部分相关内容。其中对于关键词“实现活动”（ἐνέργεια），廖先生做了详细解释：ἐρ－在希腊语中的意思是“通过……”“从……”，ἐργεια 是ἔργον（活动）的名词转形，ἐνέργεια 的本意即通过活动而实现、达到的，从活动而来的东西。因而廖先生在这本译著中将“ἐνέργεια”大多译成“实现活动”，如幸福“在于合德性的实现活动”（第305页）等，而这个词在苗力田先生翻译的《尼各马科伦理学》（中国社会科学出版社，1999）中大多被翻译成“现实活动”，如幸福“在于合乎德性的现实活动之中”（第223页）等，但苗先生在他的某些论文中指称这种活动时也经常用到“实现活动”，如幸福“就是实现活动自身……它是合乎德性的实现活动”“思辨就是这种合乎本己德性的实现活动”（见苗力田《品质、德性与幸福——亚里士多德选集〈伦理学卷〉前言》，《中国人民大学学报》1999年第5期）。鉴于上述因素，本书中涉及ἐνέργεια 一词的地方采用的都是“实现活动”的译法。

乐完善着实现活动……正如美丽完善着青春年华”。[①] 然而，快乐始终不是休闲的目的。再次，休闲不是某种短暂的间歇，而是终身的活动。休闲作为一种摆脱必然性、出于意愿地追求自由与理智灵魂的实现活动，不是对某种外在手段性事务的暂时远离，也不是某种一劳永逸的东西，而是一种持续的追求，是终身的事情。[②] 最后，理想休闲需要美德，需要通过教育和训练。亚里士多德把休闲誉为“一切事物环绕的中心”，但这种休闲不是自然获得的，他认为最完满的实现活动，如幸福与沉思都是神圣的，都不是来自神赐，而是“通过德性或某种学习或训练而获得”[③]。也就是说，幸福、沉思、休闲等完善的实现活动都离不开美德，离不开理智的思考和选择，而这些美德与选择能力需要在严肃的学习和训练中获取。总而言之，亚里士多德的休闲不是指闲暇时间里随心所欲的嬉戏消遣，而是始终需要伴随智慧与美德去严肃对待的事情。

（二）闲暇是幸福的基本条件

亚里士多德指出，“唯有安闲的快乐［出于自得，不靠外求，］才是完全没有痛苦的快乐”[④]。一方面，在亚里士多德看来，最完善的实现活动和最高的幸福就来自沉思或静观，而这种沉思或静观必然以摆脱各种生存必需性的劳作与关系为基础，以无所欲求的闲暇状态为基础。因为无所欲求，人才能够像神那样进行天才般的沉思，直面生命中神圣而美好的东西以及最高的善，从而达到真正的愉悦和幸福。另一方面，沉思、静观等以自身为目的的活动本身又是最好的休闲。这些活动以思想为对象、以思考为过程、以自身为目的。它们“要比战争，或政治，或任何其他的实际功业都更可贵，因为它使人可以悠闲，而悠闲对于幸福乃是最本质的东西”[⑤]。可见，在亚里士多德那里，休闲被赋予很高的地位，这在于它是

① 〔古希腊〕亚里士多德：《尼各马可伦理学》，廖申白译，商务印书馆，2003，第326页。
② 〔古希腊〕亚里士多德：《尼各马可伦理学》，廖申白译，商务印书馆，2003，第26页。
③ 〔古希腊〕亚里士多德：《尼各马可伦理学》，廖申白译，商务印书馆2003，第25页。
④ 〔古希腊〕亚里士多德：《政治学》，吴寿彭译，商务印书馆，1996，第410页。
⑤ 〔英〕罗素：《西方哲学史》上卷，何兆武、李约瑟译，商务印书馆，1982，第235页。

实现沉思、实现明智与智慧的生活乃至实现幸福的基本条件，甚至休闲本身就意味着幸福。休闲与智慧、美德以及幸福一起被作为目的来追求。

（三）休闲高于劳动，是劳动要达到的目标

在古希腊早期哲学家那里，劳动和休闲是不相容的，休闲代表着崇高的、可欲求的自由人的生活；而劳动是和身份低微的奴隶以及下层自由民相联系的、停留在维持生存的物质层面的低层次的生活。在亚里士多德看来，任何以谋生为目的的工具性劳作，都不是一种属人的生活方式，它意味着单调、劳累和束缚，没有德性与理智成分的参与，更不可能有关于思想的思考，这种生活是不值得追求的。因此，休闲才是生活的目的，劳动只是生存的手段，正如亚里士多德多次强调的那样，“人类天赋具有求取勤劳服务同时又愿获得安闲的优良本性；这里我们当再一次重复确认我们全部生活的目的应该是操持闲暇。勤劳和闲暇的确都是必需的；但这也是确实的，闲暇比勤劳为高尚，而人生所以不惜繁忙，其目的正是在获致闲暇”①。这一观点也正反映了亚里士多德的休闲观的时代局限性，一方面，劳动被认为是不光彩的，永远只是和紧张、辛劳、束缚相联系，而与德性、休闲相违背。显然，关于劳动的美学意义以及劳动作为人的本质力量对象化的自我实现价值在亚里士多德时代还完全没有被发现。另一方面，亚里士多德的休闲观包含明显的贵族倾向。在古希腊奴隶制社会，正是奴隶们的艰辛劳作为自由民的休闲生活提供了财富和闲暇，古希腊一代代哲人才能够自由地探索关于宇宙自然、政治社会、人生幸福等各方面的知识与真理，追求理想的生活。但亚里士多德在强调休闲高于劳动是劳动所要达到的目的时，从来不考虑奴隶们的闲暇。他的“按比例的平等”的正义观认为奴隶天生不能享有闲暇和幸福。

尽管如此，古希腊哲学家所理解和展示的休闲还是为人类的休闲理想提供了典范，即休闲绝不仅仅是一种简单的消遣娱乐，而是一种需要付出努力的积极的探索和追求，一种能在其中感知人的本质和获得幸福的理想

① 〔古希腊〕亚里士多德：《政治学》，吴寿彭译，商务印书馆，1996，第410页。

的生活方式。

二 中世纪宗教神学的休闲观

古罗马后期直至随后很长一段时间内，西欧社会一直处于动荡与混乱之中，城市文明几近毁灭，生活充满苦难。普遍的不幸增加了人们对宗教的情感，既然地上的现世生活如此劳苦倦极和令人绝望，人们便只能把希望寄托于天国和来世。基督教以上帝的救赎以及天国和来世的允诺成为人们最有效的安慰剂。从公元 5 世纪一直到 14 世纪，西方社会几乎被基督教主宰，教会拥有特殊的权力，到后期，教会实际上成为神圣领域和世俗领域的最高统治者。教义、教规渗透到了人间道德、人类的希望以及宇宙的历史等关于人类生存的所有领域，上帝因掌握着来世的赏罚而成为各个阶层人们现世的统领与依托。在这种背景下，整个社会的运行，当然也包括人们的休闲生活和休闲思想，都不可避免地与宗教信仰密切相关。

（一）休闲是神恩赐的礼物

古希腊哲人从理性和追求至福的角度赋予休闲以崇高地位，基督教则以教义和宗教律令的形式规定了休闲的意义和合法地位。《旧约·出埃及记》中记载的《十诫》的第四条说："当记念安息日，守为圣日。六日要劳碌作你一切的工，但第七日是向耶和华你神当守的安息日。这一日你和你的儿女、奴婢、牲畜，并你城里寄居的客旅，无论何工都不可作，因为六日之内，耶和华造天、地、海和其中的万物，第七日便安息，所以耶和华赐福与安息日，定为圣日。"①《圣经》的这一教义表明以下内容。一方面，由于安息日的设立，普通劳动者，甚至包括奴隶和异邦人都获得了休闲的时间形式上的合法性保障。安息日包含对神所赐恩福的安守及对其创世圣举的纪念，人们通过庆祝圣日的方式，享受神的恩赐。另一方面，它还意味着在安息日停止工作一心奉神是一种义务。安息日绝不仅仅意味着不用工作，而是任何工作都不可以做，"从工作中休息乃是一种崇拜仪

---

① 《圣经》，中国基督教协会出版发行，南京爱德印刷有限公司承印，1996，第 71 ~ 72 页。

式：某些特定的日子或时间乃是特别专为神而保留”[①]。正因如此，以节日庆典等宗教崇拜活动为主的休闲形式具有了神圣性，并在中世纪的社会建构中固定了下来。

（二）休闲与劳动均为了成就对上帝的侍奉

在古希腊社会，休闲与德性、幸福相联系，具有极其崇高的地位；劳动则与身份卑贱相联系，为自由人所不齿。而早期基督教则赋予了劳动较高的地位，劳动被认为有益于灵魂的改善而必须从事。同时，休闲也由于安息日的设立而惠及下层人民，不再为贵族阶层专有。这样一来，劳动和休闲的绝对对立在基督教社会算是得到一定的缓和，无论劳动还是休闲都是为了成就对上帝的侍奉。

劳动的主要价值体现在，人们不仅可以通过劳动的辛劳困苦对祖先的原罪进行自我救赎，劳动还是抵御外在诱惑、克制肉体欲望的有效途径。不过，相比较而言，休闲还是更利于对上帝的侍奉。首先，以安息日的神圣崇拜和节日庆典为主要内容的休闲本身就是在彰显上帝的赐福。在神赐予的节日里，人们的休闲是在庄严与神圣的氛围中享受作为上帝子民的荣光、踏实与安乐。其次，在休闲中才能更好地从事布道、听道、祈祷、崇拜等关涉上帝的事业，而这比任何其他的工作都更为重要。最后，闲暇更能考验或成就人们对上帝虔诚的信仰。因为在休闲中，如果缺少智慧的操持，则更容易流于放纵。也就是说，正确地操持闲暇不仅能防止人们无所事事甚至陷入堕落，而且能使人更加心无旁骛地直面上帝，净化自己的灵魂。

（三）休闲理想中信仰高于理性

哲学的理性与神学信仰之间的关系问题是中世纪思想的一个基本问题。早期基督徒完全不重视理性和人类的文化成就，也不打算通过思辨之门进入天国。到经院哲学时期，教会的教父和学者开始希望通过智慧来认

---

① 〔德〕约瑟夫·皮珀：《闲暇：文化的基础》，刘森尧译，新星出版社，2005，第65页。

识上帝，并力图使他们的信仰理性化。圣安瑟勒姆和经院哲学家托马斯·阿奎那就先后对上帝存在做出本体论证明。托马斯·阿奎那决心把理性与宗教神学理论结合起来，从而可以依据理性的普遍性原则来阐明和呈现基督教信仰所宣扬的真理。但托马斯·阿奎那在将理性引入神学理论以后得出的结论依然是，理性应当服从信仰，哲学只能作为神学的辅助与补充。

这其实反映了两种不同的本体论之间的较量。亚里士多德哲学的世界本体论初因是理性之神，其最高真理是通过逻辑论证、概念分析以及理性思辨的方式获得的哲学真理；而托马斯·阿奎那的基督教哲学的世界本体论初因是神圣上帝，其最高真理便只能是通过直观领悟的方式达到的神学真理。这就导致基督教文化与古希腊文化对理想生活具有不同规定：信奉理性之神的古希腊人最理想的生存状态立足于哲学论证和理性思辨的基础之上，人的自由本性的实现就体现在哲学理性的沉思之中；而作为上帝的子民，基督徒的理想生活追求的是超越理性思辨的一种信仰的境界。这样一来，在中世纪，人们的休闲理想就以对上帝的虔诚默观代替了古希腊哲人合德性的沉思生活。

可见，中世纪的基督教文化依然存有休闲理想，但它对于人的终极关怀的价值已经不一样了。在古希腊文化中，自由人最高等的生活是在休闲中沉思，而沉思本身也是最好的休闲，休闲自身也作为目的被追求；而在基督教文化中，休闲使人更潜心地默观上帝，却不可能推衍出默观上帝是最好的休闲，上帝是至高无上的。休闲只作为手段或途径，不作为目的。

三　近代[①]劳动伦理对休闲价值的否定

在中世纪，休闲的地位尽管不如古希腊人所推置的那样崇高，但就休闲比劳动更有利于对上帝的沉思与体悟的观点而言，主要还是承续了亚里士多德的休闲观念。但中世纪后期，休闲的概念已逐渐脱离古希腊的影响。最终，随着16～17世纪的宗教改革和资本主义生产方式的发展，休

① 此处的“近代”并非指世界史中的“近代”（即大致是17世纪英国资产阶级革命成功到1917年俄国十月社会主义革命），而是根据本书主题的需要，以雇佣工人的自由时间变化特点为界限，指从宗教改革到19世纪中叶这段时间。

闲的价值地位被完全颠覆。

休闲价值地位的降低是和劳动价值地位的提升同时进行的。或者说，正是劳动地位的提升、“工作至上”社会理念的形成导致休闲价值被遮蔽。首先，新教伦理使劳动地位得以革命性提升。16世纪初，宗教改革面对资本主义生产关系兴起[①]，便适时地发展出符合资本主义精神的新教伦理。路德的“天职说”[②]和加尔文的“预定说”[③]使世俗劳动得到道德与宗教的双重肯定。其次，国民经济学从经济哲学角度推崇劳动的价值。威廉·配第最先提出“劳动是财富之父，土地是财富之母”；洛克指出劳动是私有财产具有合法性的根本依据；亚当·斯密进一步论证了劳动是财富和价值之源，并指出“劳动是衡量一切商品交换价值的真实尺度”[④]。古典政治经济学的劳动价值理论使劳动成为富国强民的重要因素和受人尊敬的行为。最后，也是最关键的，真正使工作成为人们生活的中心的是资本主义生产方式的现实需要。既然劳动是财富和价值的源泉，资本无限增殖的本性便决定它必然要尽可能多地吸纳劳动来实现价值增值。这意味着资产所有者会设法迫使雇佣工人尽全力去工作。从资本主义初期直到19世纪中叶，资本家对工人采取的都是内在驯服与外在强制相结合的方式，一方面通过新教伦理对工人进行劳动光荣、服从纪律、发扬献身精神的教导与驯化，另一方面通过一系列强制性措施，以及与教会、政府的联合从外部压制工人的抵制与反抗。最终，工厂主们成功地控制了产业工人的劳

① 关于新教伦理与资本主义精神之间的关系，马克斯·韦伯认为是新教伦理催生了资本主义精神，但事实可能正好相反。历史学家 R. Robertson 认为资本主义思想并没有宗教根源，而英国史学家陶尼和韦伯的观点刚好相反，其认为新教经济伦理很可能是受到资本主义精神影响之后的产物。还有一种说法就是，新教伦理和资本主义精神之间存在一种“选择性亲近”关系。

② “天职说”教义强调对现世生活中具体职业岗位所要求的职责和义务的切实履行是取悦上帝的唯一方式，这便是每个人的“天职”。于是，劳动除了利用艰难困苦对人的原罪进行救赎外，还获得了新的神圣内涵，即完成神交付的使命。

③ “预定说”教义主要强调高深莫测的上帝永久地预定了只有一小部分人才能得救，并且一经决定不可改变，救赎只发生于蒙恩状态。通过理性、正当的手段获得财富便是蒙受神恩的标志之一。

④ 〔英〕亚当·斯密：《国民财富的性质和原因的研究》上卷，郭大力、王亚南译，商务印书馆，1972，第25页。

动方式、劳动时间和劳动节奏。前工业社会的劳工或手工业者散漫的性格特点被强制重塑成恭顺、勤劳的产业工人的性格结构。

与此同时，休闲的价值地位遭到了有史以来最严重的贬低。休闲或遭新教禁欲主义的敌视与否定，或被劳动至上的主导价值挤压至完全边缘化。

（一）新教伦理对休闲的否定

新教伦理的目标除了要求人们勤劳、节俭以外，还要求人们过一种谦卑、严谨、自制、理性和有秩序的生活。休闲正是被认为与这些要求和目标相冲突而遭受敌视。首先，劳动作为天职具有了荣耀上帝的道德意义，休闲作为劳动的对立面自然应该受到谴责。

> 根据已经明确启示的上帝的意志，只有劳作，而非懈怠和享受，才有助于增加上帝的荣耀。因此，虚掷时光便成了万恶之首、万恶之最……由于社交、闲聊、奢侈享乐，甚至超过健康所需（至多为六至八小时）的更多睡眠而浪费时间都是在道德上绝对应受谴责的……没有花在工作上的每一小时就是丧失为上帝增添更大荣耀的一个小时，时间是无价之宝。因此，消极的沉思冥想毫无价值，而如果它是以天职中的工作为代价换来的，那么最终它必须遭到明确的谴责。因为这一沉思不如在天职中积极履行上帝的意志更能取悦上帝。①

可见，禁欲主义新教把休闲理解成一种对天职工作的懈怠，继而是一种对上帝的不忠实。同时，既然积极劳动以获取财富成为被上帝拣选的有力证据，财富又只能通过上帝的恩宠获得，休闲不但不能创造财富，反而造成对财物的消耗与浪费。因此，休闲而无所事事，继而也无所作为，只会意味着上帝的抛弃与责罚。“厌恶工作是个人不属于获救者之列的记

① 〔德〕马克斯·韦伯：《新教伦理与资本主义精神》，苏国勋、覃方明、赵立玮、秦明瑞译，社会科学文献出版社，2010，第102页。

号。"[①] 在是否获救事关人们生活头等大事的新教时代，力争成为上帝选民的信徒们自然不敢轻言休闲。

其次，禁欲主义新教伦理坚决反对任何形式的享乐主义。获利行为只是为了确证救赎，"运用熟练的商人机巧以及赚钱本身并不是目的。相反仅仅为了生活好和无忧无虑而追求财富被认为是有罪的。所有贪婪……以及轻狂的放纵，必须被当着对人的需求和欲望的神化而受到谴责"[②]。新教伦理认为，对财富的享受会导致怠惰和沉溺于肉体的欲望，进而会分散信徒追求圣洁生活的注意力。而休闲恰恰携带着安逸与放纵的危险，对新教伦理强调的克制、警醒构成威胁。可见，新教伦理要求人们尽职工作，获取财富，同时又必须严格克己，回避一切天生自然的享乐。因此，休闲就与"骄矜、倨傲、虚荣、淫荡、爱宴乐、荒唐"等联系起来，遭到排斥与压制。

另外，禁欲新教伦理强调的对生活的理性化、系统化组织与休闲具有的自由、自在的自然状态相冲突。新教伦理认为，有组织的生活"能够使信徒们摆脱非理性驱动力的控制，摆脱对既定的现世和自然的所有依赖，能够使生活服从于周密规划的意志，能使他们的行动服从于永久的自我控制和对这些行动的伦理意义的反思"[③]。而达到这些要求，使人过一种警醒、自知、自明的生活，迫切需要摧毁"自发的、无拘无束的、本能的生活享乐"。只有远离各种本能、放纵的欲望与享受，保持理性的组织化生活，才能坚定对上帝信仰的虔诚追求。因此，以自由自主、随心所欲为主要特点的休闲便不可避免地被当成"仇敌"。

（二）休闲成为劳动的附庸

在近代资本主义工作伦理中，休闲虽然没有遭到完全否定，但也始终

① 〔德〕马克斯·韦伯：《新教伦理与资本主义精神》，苏国勋、覃方明、赵立玮、秦明瑞译，社会科学文献出版社，2010，第102页。

② 〔德〕马克斯·韦伯：《新教伦理与资本主义精神》，苏国勋、覃方明、赵立玮、秦明瑞译，社会科学文献出版社，2010，第331页。

③ 〔德〕马克斯·韦伯：《新教伦理与资本主义精神》，苏国勋、覃方明、赵立玮、秦明瑞译，社会科学文献出版社，2010，第75页。

只是劳动的附庸。对早期产业工人来说，无论他们对机器工业多么憎恨与抵制，在他们由于各种原因走进工厂之后，就不得不在机器和工头的双重规束下进行秩序化产业劳动。在新教工作伦理的理论支撑下，出于对“囤积”[①] 的迫切追求，早期工厂主竭尽所能地对工人（包括成年男人、女人和孩子）进行非人的压榨和剥削。雇主们有意维持的低薪迫使需要养家糊口的工人们几乎把一天里除吃饭、睡觉外的所有时间都交给工作。有证据表明，人类进入资本主义社会之后，人们的工作时间相比之前延长了很多，到 19 世纪四五十年代达到高峰。当时，工人每天工作 12 个小时是普遍现象，有些工种甚至每天工作 15～16 个小时。[②] 与此同时，在众多新教伦理影响深重的国家，清教徒反对节假日的运动和工厂主们的主张高度契合，使许多在中世纪可以享受的固定节假日遭到大量削减甚至取消。例如，“1761 年英格兰银行职员还有 47 天的年假。但到 1834 年就缩减到了 4 天”[③]。在新教伦理与资本家的强制手段的结合下，早期产业工人根本没有真正的“自由时间”，在劳作之外仅有的几个小时里，除了吃饭、睡觉之外，他们什么也干不了。于是，工人始终是劳动力，除了在工作时间作为劳动力服务于机器运转和资本的价值增值外，就是在“自由时间”里恢复、补充体力。而对于这一时期新兴的中产阶级而言，由于资本主义发展还没有完全脱离宗教力量庇护，因此，新教伦理所提倡的勤劳、节俭、自制仍然为这一时期的绝大部分资本家所信守，凡勃伦批判的有闲阶级的炫耀式消费在这一时期还不典型。总之，在近代资本主义工作伦理中，劳动因直接关系到资本主义生产发展而具有极其重要的地位，休闲只在为补偿劳动力而进行的休息与放松时才得到有限的认可，也就是说，“休闲”只是作为劳动的附庸而存在。

19 世纪中叶对工人的境遇来说是个转折点。在市场运行不断发展变

---

① 〔美〕艾里希·弗洛姆：《健全的社会》，孙恺祥译，上海译文出版社，2011，第 74 页。

② 〔美〕朱丽叶·斯格尔：《过度劳累的美国人》，赵惠君、蒋天敏译，重庆大学出版社，2010，第 57 页。

③ 〔英〕克里斯·布尔、杰恩·胡思、迈克·韦德：《休闲研究引论》，田里、董建新等译，云南大学出版社，2006，第 6 页。

化、工人斗争日益激烈、政府采取积极的政策干预等多重因素作用下，工人的工作时间开始减少。在英国，1850 年“工厂法案”规定了纺织企业周工作时间不得超过 60 个小时，使妇女、儿童首先受益。随后多个行业的工人周工作时间开始减少。到 19 世纪 90 年代，每日 8 小时工作制已在许多资本主义国家得以确立。于是，经历了长达一个世纪的艰苦斗争，广大劳动阶级终于获得了可观的且有法律保障的自由时间。这是人类社会具有划时代意义的革命性进步。但是，资本的本质并不在于增加人们的悠闲和幸福。自普通工人拥有可观的自由时间以来，资本就开始窥视这些自由时间，它要么设法变相重新夺回大众的自由时间，要么对大众的自由时间进行开发利用，使之重新为资本的价值增值服务。这一点正是本书需要重点揭示的内容，即资本如何在大众休闲时代使休闲陷入困境。

综观西方休闲观的历史流变，我们可以看出以下内容。其一，休闲是人的本能需要和人类长期的理想追求。这种本能需要体现在所有历史阶段的人类生活中：对于社会分工不发达、没有独立休闲意识的原始人来说，娱乐消遣和劳动就以生存本能的形式自然融合于日常生活之中；而对于人类历史不同阶段中那些受奴役深重的群体而言，他们即便除了劳动之外被限制了几乎所有自由（无论是作为“会说话的工具”的奴隶还是封建社会的农奴），也都会设法拥有属于自己的休闲。可见，休闲需要出自人的本性，是任何外在力量无法完全扼制的。而休闲作为人类生活的理想追求从古希腊时代即已开始，“自由人”从有了明确的休闲意识就开始勾画美好的休闲理想。他们把休闲看成通达美德和幸福的重要途径，认为休闲是劳动的目的和值得追求的“好的生活”。而且作为人类对真、善、美的共同的理解与追求，这种对现实生活超越维度的休闲理想也出现在同一时期的东方文化中，并贯穿整个人类发展史。

其二，人类自有了独立的休闲意识以来，劳动与休闲就一直处于对立的两极，古希腊休闲观对劳动的极端排斥是典型；中世纪宗教休闲观似乎缓和了两者之间的对立，但劳动的尊严是有限的，在劳动被当作上帝对人类的惩罚或自我救赎的途径时仍然承续了古希腊以来对劳动价值的否定态度，而休闲尽管已经不再作为目的和最好的生活被追求，但还是被认为更有利于有信仰的生活。在世俗领域，劳动与休闲的对立更加鲜明；近代以来，休闲与劳动的价值地位重新被割裂开来。劳动因创造价值而被崇尚，休闲因不具有实用价值而遭到否定与怀疑。

其三，在资本主义生产关系出现以后，休闲的地位发生了质的改变。古希腊哲人对休闲的推崇无须多说，就是在宗教信仰主宰一切的中世纪，休闲也因为与最崇高的思想活动相联系而得到尊重。但到了近代资本主义时期，休闲的价值遭到彻底贬斥，这绝非偶然。休闲始终更属于人的精神活动（尽管有物质活动的形式），在休闲得到肯定与推崇的时代，主流价值观一定更注重人的精神和意义的世界。而资本主义对休闲价值的贬低正意味着其对实用价值的尊崇和意义世界的无视，这恰恰与资本以追求价值增值为唯一目标的本质相符合。同时，也正是这一本质决定了在现代社会资本重新“发现”休闲的“价值”，其大力发展休闲时，休闲却远离了意义。

第二节　马克思的休闲思想

马克思对休闲并没有进行过系统的论证和阐述，但马克思一生致力于全人类自由与解放事业，这决定了作为人的自由存在状态的休闲不可能被排除在马克思理论视野之外。在马克思对异化劳动的批判、对资本价值增值秘密的揭示以及对未来人类理想生存状态的憧憬中，蕴含着丰富的、具有前瞻性和革命性的休闲思想。首先，马克思第一次论证了社会底层大众（工人阶级）的休闲权，指出休闲权是人之为人的基本权利。其次，马克思再次恢复了休闲与人的本质生成以及高品质生活之间的关联[①]，指出自由时间是实现人的自由全面发展的前提和基础。最后，在对人类理想社会的设想中，马克思第一次论述了劳动与休闲完美融合的生存状态。正是马克思在休闲观念上实现的历史变革，为我们把握休闲的本质和真意提供了理论基础。

① 在古希腊时期，亚里士多德首次论述了休闲是实现沉思和通达幸福的基本条件。

一 休闲是人的基本权利

在马克思理论体系中，占核心地位的价值理念就是人的彻底解放和自由全面发展。它要求人们摆脱受压制、受奴役的生存状态，自由自觉地发展自己的个性，实现人的创造性、超越性存在。因此，对于资本主义社会中受压迫深重的工人阶级，马克思不仅关注其生存问题，还关注其发展问题。马克思在批评古典政治经济学时说："工人完全像一匹马一样，只应得到维持劳动所必需的东西。国民经济学不考察不劳动时的工人，不把工人作为人来考察，却把这些考察交给刑事司法、医生、宗教、统计表、政治和乞丐管理人去做。"[①] 在这段话中，马克思自然不是批判工人的基本生存需要得不到保障，而是批判工人在"劳动"之外"作为人"的存在状态得不到顾及。马克思批判资本家和国民经济学家根本不会考虑在劳动之外工人也有发展其人之为人的本质的需要。"不考察不劳动时的工人"与"不把工人作为人来考察"的同意并列表明，在马克思看来，与劳动中的工人陷入役畜般的非人处境相比，"不劳动时的工人"，即处于自由时间的工人才可能"作为人"而存在，也即自由时间是人之为人的重要因素和基本权利。这是马克思对工人休闲权的间接论证。

在《1844年经济学哲学手稿》《资本论》等著作中，马克思结合雇佣工人的劳动时间和生活状况，对工人被剥夺自由时间、丧失休闲权的非人处境进行了激烈抨击。马克思指出，资本家对待工人"就像对待单纯的生产资料那样，给他吃饭，就如同给锅炉加煤、给机器上油一样。资本把积蓄、更新和恢复生命力所需要的正常睡眠，变成了恢复筋疲力尽的机体所必不可少的几小时麻木状态"。一个筋疲力尽的人在仅有的一点"自由时间"内除了休整和补充体力外，哪有心思去进行真正的休闲呢？"一个人如果没有一分钟自由的时间，他的一生如果除睡眠饮食等纯生理上的需要所引起的间断以外，都是替资本家服务，那末，他就连一个载重的牲口

① 《马克思恩格斯全集》第3卷，人民出版社，2002，第232页。

还不如。他身体疲惫，精神麻木，不过是一架为别人生产财富的机器。”① 工人就是资本家通过支付工资所购买的生产资料，除了有义务为资本带来利润外，工人什么也不是。“至于个人受教育的时间，发展智力的时间，履行社会职能的时间，进行社交活动的时间，自由运用体力和智力的时间，以至于星期日的休息时间（即使是在信守安息日的国家里），——这全都是废话！”② 从这些论述中可以看出，马克思把自由时间看成人的发展和生命意义的支撑，离开自由时间，人将不是完整意义上的人。当“个人的全部时间都成为劳动时间”，个人也就“降到仅仅是工人的地位”，个人“从属于劳动”③，最终将沦为劳动工具，甚至“牲口”或“机器”。恩格斯指出，“所谓生存斗争便不再围绕着单纯的生存资料进行，而要围绕着享受资料和发展资料进行”④。因此，工人阶级要获得作为人的尊严、发展作为人的本质，就必须与资本家展开争取享受资料和发展资料的斗争，即争取休闲权的斗争。

马克思在《资本论》第一卷《工作日》中讨论了雇佣劳动的工作日问题。马克思指出，为了满足资本主义生产方式的需要，工人的日工作时间一直在延长，从 14 世纪到 17 世纪末，政府颁布的劳工法都是帮助资本力图强制成年工人延长工作日。而 18 世纪后 30 年的大工业出现以后，工作日更是“开始了一个像雪崩一样猛烈的、突破一切界限的冲击。习俗和自然、年龄和性别、昼和夜的界限”⑤ 全被摧毁了。工人的日工作时间一路攀升，使 19 世纪以来，政府不得不出台工厂法案强制缩短工作日。尽管工人阶级开展了长期的反抗与斗争，政府也出台了限定工作日的各种法案，但直到 19 世纪中叶，在工业化开始较早的英国，工人们的日工作时间仍然是 12 ~ 15 个小时甚至更多。“在海峡彼岸的苏格兰，农业工人（即庄稼汉）揭露，他在最寒冷的天气里，每天要劳动 13—14 小时”，伦

① 《马克思恩格斯全集》第 16 卷，人民出版社，1964，第 161 页。
② 《马克思恩格斯全集》第 44 卷，人民出版社，2001，第 306 页。
③ 《马克思恩格斯全集》第 31 卷，人民出版社，1998，第 104 页。
④ 《马克思恩格斯全集》第 20 卷，人民出版社，1971，第 653 页。
⑤ 《马克思恩格斯全集》第 44 卷，人民出版社，2001，第 320 页。

敦的铁路工人的日工作时间“延长到了14、18甚至20小时”。[①] 而且对童工的使用是普遍现象，印花厂的童工（8~13岁）在1857年每天工作时间是15~16个小时（早上6点到晚上9~10点）。工厂主为了抵制政府的劳动法案对工作日的限制，通过克扣吃饭时间、提早开工、推迟收工之类“零敲碎打的偷窃”[②] 行为以及虚假换班制度等手段，设法消解劳动法案对他们榨取劳动力的自由的限制。于是，“最发达的机器体系现在迫使工人比野蛮人劳动的时间还要长，或者比他自己过去用最简单、最粗笨的工具时劳动的时间还要长”[③]。超长的工作日不仅“掠夺工人呼吸新鲜空气和接触阳光所需要的时间”，而且“侵占人体的成长、发育和维持健康所需要的时间”。超长的日劳动时间致使过度劳累的童工“四肢瘦弱，身躯萎缩，神志呆痴，麻木得像石头人一样，使人看一眼都感到不寒而栗”[④]。可见，资本为了贪求更多的剩余劳动，不仅突破了工作日的道德极限，还突破了工人的生理极限。奴隶主为了不损失自己花钱买来的奴隶，还会合理喂养干活的奴隶。而资本买来的只是劳动力，而不是劳动者，总是存在的“过剩人口”使资本家完全不必在意工人的健康与寿命。对于工人因过度劳累而导致体力和智力衰退甚至夭折，资本回答说：“既然这种痛苦会增加我们的快乐（利润），我们又何必为此苦恼呢？”[⑤] 因此，马克思借蒙塔古·瓦尔普牧师之口指出，“这种制度……是无拘无束的奴隶制，是社会、肉体、道德和智力方面的奴隶制”[⑥]。

总之，超长的工作日是对工人的休闲权乃至生命权的残酷剥夺。马克思对这种“残酷剥夺”的强烈控诉就是对工人休闲权利的坚定辩护。马克思指出，缩短工作日的斗争是“一切进一步谋求改善工人状况和工人

① 《马克思恩格斯全集》第44卷，人民出版社，2001，第292~293页。
② 《马克思恩格斯全集》第32卷，人民出版社，1998，第247页。
③ 《马克思恩格斯全集》第31卷，人民出版社，1998，第104页。
④ 《马克思恩格斯全集》第44卷，人民出版社，2001，第306、282页。
⑤ 《马克思恩格斯全集》第44卷，人民出版社，2001，第311~312页。
⑥ 《马克思恩格斯全集》第44卷，人民出版社，2001，第282页。

解放的尝试”[①] 的先决条件。当然，工作日的缩短也是实现工人休闲权的首要条件。

同时，马克思指出，工人休闲权的最终实现，除了工人阶级自身坚持不懈的缩短工作日等维权斗争之外，还要依靠不断提高的发达的生产力。马克思说，“工作日的缩短的绝对界限就是劳动的普遍化”[②]。而劳动的普遍化既不会来自工人对不平等的反抗斗争，也不会来自政府法律的强制，“只有通过大工业所达到的生产力的大大提高，才有可能把劳动无例外地分配于一切社会成员，从而把每个人的劳动时间大大缩短，使一切人都有足够的自由时间来参加社会的理论和实际的公共事务”[③]。

二 休闲与人的自由全面发展相统一

人的自由全面发展是马克思关于人的生存状态的最高理想，是马克思理论的价值核心和最终旨归。如果说异化劳动理论、剩余价值理论等是马克思对资本主义社会的批判与解构，那么人的自由全面发展与共产主义理论则是马克思对未来人类社会发展的设想与建构。而休闲作为人的自由解放与全面发展的重要条件与载体，无论在马克思对现实世界的解构还是对理想世界的建构中都是一以贯之的重要因素。在对资本主义社会矛盾运行和工人的生存状态的批判过程中，马克思通过揭示资本对工人阶级的控制、对工人自由时间的剥夺以及工人争取自由时间的不懈斗争，从反面论证了休闲权是包括工人阶级在内所有人的基本权利；在对人的本质发展以及未来共产主义社会人的理想生存状态的相关论述中，马克思则从正面阐述了休闲与人的个性解放及自由全面发展的内在关系。

（一）自由时间是人全面发展的基础和前提

马克思的自由时间概念是相对必要劳动时间和剩余劳动时间而给出的，自由时间是在必要劳动时间之后，以剩余劳动时间为基础，即在保证

① 《马克思恩格斯全集》第16卷，人民出版社，1964，第215页。
② 《马克思恩格斯全集》第44卷，人民出版社，2001，第605页。
③ 《马克思恩格斯全集》第20卷，人民出版社，1971，第198页。

了生存必需之后，“不被直接生产劳动所吸收”[①]，“可以自由支配的时间”[②]，它为人的“自由活动和发展开辟广阔天地”[③]。具体来说，自由时间是人们或用于简单的“娱乐和休息”，或用于接受教育、发展智力、进行社交活动、履行社会职能、从事科学和艺术等创造性活动的时间，即人们“用于发展不追求任何直接实践目的的人的能力和社会的潜力（艺术等等，科学），——这一自由时间”[④]。自由时间是人的全面发展的空间，它决定人的“发展范围”，是人自由全面发展的基础和前提。

马克思并没有对何为“人的自由全面发展”进行过专门的界定，但马克思指出，“动物只是按照它所属的那个种的尺度和需要来构造，而人懂得按照任何一个种的尺度来进行生产”[⑤]，“人不是在某一种规定性上再生产自己，而是生产出他的全面性；不是力求停留在某种已经变成的东西上，而是处在变易的绝对运动之中”[⑥]，也就是说，人与动物的发展的根本区别在于，动物按它的本能和限定的本质去生存，而人的本质却是未定的和“敞开”的，因而人可以超越本能不断向着更全面和丰富的质发展。由此可见，人的自由全面发展应该是人在超越其他种群类特性的基础之上，人之为人最全面、最丰富的本质的生成。具体说来，人的自由全面发展应该包括人最广泛的感觉与需要的培养、人最丰富的社会属性与社会关系的占有，以及人多方面的能力与独立自由个性的形成。然而在雇佣劳动中，人被束缚在单一的对象性活动中，按照特定的要求生产特定的价值与财富，这种单一、片面的对象性活动不可能生成人的丰富本质。马克思说：“自由王国只是在必要性和外在目的规定要做的劳动终止的地方才开始；因而按照事物的本性来说，它存在于真正物质生产领域的彼岸。”[⑦]因此，在物的依赖性社会中，在劳动还没有成为人们自由自觉的活动之

① 《马克思恩格斯全集》第35卷，人民出版社，2013，第229页。
② 《马克思恩格斯全集》第31卷，人民出版社，1998，第619页。
③ 《马克思恩格斯全集》第26卷第3册，人民出版社，1974，第281页。
④ 《马克思恩格斯全集》第32卷，人民出版社，1998，第214页。
⑤ 《马克思恩格斯全集》第3卷，人民出版社，2002，第274页。
⑥ 《马克思恩格斯全集》第30卷，人民出版社，1995，第480页。
⑦ 《马克思恩格斯全集》第46卷，人民出版社，2003，第928页。

前，作为人的发展空间的只能是“未被劳动直接吸收”的自由时间。

马克思将自由时间区分为“闲暇时间”和“从事较高级活动的时间”，其中“从事较高级活动的时间”也就是人们进行自由自觉的创造性活动的时间，它真正体现自由时间的价值。因为是“自由”活动，人的丰富性和创造性就可以朝着所有可能的方向自由延伸；因为是“自觉”活动，这些“方向”便又是积极而符合人性的。正是在这种自由自觉且丰富的对象化活动中，“那些能成为人的享受的感觉，即确证自己是人的本质力量的感觉”① 与广泛的需要才得以生成，人的丰富的社会关系和多方面能力才得以发展，以致个体最终形成自己成熟而独立的自由个性。

由此可见，人的多方面潜能的充分发挥、人的本质力量的壮大和发展以及最终人的理想生存状态的实现，都要以对自由时间的占有和使用为前提，正是在这个意义上，马克思说：“整个人类的发展，就其超出人的自然存在所直接需要的发展来说，无非是对这种自由时间的运用，并且整个人类发展的前提就是把这种自由时间作为必要的基础。”② 也正是在这个意义上，马克思认为，真正的财富不是对剩余劳动时间的占有，而是“每一个个人和整个社会可以自由支配的时间”③。总之，在马克思看来，人的自由全面发展是人的本质的全面实现，而自由时间及人的自由自觉的活动是人实现本质发展所必需的现实载体。

（二）个体的全面发展成就理想的休闲

休闲因为摆脱物的束缚的自由自主性而成为人自由全面发展的基础和前提，反过来，个体的全面发展赋予人的丰富性和全面的能力素质又成就人们对理想休闲的生活追求，或者说个体的自由全面发展本身就有利于休闲理想实现。因此，想获得高层次理想的休闲生活，自由时间虽是基础和前提，但个体自身的全面发展才是充要条件，即要“培养社会的人的一切属性，并且把他作为具有尽可能丰富的属性和联系的人，因而具有尽可

① 《马克思恩格斯全集》第 3 卷，人民出版社，2002，第 305 页。
② 《马克思恩格斯全集》第 32 卷，人民出版社，1998，第 215 页。
③ 《马克思恩格斯全集》第 31 卷，人民出版社，1998，第 102 页。

能广泛需要的人生产出来——把他作为尽可能完整的和全面的社会产品生产出来（因为要多方面享受，他就必须有享受的能力，因此他必须是具有高度文明的人）”①。

首先，理想休闲要求个体能发展真正属人的广泛需要。迫于基本的生存需要或是陷于资本控制下某种异化的需求中的人无法敞开身心，深入进行发展人、丰富人的创造性休闲。在《1844 年经济学哲学手稿》中，马克思考察了劳动者的“粗陋的需要”以及富人的“考究的需要”，并指出这两种需要都不是真正的人的需要，而是工业资本主义利用投机获利的对象与结果，因而都有碍理想休闲实现。马克思指出，一方面，出于缩减必要劳动时间实现盈利最大化的目的，工业资本主义只维持劳动者“最起码、最可怜的物质生活”，人为地制造出劳动者“粗陋的需要”。挣扎于基本的物质生存中的劳动者“不仅没有了人的需要，他甚至连动物的需要也不再有了”，因为“连野蛮人、动物都还有猎捕、运动等等的需要，有和同类交往的需要”②。于是，对于劳动者“粗陋的需要”来说，休闲变成对非人的生存状态的消极抗衡与逃脱。正如马克思所说的“英国的酒馆”成为“人民惟一的、至少得到英国警察宽容的星期日娱乐场所”，“自我麻醉”这种需要的表面上的满足，构成粗陋野蛮性文明中“一种真正的享受”③。另一方面，资本主义私有制下富人“考究的需要”同样不是属人的需要。工业资本家“为挥霍者的享受欲开辟越来越大的范围”，千方百计唤起他新的需要，激起他病态的欲望，“用自己的各种产品向挥霍者百般献媚”④，但目的只是从他的口袋里“诱取黄金鸟”，把从挥霍者身边消逝的力量据为己有。这样，新的需要的发展不仅没有使人的力量和本质更加充实，反而成为资本“把苍蝇诱向粘竿的弱点”⑤。这种由扭曲的需要引发的享乐、挥霍与消遣自然不可能成为理想休闲。马克思指出，真正的

---

① 《马克思恩格斯全集》第 30 卷，人民出版社，1995，第 389 页。
② 《马克思恩格斯全集》第 3 卷，人民出版社，2002，第 341 页。
③ 《马克思恩格斯全集》第 3 卷，人民出版社，2002，第 345 页。
④ 《马克思恩格斯全集》第 3 卷，人民出版社，2002，第 350 页。
⑤ 《马克思恩格斯全集》第 42 卷，人民出版社，1979，第 133 页。

人的需要的丰富性是“人的本质力量的新的证明和人的本质的新的充实”[①]，它将人的发展引向更全面和广阔的维度，因而发展人更全面的本质的理想休闲必须建立在这种全面和广阔的需要的基础之上。

其次，理想休闲要求个体拥有丰富的、社会的人的感觉能力。“对于没有音乐感的耳朵来说，最美的音乐毫无意义”，马克思指出，任何对象的意义“只是对那个与它相适应的感觉来说才有意义”[②]。因此，唯有发展了“同人的本质和自然界的本质的全部丰富性相适应的人的感觉”[③]，才能更好地参与作为人的自由自觉的对象性活动的理想休闲。马克思论述道，对于一个饥肠辘辘的人来说，食物只代表着满足饥渴的抽象存在，而无法感受到其蕴含的文化、礼仪等属人的存在。同样，“忧心忡忡的、贫穷的人对最美丽的景色都没有什么感觉；经营矿物的商人只看到矿物的商业价值，而看不到矿物的美和独特性；他没有矿物学的感觉”[④]。由此可见，在资本主义工业社会中，不但致力于维持生存的工人，而且致力于发家致富的资本家都未能获得感觉的全面丰富性，从而无法获得真正的休闲。就人的丰富感觉的生成而言，马克思强调人的本质的对象化即人的实践活动的重要性，而这其实是个双向的过程，一方面，能感受“人的快乐”和确证自己“本质力量”的人的感觉，需要在自由自觉的对象化活动也即休闲中生成，即休闲活动生成人丰富的感觉；另一方面，人的丰富深刻的感受能力成就更自由全面的休闲。

除此之外，人的多方面的技能、广泛的社会关系以及人的独立个性等也都是实现理想休闲的必要条件。在马克思关于未来理想社会的经典描述中，人们随心所欲地“上午打猎，下午捕鱼，傍晚从事畜牧，晚饭后从事批判”[⑤]，这种劳动与休闲融为一体的自由存在显然以个体在感觉、需要、能力、社会关系等各方面都全面发展为基础。人的各方面属性的自由全面

① 《马克思恩格斯全集》第3卷，人民出版社，2002，第339页。
② 《马克思恩格斯全集》第3卷，人民出版社，2002，第305页。
③ 《马克思恩格斯全集》第3卷，人民出版社，2002，第306页。
④ 《马克思恩格斯全集》第3卷，人民出版社，2002，第305～306页。
⑤ 《马克思恩格斯全集》第3卷，人民出版社，1960，第37页。

发展与休闲都具有双向的、相辅相成的关系，即休闲是人全面发展的基础和前提，反过来，全面发展的人才能拥有更理想的休闲。

（三）未来理想社会将实现每个人的自由休闲和全面发展

人的自由休闲和全面发展是马克思所描述的未来理想社会的主要特征，它代表人的理想生存状态，是马克思全部理论的最高价值目标。马克思在批判资本主义社会中物对人的各种奴役、人（包括工人和资产者）的生存状态中的各种异化现象的同时，本着“改变世界”的责任与自觉探索了人类摆脱物的奴役与异化状态、实现解放的道路，并有力论证了人类扬弃现有的异化状态最终走向自由存在和全面发展的现实可能性与历史必然性。

一方面，雇佣制度中剩余劳动时间尽管以牺牲工人的自由时间为代价，但在客观上，它不仅为整个社会创造了大量财富和可支配的自由时间，而且工人“在必要劳动时间之外，为整个社会和社会的每个成员创造大量可以自由支配的时间（即为个人生产力的充分发展，因而也为社会生产力的充分发展创造广阔余地）”①，尽管资本在创造可自由支配时间的同时，总是将这些可自由支配时间变成剩余劳动，但从整体来看，资本“违背自己的意志，成了为社会可以自由支配的时间创造条件的工具，使整个社会的劳动时间缩减到不断下降的最低限度，从而为全体［社会成员］本身的发展腾出时间”②。

另一方面，在造成人的各种异化状态的同时，资本的发展的否定力量也在不断壮大，随着雇佣劳动包含的“一切狭隘的生产前提的解体”③，资本就“完成了它的任务”，资本主义也就走到了尽头。同时，资本产生的巨大生产力为人类步入新的生存状态打下物质基础。这正是马克思所指的“自我异化的扬弃同自我异化走的是同一条道路”④。最终，随着私有

① 《马克思恩格斯全集》第 31 卷，人民出版社，1998，第 103 页。
② 《马克思恩格斯全集》第 31 卷，人民出版社，1998，第 103 页。
③ 《马克思恩格斯全集》第 30 卷，人民出版社，1995，第 512 页。
④ 《马克思恩格斯全集》第 3 卷，人民出版社，2002，第 294 页。

制以及职业分工的彻底消灭，整个社会的生产力为每个人占有，劳动的平均化使剩余劳动时间直接转化为每个人的自由时间，从而使每个人拥有充分的自由时间来发展自己，整个社会通过“每个人的自由发展”达到“一切人的自由发展”。这就是马克思意欲建立的理想社会制度，“这种制度将给所有的人提供健康而有益的工作，给所有的人提供充裕的物质生活和闲暇时间，给所有的人提供真正的充分的自由”①。

在古希腊时代，亚里士多德将休闲与最高的善及人的最高幸福相联系，但在亚里士多德以后，休闲没有再作为理想和目的，而是成为各个时代其他核心价值的附庸或手段。在马克思的休闲观中，休闲才再一次与生命的本真意义与终极关怀联系起来，自由休闲和人的自由全面发展成为人类理想生存状态的核心因素和典型表征。

三　休闲与劳动相统一

在马克思之前西方休闲观的历史流变中，劳动和休闲一直处于对立状态：当休闲被崇尚时，劳动便是卑劣和不可取的；当劳动被肯定时，休闲便是消极和无用的，休闲和劳动在人们的社会生活中始终处于不可调和的两极。这是因为其间人们无论对休闲（亚里士多德之后）还是劳动的理解都没有从人的本质发展与本体意义出发。由于特定社会的生存斗争或阶级意识等因素的限制，休闲和劳动在不同时代的发展均偏离了其本质，成为社会发展和观念形态所要求其成为的样态。马克思在批判异化劳动的基础上，第一次从实践美学和人类生存的本体论意义上论述了劳动的价值，进而得出非异化状态的劳动即自由自觉意义上的劳动与理想休闲在本质上相互融合和统一的观点。

在马克思对未来社会人的理想生活状态的所有描述中，被后人引用以及论述最多的要数他强调社会分工彻底消灭之后人的自由全面发展的那段文字：“任何人都没有特定的活动范围，而是都可以在任何部门内发展，社会调节着整个生产，因而使我有可能随自己的兴趣今天干这事，明天干

① 《马克思恩格斯全集》第21卷，人民出版社，1965，第570页。

那事，上午打猎，下午捕鱼，傍晚从事畜牧，晚饭后从事批判，这样就不会使我老是一个猎人、渔夫、牧人或批判者。”[①] 这种人的理想生存状态的最大特点就是劳动和休闲在人们的日常生活中完美融合。马克思能将休闲与劳动这对自古以来就对立的范畴统一起来，关键在于建立在实践本体论基础上的全新的劳动观与休闲观。

在科学、辩证地分析和批判黑格尔、费尔巴哈劳动观的基础上，马克思从唯物史观和实践本体论出发建立了自己的辩证唯物主义劳动观。马克思劳动观的核心内容是：劳动是人有目的、有意识的“自由自觉”的活动，现实的人正是在自己的劳动过程中不断与自然相互对象化的结果。因此，劳动是人的本质的实现活动。马克思的劳动观与其人的本质观相关联，他认为，人的本质形成于人与自然之间不断的客体主体化与主体客体化的对象化过程。而这一过程最直接的通达途径就是人的生产实践即劳动。所以在《1844 年经济学哲学手稿》中，马克思直接将人的本质归结为人类自由自觉的劳动。在整个马克思劳动理论中，劳动绝不仅仅是物质财富的生产与创造活动，而是直接与人的本质力量的生成与发展相联系的本体论范畴。这种对劳动在本体论意义上的价值肯定与洛克、斯密、李嘉图等人单纯从经济学角度对劳动价值的肯定有着根本区别。后者确实使劳动彻底摆脱了自阶级社会出现以来一直处于社会价值序列的低端的卑微低下的角色，从而作为财富与成功的源泉跃升到社会价值序列的高端。但是，在经济学层面上推崇的劳动价值始终只限于其工具价值。当劳动被称为“财富之父”或“劳动是财富的源泉”时，劳动价值便直接等同于劳动生产的商品的经济价值，而不涉及劳动对于人本身的发展的哲学或伦理价值。于是，雇佣劳动与异化劳动在斯密等人看来，并不妨碍劳动价值的实现，甚至有利于劳动创造价值。或者说，斯密等人揭示的正是资本主义雇佣劳动和异化劳动的价值，说到底就是工人的劳动给资本家创造的价值，而不是劳动本身对于每一个正常的人所具有的价值。因此，撇开劳动产生的物质利益，劳动本身只是劳动者不愿承受的辛苦与牺牲。

① 《马克思恩格斯选集》第 1 卷，人民出版社，1995，第 85 页。

可见，马克思之前的近代经济学家的劳动价值论只是社会发展特定时期理论需要的产物，劳动纯粹只是从物质利益和工具理性的角度得到推崇，对于劳动本身仍然是“从它的卑污的犹太人的表现形式去理解和确定”[①]，因此只是牺牲、辛苦和麻烦。劳动对于人的存在与发展的本真价值并没有被认识与揭示，以至于“一个人‘在通常的健康、体力、精神、技能、技巧的状况下’，也有从事一份正常的劳动和停止安逸的需求，这在斯密看来是完全不能理解的”[②]。马克思在对斯密的批评中明确指出，劳动本身也是人的正常需要，因为劳动过程是人克服外界障碍、走向自由的过程。尽管劳动的尺度“是由必须达到的目的和为达到这个目的而必须由劳动来克服的那些障碍所提供的，但是克服这种障碍本身，就是自由的实现”[③]，可见，马克思强调的始终是劳动过程本身对人的内在价值。当然，这里马克思所分析的劳动自然不是奴隶劳动、徭役劳动以及雇佣劳动所代表的异化劳动，而是一种与之对立的、超越剥削社会的对抗性质的真正的自由劳动。马克思坚信这种劳动“会成为吸引人的劳动，成为个人的自我实现”[④]。

对人的生存与发展状态的终极关怀贯穿整个马克思理论，正是在实现与发展人的本质力量的本体意义上，作为人自由自觉的活动的劳动与促进人自由全面发展的休闲得以统一与融合。从人的生存与发展本体论维度来看，休闲与劳动都是人生存的本能需要，也都是人发展自身、实现自我的基本途径。在社会生产力的有限发展阶段，劳动与休闲不可避免地发生分离甚至对立。只有在生产力充分发展、阶级与社会分工彻底消灭的共产主义社会，才能实现劳动与休闲的理想融合。在这种融合中，人们在自由自觉的劳动中享受创造性休闲，也在自由自主的休闲中进行创造性劳动，每个个体都能在自己自由自觉的创造性活动中获得全面发展。当然，这并不意味着每个人都要成为全才全能的人，而是说每个人能自由发展自己的兴

---

① 《马克思恩格斯选集》第1卷，人民出版社，2012，第133页。

② 《马克思恩格斯全集》第46卷下册，人民出版社，1980，第112页。

③ 《马克思恩格斯全集》第30卷，人民出版社，1995，第615页。

④ 《马克思恩格斯全集》第46卷下册，人民出版社，1980，第113页。

趣与才能。正如马克思所说，并不是“每个人应当完成拉斐尔的作品”，而是让“每一个有拉斐尔的才能的人都应当有不受阻碍地发展的可能”[①]。同时，在这种融合中，艺术家、科学家、工人等作为专门的职业都会消失，“没有单纯的画家，只有把绘画作为自己多种活动中的一项活动的人们”[②]。艺术、科学以及生产将既是一种劳动，也是一种休闲。

然而，观念的发展始终是社会存在与实践的反映，马克思的休闲观也难免会具有时代局限性。着眼于19世纪资本主义发展状况，马克思没有也不可能预见到当今时代休闲领域的种种异化现象。按照马克思的设想，生产力发展到一定阶段，物质财富与自由时间都普遍充裕，并且在每个个体都能享有这种充裕时，他们便能获得理想休闲。马克思显然没有预计到当普通个体拥有足够丰盛的物质基础和闲暇时间之后，人们并没有获得理想休闲或就此迈进更加自由的生存状态，而是掉入消费主义休闲、物质性休闲、功能性休闲等陷阱，休闲受到无形但更加有力、有效的控制。尽管马克思曾批判过像后来凡勃伦在《有闲阶级论》中所阐述的资产阶级上层奢侈糜烂的有闲生活，但马克思也是就剥削造成的不平等——资产阶级一方的自由奢侈恰恰建立在工人阶级的异化劳动基础上——来批判。普通大众也拥有休闲但又在自己的休闲中失去自由，这是在马克思理论中没有预料到的当代现实。

第三节　休闲的本真内涵与时代内涵

一　当代休闲概念的多重界定

与人类休闲历史的源远流长比较起来，专门对休闲展开理论研究并进行概念性界定是20世纪才开始的事。休闲本身是一个伴随着人类发展而不断展开、丰富的历史性范畴，很难将其定义成一个统一的内涵加外延的

① 《马克思恩格斯全集》第3卷，人民出版社，1960，第458~459页。

② 《马克思恩格斯全集》第3卷，人民出版社，1960，第460页。

固定形式，因而当代学者从不同角度给出的休闲定义便显得五花八门。澳大利亚悉尼大学 A. J. Veal 教授在《休闲和娱乐的定义》一文中统计出较有影响的休闲定义就有 27 种之多。[①] 美国学者杰弗瑞·戈比在《你生命中的休闲》一书中则将各种有关休闲的定义归为四大类，即分别从时间、活动、心态体验和存在状态的角度对休闲进行界定。

（一）时间角度的休闲定义

从时间角度定义休闲是最简单易行也是最容易被普通大众理解和接受的方式。休闲被定义为人们在工作或其他义务活动时间之外所拥有的自由时间。美国休闲研究学者布莱特比尔认为休闲就是除掉生理必需时间和维持生计以及履行其他义务所必需的时间之后，自己可以判断和选择的自由支配时间。[②] 另两位美国学者基斯特（Noe Pitts Gist）和弗瓦（Sylvia Fleis Fava）认为，休闲是人们从劳动或其他义务工作中解放出来，自由地放松、转换心情、取得社会成就并促进个人发展的可利用的时间。[③] 社会学家帕克认为休闲是满足工作和生活基本需要之后的剩余时间；而墨菲则认为，个人在自己决定的状况下可以随意利用的时间就是休闲。[④] 伦敦城市研究所给出的休闲定义是：除了工作以外，自己能自主参与活动机会的时间。

从时间角度定义休闲的优点在于容易对休闲进行量化考察，人们日常生活的时间分配直接可以反映休闲状况，所以这种定义对社会学领域的学者非常实用。但这种定义的局限也很明显。首先，用来指称休闲的“空闲时间”本身难以界定。杰弗瑞·戈比借凯普兰的研究指出，社会中存在多种不同形态的自由时间，“富有者持久而自愿的闲暇，失业者临时而无奈的空闲，雇员定期而自愿的休假和伤残者长期的修养，以及老年人自

---

① 刘慧梅、张彦：《西方休闲伦理的历史演变》，《自然辩证法研究》2006 年第 4 期。

② Brightbill, Chales K., *The Challenge of Leisure*, Prentice-Hall, 1963, p. 4.

③ Gist, N. P., Fava, S. F., *Urban Society*, Thomas Y. Crowell Company, 1964, p. 411.

④ 〔韩〕孙海植等：《休闲学》，朴松爱、李仲广译，东北财经大学出版社，2005，第 5 页。

愿的退休”[①]。很显然，这几种空闲时间相对于休闲的真实意义大不相同，不能笼统地将它们都归为休闲。其次，这种定义把工作与责任放在优先的地位，休闲自然位居次要地位，是工作与责任之外的东西，或者说是必须通过劳动“挣来”的东西。这显然是以劳动为社会主导价值的生产性思维的表现，休闲自身的内在规定性没有得到充分体现。另外，当休闲被等同于自由时间时，时间本身成为追求的目的与标志，而人们在自由时间里的存在状态（即人们是否真正拥有休闲）反而变得不重要了。葛拉齐亚认为这种观点是危险的，因为如果人们拥有很多的闲暇时间却不知道如何去休闲，那么和平与繁荣带来的将是灾难。2000 多年前，亚里士多德就告诫人们缺乏对闲暇时间的操持可能会导致放纵。也就是说，休闲的关键不仅在于自由时间，还在于如何度过这一时间。因此，尽管时间是休闲的基本维度和必要条件，但把休闲单纯定义为自由时间显然不符合未来大众休闲时代需要凸显休闲其他维度丰富内涵的理论要求。

（二）活动角度的休闲定义

从活动角度出发，休闲被定义为人们在自由时间里开展的一系列不同类型的活动的总和。从这一角度界定休闲有着悠久的历史和众多支持者。在古希腊，“休闲”（schole）一词就含有“不是在不得不做的压力下从事的严肃活动”的意思。这也是古希腊休闲哲学的典型观点，即休闲完全不同于娱乐消遣，而是与德性相联系、需要付出努力的严肃的活动。法国社会学家杜马哲迪尔（J. Dumazedier）将休闲归纳为“一系列在尽到职业、家庭与社会职责之后，让自由意志得以尽情发挥的事情”，“它可以是休息，可以是娱乐，可以是非功利性的增长知识、提高技能，也可以是对社团活动的积极参与”[②]。或者如他在另一著作中总结的，休闲“是指人们从工作、家庭、社会义务中摆脱出来，为了休息、转换心情、增长知识而自发地参与可以自由发挥创造力的任何社会活动的总称”[③]。另一位

① 〔美〕杰弗瑞·戈比：《你生命中的休闲》，康筝译，云南人民出版社，2000，第 5 页。

② 〔韩〕孙海植等：《休闲学》，朴松爱、李仲广译，东北财经大学出版社，2005，第 4 页。

③ Dumazedier, J. , *Towards a Society of Leisure*, The Free Press, 1967, pp. 16 – 17.

学者皮尔斯（R. Pierce）认为休闲是“自愿性而非强迫性的活动，休闲的目的并不在于维持生计，而在于获得真正的娱乐”[①]。学者罗伯茨（Roberts）直接将休闲定义为“相对自由地从事非工作的活动”[②]。

活动角度的休闲定义是在时间角度的休闲定义的基础上对休闲内涵的一种拓展，一方面，在时间的基础上加入主体的自由活动这一要素，自由时间就不再是空洞的形式，那些非自愿的空闲时间便被排除在休闲之外；另一方面，对自由活动的丰富性以及促进人的发展的要求，也使时间不再是休闲的唯一标志，而更看重自由时间里人们所从事的活动内容，游手好闲甚至损人不利己的恶闲自然不能称为休闲。这一定义的问题在于虽然重视休闲的客观活动形式却忽视主体内心的感受与体验。首先，单从活动内容看，工作与休闲的界限并不绝对，一部分人的工作内容可能是另一部分人的休闲活动。这导致对“自由活动”本身的界定的不确定性。其次，即使是人们公认的休闲活动，由于个体不同的生活经历、社会地位、文化素养、个人品位甚至不同的场合与心态，意义也可能不同。因此，我们不能仅凭某个人正在进行的某种“活动”就断定他是否在休闲，尽管我们确实可以列举出一系列被绝大多数人认可的休闲活动，但休闲不应该只是某些活动，“活动”犹如“时间”一样只能是休闲的一个要素，而不是休闲本身。

（三）心态体验角度的休闲定义

从心态体验角度定义休闲主要是注重休闲主体的主观状态和内心感受。这种观点认为休闲的关键不在于外在的时间、活动之类的物质形式，而在于个体心灵的自由与精神的愉悦。从哲学意义上讲，它可以是人们对待世界和生活的一种态度。无论物质世界如何纷扰，休闲的人们可以凭着信念保持内心的安宁与快乐。德国哲学家皮珀是持这一观点的代表。他在

---

① Pierce, R., “Dimensions of Leisure Ⅲ Characteristics,” *Journal of Leisure Research*, 1980 (12), pp. 273 - 284.

② 卿前龙：《什么是休闲？——国外不同学科学者对休闲的理解》，《国外社会科学》2006 年第 4 期。

《闲暇：文化的基础》一书中指出，休闲是“一种精神现象”，是一种灵魂上的高尚态度。人拥有闲暇不是外部力量作用的结果，而恰恰是要从外部世界中“引开”，强调“一种内在的无所忧虑，一种平静，一种沉默，一种顺其自然的无为状态”[①]。因此，“休闲的态度不是干预，而是自我开放，不是攫取，而是释放，把自己释放出去，达到忘情的地步，好比安然入睡的境界”，让灵魂在顺其自然的“观物姿态”中静静开放，并从中掌握理解“整个世界及其深邃本质”的契机。[②] 皮珀这种从心态的角度看待休闲的观点几乎与中国古代休闲观对心性、境界的强调如出一辙。中国古代的休闲观认为休闲不是建立在物质基础上的享乐，而是一种追求精神上独立、达观而自制的生活态度。从先秦时代老庄哲学的淡然无为到陶公“采菊东篱下，悠然见南山”意境下的恬静优雅，中国古代圣贤追求的休闲正是一种心境的豁达与清明，一种远离世俗纷争、与自然和谐相融、能泰然处世的舒心与安宁。总之，这种休闲观强调休闲的核心在于主体观世、处世的心态以及心灵的自由程度。

社会心理学家大多直接将休闲定义为人的某种心理状态和心理体验或者一种“驾驭自我的内在力量”。这种观点认为是否拥有休闲完全在于能否获得令人愉悦的感觉和心理体验，而不在于个体是否处于自由时间或参加了某种休闲活动。对他们来说，根本不存在专门的休闲活动或休闲时间，只存在休闲感。心理学家约翰·钮辛格认为，“休闲是为了达到自己的目的而进行的、从中得到幸福与满足的、与个人内心世界密切相关的体验与心态”[③]。“休闲感有且只有一个判据，那便是心之自由感。只要一种行为是自由的，无拘无束的，不受压抑的，那它就是休闲的。”[④] 美国学者葛拉齐亚认为不存在“客观”的休闲，他不认为自由时间就是休闲。他指出，休闲应该是一种感觉的品质。如果一个人看似休闲，但为无事可

---

① 〔德〕约瑟夫·皮珀：《闲暇：文化的基础》，刘森尧译，新星出版社，2005，第40页。

② 〔德〕约瑟夫·皮珀：《闲暇：文化的基础》，刘森尧译，新星出版社，2005，第42页。

③ Neulinger, John, *An Introduction to Leisure*, Allyn and Bacon, 1981, p. 13.

④ 〔美〕杰弗瑞·戈比：《你生命中的休闲》，康筝译，云南人民出版社，2000，第6页。

做而烦恼，此时就不能成为休闲。休闲是由个人的感知认定的。[1] 齐克森特米哈伊在其休闲心理学专著《畅：最佳体验的心理学》提出的“畅”的概念应该是休闲过程中的最佳体验，即最高层次的休闲感。但这种体验不仅产生于通常意义上的休闲活动，也可以产生于工作，它类似于马斯洛提出的“高峰体验”。这进一步证明了休闲只是一种内心感觉和体验，它与主体的发展背景、性格特质、感受与应对能力直接相关，并不是由外在的自由时间或活动形式所赋予。

心态角度的休闲阐释弥补了从时间和活动角度界定休闲时过于强调外在客观条件而忽视主体内心感受方面的不足，同时消解了休闲与劳动之间的差异，有利于揭示休闲的本真内涵和内在价值。但同时，这种理解方式也存在不可避免的缺陷：一方面，完全作为一种精神现象及高尚的生活态度的休闲容易让人望而却步，导致曲高和寡；另一方面，完全强调心理状态与心理体验的休闲，忽略了个体存在的现实性和社会性，容易走向虚妄的相对主义和唯我论。休闲以获得心灵的自由和精神的愉悦为目的和标志，但若脱离社会伦理、科学常识、法理法规等客观现实标准的规范，休闲就有可能不但不会带来个人心理状态的自由与和谐，反而会形成个体感觉至上及以自我为中心的负面人格。另外，以心态体验为标准，一个活动是否属于休闲完全因人而异，这会导致休闲社会学对人们休闲状况的统计学考察完全行不通。

（四）存在状态角度的休闲定义

将休闲理解为一种自由的存在状态是从哲学的意义上对休闲进行定义。这一观点源于古希腊，亚里士多德认为，休闲是一种“不需要考虑生存问题的心无羁绊的状态”，是一种与智慧、美德、幸福相联系的理想的存在状态。这其实代表了古希腊哲人对只有在休闲中才能实现的沉思、冥想、追求自由以及积极探索人生与自然的奥秘的生活方式的推崇。因此，休闲在古希腊被当成目的与理想来追求。在现代，来自哲学领域的休

① 章海荣、方起东：《休闲学概论》，云南大学出版社，2005，第58页。

闲学者们也认为，休闲与人的本质发展、自我实现、个性完善等人的存在的核心因素密切相关。它是人在满足生活必需之后更高层次的追求，是人的精神、文化、心灵层面的生命存在。不过，与古希腊哲学家将休闲看成一种既定的理想存在状态不同，现代学者更强调休闲是一种动态的存在过程。美国学者约翰·凯利认为“休闲最好被理解为一种‘成为状态’（State of becoming），也就是说，休闲并不仅仅是当前的现实，而是动态的；它包含许多面向未来的因素，而不仅仅是现存的形式、情境和意义。因此，应该通过其行为取向而不应以时空、形式或结果来对休闲加以界定”。[①] 约翰·凯利的观点与存在主义理论的主题相契合，他认为，休闲的自由是一种不断选择的行动，不断创造和生成的自由。在休闲中“我将成为什么样的人”会不断发生变化，因此，休闲是一个人“持续一生的成为过程”，是人的一种不断“成为”的存在状态。在总结分析众多休闲定义的基础上，美国休闲学专家杰弗瑞·戈比给出的休闲定义是，“休闲是从文化环境和物质环境的外在压力下解脱出来的一种相对自由的生活，它使个体能够以自己所喜爱的、本能地感到有价值的方式，在内心之爱的驱动下行动，并为信仰提供一个基础”。这一定义避开了单从时间、活动或心理体验某个单一的层面阐释休闲的手法，而采取相对综合意义上的界定，因此目前在学界认可度较高。不过该定义的核心强调休闲是一种“相对自由的生活”，也即人在摆脱各种压力与束缚后相对自由的存在状态。

从某种意义上说，马克思思想中的休闲也是一种存在状态。马克思的确用“自由时间”指代休闲，但“自由时间”恰恰是马克思所批判的资本主义社会中人的各种异化状态的对立面，也即人在克服或暂时逃离异化状态后的人之为人的生存状态。马克思在对未来社会的设想性描述中就清楚地勾画出了自由自觉的劳动和休闲完美相融的人的理想存在状态。立足于存在角度的休闲界定强调休闲是一种自觉自为的存在过程，人在其中释放、体验、创造、实现并成就自己，从而不断走向成熟和自由。本书意在

---

① 〔美〕约翰·凯利：《走向自由——休闲社会学新论》，赵冉译，云南人民出版社，2000，第22页。

批判资本逻辑下的休闲困境，所依赖的也正是这种作为人的理想的存在状态的休闲理解。

以上从时间、活动、心态体验和存在状态四个角度对休闲的界定虽然代表着不同学科的观点，但这些角度对于休闲而言也绝不是完全平行的。所有这些概念都强调了休闲的核心因素——自由，然而休闲自由并不是某种可以直接赋予的东西，而是主体在休闲过程中逐渐获得的。自由时间和活动是休闲的基础和前提，但人们并不因此就必定拥有休闲的自由感；这种自由感的获得还需要主体与活动之间的互动，即主体对自由的感知与反应，这就涉及心理体验；而再进一步，这种感知到的自由有时也具有虚妄性和欺骗性，真正休闲自由的实现是开发、生产与创造，人在休闲过程中行使自由、发掘潜力、不断创造新的体验与生命状态。真正的休闲便在自我开发与创造中不断生成。也就是说，休闲作为人的存在方式有其本身的内部架构：首先是时间和活动层面，它是客观基础和条件；其次是感知与体验层面，它是休闲的主体因素；最后是创造与发展层面，这是休闲作为人的本能的生命活动的自然结果。

需要提及的是，随着全球化时代的到来，任何一个个体乃至国家、民族都不可能独自存在，休闲也就不再只是个人的事情。当前的休闲研究（尤其在西方）正倾向于将休闲与生态环境、人权、种族、性别、社会福利、政府参与、全球化等当今时代凸显的社会问题联系起来考察，更加注重休闲的背景因素。休闲被强调并非原子式的个人行为，而与人的生活方式整体相统一。英国学者罗杰克（Chris Rojek）就认为不存在绝对的休闲自由，个体的休闲选择实际上是“同僚群体的压力、家庭传统、阶层地位和媒体的商业运作”① 等外界因素共同作用的结果。他提出休闲研究的使命就是研究权利和历史是如何左右休闲选择和行为模式的，从而实现增权、分配公正和社会包容的目标。因此，罗杰克强调，对休闲的界定与研究要注意定位与背景之间的动态关系，以及社会行为与个体之间的互相依存关系，利用比较与历史的观点在唯意志论（强调内心体验）与决定论

① 〔英〕罗杰克：《休闲理论原理与实践》，张凌云译，中国旅游出版社，2010，第25页。

（强调外在因素）之间寻找一条中间道路，以免掉入心理主义以及决定论的意识形态的陷阱。不过，尽管当代学者从不同视角提出的休闲概念存在各自固有的局限，但不可否认的是，每种概念都从自己的角度丰富了休闲的内涵。

二　休闲的本真内涵

综观整个西方社会休闲观念的历史演变以及马克思于资本主义批判理论蕴含的休闲思想直至当代学者对休闲多维度的阐释，我们可以看出，休闲的发展以及人们对休闲的理解与特定时代的社会背景及其时代哲学的本体论密切相关。古希腊哲学家崇尚休闲贬低劳动与其自由民及贵族的阶级身份相一致，在休闲观念上极力推崇沉思、冥想。坚持理性的沉思可以达到至善是古希腊哲学以理性之神作为世界初因的本体论观点的反映。中世纪的休闲观认为至善是对上帝真诚的直观表现，并将休闲与信仰以及对情感的超越、对上帝的观照联系起来，这源于上帝本体的哲学根源以及宗教统领的社会现实。在近代，休闲价值遭到严重贬低，劳动得到崇尚，显然是资本主义生产关系的兴起以及金钱、地位等外在物质成为价值评判标准和最高信仰所产生的现实需要和表现。马克思的休闲观正是对这一时代现象进行审视的产物，在批判物对人的控制导致人的异化存在的同时，马克思分析了这一异化产生与扬弃的历史必然性，并指出人类终会超越必然王国，走向自由王国，即走向自由自觉的劳动和自由自觉的休闲相统一的生存状态。中国古代圣贤“天人合一”的休闲观主要反映中国古代哲学尊崇自然的天地本体论观点。因此，这种休闲观没有把劳动绝对排除在外，而是包含休闲和劳动、人和自然界浑然一体的自由自在。当今学者对休闲的多角度的丰富理解，也正反映了当代社会发展的多元化特点。由此可见，我们所认识的休闲始终是被特定时代的社会发展所规定的休闲，那么，休闲的本真样态是什么呢？没有被扭曲和遮蔽的、符合人之本性的休闲是怎样的？只有理解了休闲最本真的内涵，我们才能理解它过往的历史变迁，才能分析它在当代陷入困境的根源，以及它未来的发展趋势。

人类文明延续至今，不管某个具体时代或民族的发展如何历经曲折，但就整个族群而言，人类始终在生存与发展的各个层面不断追求进步。然而，人类追求进步的最终目的或者说人类发展的最终关怀又是什么呢？略加思索，我们就会归纳出，对个体而言，这些追求应该包括自由、美、个性的发展与被尊重、生命的价值与自我的实现；对社会而言，可能是社会的公平正义，人与人以及人与社会、自然的和谐共存等。而对社会整体的追求其实也是为个体提供更好的发展环境。说到底，个体的自由、美与价值的实现与发展是人类的终极追求，参照马克思的观点来表达就是每个人的自由全面发展与人类的彻底自由与解放。而休闲既在人类追求自由与解放的过程中生成与发展，又是人类实现自由解放的历史舞台。

（一）休闲是人类的“自由保护区”

人类与动物相揖别之后，人类凭借自我意识而成为这个世界上唯一自由的生灵，因为只有人类会在行为中刻意追求自由、美和创造性，“动物只是按照它所属的那个种的尺度和需要来构造，而人懂得按照任何一个种的尺度来进行生产……人也按照美的规律来构造”[①]。因此，对自由、美和创造性的追求出自人之为人的本性，它应该伴随着人类一切实践活动。这些活动既包括生产劳动、科学发明、艺术创作等产出性活动，也包括消费、交往、游戏、消遣等非产出性活动，人的本质就在这些活动中体现和生成。而当人类所有活动中都渗透着自由、美和创造性时，人类就无所谓休闲，休闲的概念也不会产生。远古时期，人类在朴素的、近乎本能的日常活动中不需要休闲，所有的活动都是自然而自由的生命活动。当然，人类不可能永远停留在原始发展状态，当人类想要追求更高层次的自由，而这种自由又不可能在所有人当中或者不可能在人的所有活动中同时实现时，休闲才得以产生。这是因为，文明和自由的力量需要逐渐积攒，人类需要认识、征服自然，继而才能操持自然、与自然和谐共生；同样需要认识社会与自我，才能协调社会和自我健康发展，最终才能自由存在于世。文明的每一步积攒都要以一定的物质基础和相应的观念水平做支撑。社会

① 《马克思恩格斯全集》第3卷，人民出版社，2002，第274页。

分工以及随之而来的阶级阶层的出现是文明进步的产物，同时也是人类为获得更高层次的文明与自由付出的努力与代价，其结果是人类最普遍的实践活动——劳动开始偏离人的自由本性而具有强制性质。休闲便被自然地划分出来，作为自由的、符合人的本性的生命活动，被部分群体或生命的部分时段享有。于是，休闲才正式成为一种独立的人类活动，与劳动相对立。随着人类文明成就不断增加，尽管人在自然面前的自由度日益提高，但同时，人类也日益远离生命的本真状态，并不断给自身套上新的枷锁：一方面，历经多种形式（奴隶劳动、徭役劳动、雇佣劳动等），人最基本的存在方式——劳动始终处于被束缚与控制之中，成为异化于人的活动形式；另一方面，文化、观念、制度、价值观等文明的产物也在人类片面追求物质基础的过程中不断发生异化，造成对人的压制。但是作为拥有自我意识的人类，不可能一直处于本质被压抑的状态，总要本能地寻找可能的突破口。于是，出于渴望自由的本性及人的身心发展的需要，休闲成为人们为自身的自由存在开辟的一个特别“保护区”，成为对人的发展过程中所遗失的本真状态的一种模拟或补偿。

可见，休闲本就不是人类独立的存在形态，而是当本然的生活状态远离之后，人类为自己开垦的模拟空间。因为人必须过符合本性的生活，否则迟早会感到不适。当人们的生活世界充满压抑与控制时，休闲就是人类的“自由保护区”，是人类存在于此岸对彼岸自由状态的模拟与向往，或者说是“自由王国”对“必然王国”中人的存在的一种导向。因此，在现世诸多的控制下，休闲是人类为自己保留的一片净土和一种理想。而一旦周围的压抑与控制全部消失，休闲“保护区”就会自动消失，每个人就会走向自然的、符合人性的生存状态。人类进步的最终目的和人类存在的最终追求就是完全的休闲式存在。

各个时代的上层阶级凭借资源优势，自然首先获得进入“保护区”的特权，不过事实上，即便是古代社会的奴隶和农奴也会出于本能而设法拥有自己的休闲。在现代社会中，人们看似拥有了普遍的休闲，却又感到焦虑、疲惫和惶惶不安，这是因为这种休闲脱离了人的本然状态，成为一种异化的休闲。综观历史发展过程，人类最初就心怀美丽的休闲理想，但长期以来从未真正享有理想的休闲。休闲总是被不同时代的社会主流价值和意识形态挤压或遮蔽，这自然和特定社会阶段的文明水平相一致。人类追求自由的本性决定任何时候人们越是反思自己的存在状态，便越会重视赋予人自然状态和自在行为的休闲的价值。无论休闲历经被贬低还是扭曲，人类所有物质形式的追求最终都会以休闲为目的。当文明积攒到足够的水平，人类自然会向全面的休闲，即全面的自由状态迈进。

古希腊的亚里士多德把休闲看成目的和理想是对休闲本质的最初接近，随后休闲的本质一直被严重遮蔽，直到人类物质能力不断增强以及工业社会发展造成人们生活世界的诸多悖论与高度窘迫，人类才被迫反思自身的行为与存在方式。马克思再一次展现了人类理想的也是最本然的生存状态，并最终还原了休闲的本来面貌——休闲作为体现人类本质力量的自由自觉的活动最终会消融于人的本真的生活状态之中，或者说人的生活状态成为全面的休闲。

（二）休闲是人自由自觉的存在状态

由上文分析可见，休闲是在实然状态下人的一种理想式、引导式的存在方式，是人的一种理想的、应然的存在状态。在休闲中，人们能够活出本真状态、发展本质力量，并走向人类的终极关怀。集中起来表达就是，休闲是人自由自觉的存在。这一状态与人类其他活动状态并存，尽管它不时遭受挤压或扭曲，但它一直存在，并随着人类社会的发展不断增加和扩大在人们生活中的份额与范围。

首先，休闲的核心是自由、自主。它强调人在身体、心灵不受任何抑制的情况下自由自觉地行动、思考与展现。遗憾的是，人类在追寻自由自主生活的过程中所发展的诸种手段（包括生产劳动、商业交换、科学研究、技术发明、政治制度等）反过来又以异化的形式压迫人，所以休闲才与各种形式的异化活动对立。其次，休闲必须是主体自觉的创造性行为，必须伴有主体独立个性的发挥与自我实现。古希腊哲人强调休闲远不是消极懒散、无所事事，而是主动处理时光的一种方式。人在休闲状态下，应该始终伴随着自由意志和创造性的尽情发挥以及自我本质力量充分彰显。即便是在自由时间里什么事也不做而任由时光流淌，只要整个过程是人的自觉行为，就一定有独特的创造性收获。“什么事也不做”并不意味着什么也不想，什么也不思考，恰恰相反，“任由时光流淌”包含对自由支配时间的主动享受和对美好生活的创造性向往。另外，休闲还强调主体从中获得愉悦与幸福感。休闲是人合乎本性的存在方式，愉悦与幸福感不仅是心理学上的休闲体验，还是人的休闲式存在的目标与理想。这种幸福感与特定的活动没有必然联系，人们可能在刻意参加某种“高贵”的休闲活动时烦躁不安，也有可能在微不足道的细小行为中获得无与伦比的满足。关键因素是看身心是否自由，是否有创造性的参与和自我展现的成就感与价值感。总之，休闲的关键在于自由选择下意志与能量的尽情释放，在于自觉自愿中个性人格与本质力量的完善与发展。

以上这些特点在当代学者对休闲的归纳与理解中都有所反映。但是，与其不同的是，本真的休闲并不仅仅诉诸某些特定的时间、活动或心态，它是人类应有的自由自觉的生存状态。我们把旅游、娱乐、游戏、欢庆、自由制作、交友谈心等称为休闲，是因为这些活动都具有与人的理想生活状态相似的地方，即它们都分享了休闲的某些特征。至于商业性休闲服务以及休闲产业链等则更是现阶段特有的、更表象层面的对休闲发展的被动展现。真正的休闲显然不只是这些活动或服务，而是人通过这些活动实现的自由存在。因此，休闲实现的核心不仅要看政府划拨给人们多少时间，发展多少种休闲服务和方式，还在于人的日常存在中自由解放的程度。随着人类文明的发展，更多的活动与状态不断被纳入休闲，人类不断获得更大范围的自由解放。而休闲最终的全面实现就是彻底废除“休闲”，当所有的活动全部以自由自觉的方式呈现时，人类才真正走向解放。而这种全面的休闲状态正是人类发展的终极目标。

三　休闲的时代内涵

休闲的本质是在人类还未进入真正自由自觉的生存状态之前，作为现世的种种异化境遇中一种妥协方案，为人们提供一种符合人本性需要的“自由保护区”，即在外界环境干扰、扭曲人的本质发展时，休闲保护区为人们打造一种暂时的自由领地，供人们自由自主地活动。休闲这一内涵在不同时代得到的诠释与发展显然不同，而我们更应该知晓休闲在当代社会应有的内涵与功能。

（一）休闲在以往不同时代的角色与境遇

人类一直致力于改善自身的生存状态，力争更加自由地生活，然而事实上却又一直生活在各种控制之中，这也反映在各个时代人们的休闲生活中。远古时期，人类主要的控制来自大自然。在变幻莫测、威力无穷的大自然面前，人类只能谨小慎微地匍匐前行，通过简单低级的劳作获取极其有限的生活资料。然而，这时，人们的休闲却无所谓任何控制，因为休闲还没有从日常活动中分离出来，无论劳作还是消遣娱乐，都是自然进行的本能的生命活动。这些娱乐活动（主要包括原始祭祀、歌舞、宗教礼仪、巫术活动以及日常游戏等）释放着人们对大自然的敬畏、恐惧和迷茫，起着精神抚慰和情绪放松的作用，是原始人生活的重要组成部分，但它们始终只是停留在生存层面的本能活动，不涉及人自觉意义上的完善与发展。于是，在远古时期，自然界将稚嫩的人类控制在本能的生存斗争范围内，阻碍了自觉休闲的产生。

到了古希腊奴隶制社会，生产力水平得到有限发展，同时出现了社会分工与阶级阶层，这使对人类自由的束缚不仅来自大自然，还来自阶级、政治与文化。休闲的遭遇在不同阶层中间迥然相异，奴隶主贵族阶级占有全部的生产生活资料以及充分的闲暇，休闲作为一种独立的社会活动得到大力发展。尤其在古希腊，哲学家和思想家更是赋予休闲以崇高的价值地位，自觉意义上的休闲作为目的与理想被追求。但在其对立阶级——奴隶那里，休闲的权利则被完全剥夺，奴隶们只有劳动的权利，是“会说话的工具”而已。因此，在奴隶制社会，生产力水平低下、阶级社会的科层制度与政治观念是阻碍休闲在更大范围内发展的主要因素。

在整个中世纪，社会发展最突出的特点无疑就是宗教的统领。宗教对社会政治、文化以及各阶层人们思想观念的全面主宰，严重束缚了休闲的发展。休闲文化和休闲活动也都围绕宗教信仰的主题展开，休闲的最高价值被认定为更好地侍奉上帝，而其本身的价值被忽视，这种只作为途径而服务于单一主题的休闲自然不可能获得理想的发展。

人类社会发展到近代，随着认识与改造自然的力量日益增强，人类整体的自由度也不断提高，宗教束缚与阶级压迫都不再对人们的生存自由构成实质性威胁。新的控制来自资本主义工业发展对劳动领域的疯狂扩张，劳动光荣被引导与驯化成社会主流价值形态，“劳动创造财富”“时间就是金钱”的普适价值观使休闲被彻底边缘化。而在资本见物不见人的无限增殖过程中，劳动发生有史以来最严重的异化，成为对劳动者最为深重的压迫与控制，休闲的价值就仅表现为对劳动力的修复与补偿。因此，在近代资本主义工业时代，休闲完全成为声势浩大的工业劳动的附庸。

（二）当代休闲的应有内涵

尽管休闲最本真的内涵是人自由自觉的存在状态，但在不同时代的社会背景下，各种历史动因会迫使休闲偏离其本真样态，发展出不同的内涵与功能。当代休闲活动从旅游观光、运动养生、饮食服饰、商场购物、各种消遣娱乐到影视节目、网络游戏以及其他体验式消费等，不一而足，丰富多彩的休闲方式和庞大而成熟的休闲服务体系无不表明休闲在当代社会中的重要地位。学者们对休闲展开的多学科研究与论证也从多个角度丰富了休闲在当今时代的特有内涵，休闲不仅成为人们生活的重要组成部分，而且成为这个时代的主题元素，以至于有学者称当今时代为“休闲时代”。但同时，当代休闲的功能远远偏离休闲的本质。这场浩浩荡荡的休闲运动并没有太多重视人的发展，更多的是为经济发展和资本的繁衍增殖开辟了一条阳光大道。在以往所有时代，外界种种客观因素阻碍人们享有休闲，而如今，困境来自休闲本身，休闲本身的异化变质将导致生活世界的灾难。因此，在当代社会，休闲该发展出怎样的内涵与功能就变得尤为重要。

休闲的本质是人自由自觉的存在，但在人类还未实现全面解放的特定社会阶段，休闲只能是人类自由的庇护所。当今时代，人的存在普遍屈从于物的发展，所有的关于意义、精神与心灵层面的东西被一再地忽视与边缘化，人的内心变得疲惫和脆弱不堪。因此，当代休闲的内涵绝不仅仅是某种自由时间、活动或心态，而应该成为守护人的内心、成全人的发展的精神家园。休闲应该成就对自由、美、幸福、个性、创造性等个人发展终极目的的追求与实现。越是在物的压抑和控制横行的时代，休闲越是要为人的心灵保留一片圣地，以承载对生命的尊重和对理想的坚持，为生活留下信仰和努力的方向。从这一点看，在当代学者的休闲概念中，美国学者杰弗瑞·戈比在强调休闲是一种自由的生活状态的同时，指出休闲是“在内心之爱的驱动下行动，并为信仰提供一个基础”；约翰·凯利直接将休闲理解为一种“成为人”的过程的观点，这最贴近当代休闲应有的内涵。

特定阶段的休闲内涵决定特定阶段的休闲功能。当物仗着先进的科技力量以及人类在短时间内对其盲目敬仰与追求，随意控制和摆弄人类时，休闲发展的最重要的功能就应该体现在对物性压抑的抵制和对人的精神世界的守护上。首先，当代休闲最基本的功能是放松和修复。尽管先进的生产力已经赋予人们丰厚的物质基础，但资本的无限增殖逻辑按照自身发展的需要在全社会成功培育了劳动至上的价值观念，同时将每个个体置于无穷尽的竞争体系中，致使现代人的生活常常与紧张、焦虑为伴。因此，休闲这时应该成为人们放松身心、修复体力和精力的港湾。其次，当代休闲要抵制各种物性控制，真正成为人的自由领地。自古至今，休闲最核心的要素都被理解为自由。因此，当控制无处不在，甚至侵入休闲领域时，抵制这种控制、捍卫休闲自由成为休闲必须具备的功能。这种捍卫具体表现为对抗各种商业性诱导、意识形态与制度倾向性以及各种技术性构架的束缚等，以保证人们在休闲中能根据自己的主动意志进行自由选择。最后，当代休闲要成为人实现自我、发展自我的精神舞台。在资本主义工业时代，人类实践活动与其说不断增强了人的本质力量，不如说大力发展了物的力量。在各种异化活动中，人的个性、人格与本质力量不仅没有得到发展与完善，反而遭到扭曲与践踏，呈现“劳动越有力量，工人越无力”[①]的反常与悖论。而在共产主义实现之前，异化劳动会一直与休闲并存，因

① 《马克思恩格斯全集》第3卷，人民出版社，2002，第269页。

此，在这个时候，休闲的关键在于摆脱与消解异化带来的强制与奴役，以及随之而来的对身心的扭曲和异化，保持人之为人的尊严与信仰；休闲应该成为人实现自我、发展自我的“保护区”，成为抵御人的全面异化的强有力的盾牌。

四　作为独立形态的休闲在未来社会的消融

从整个人类发展的历史来看，休闲成为人们一种独立生活方式只是人类社会发展特定阶段的暂时现象。文明积攒的过程表明，在生产力的有限发展阶段，人类不可能在所有领域同时实现自由与解放。马克思就曾指出，“人们每次都不是在他们关于人的理想所决定和所容许的范围之内，而是在现有的生产力所决定和所容许的范围之内取得自由的。但是，作为过去取得的一切自由的基础的是有限的生产力”[①]。因此，在迄今为止所有的历史发展阶段，休闲作为人类自由存在，只能是人们生活中的一个子集，与充满束缚和异化的人的其他实践活动并存。甚至由于特定的社会发展动因，休闲本身也可能被束缚和异化。尽管如此，人类自由程度由“现有的生产力所决定和所容许的范围”[②] 所规定，历史发展的趋势必然是，不断进步的生产力日益扩大与提高人类的自由范围与程度，并最终引领人类走向“真正的自由王国”。而对于休闲而言，当人类实践活动不断被纳入自由自觉的活动范围，人类能力的发展成为目的本身时，休闲与其他活动的界限就逐渐消失，人类会最终实现全面休闲的存在状态。

（一）休闲与劳动相融合

休闲最关键的因素是自由自觉，因此，人类所有以自由自觉的方式展现的实践活动，都可能成为休闲。休闲和劳动原本就是人的本质发展的需要，只是劳动发生异化以后背离了人的发展。当人类文明的力量足以使劳动逐渐摆脱物性控制，不再作为物质目的的手段，而成为以人的

① 《马克思恩格斯全集》第3卷，人民出版社，1960，第507页。
② 《马克思恩格斯全集》第3卷，人民出版社，1960，第507页。

发展为目的的自由自觉的行为时，劳动也就成了与休闲同质的人类实践活动，共同促进人的创造性与本质力量生成。休闲与劳动的融合是马克思休闲观的重要内容。在对未来社会的构想中，马克思就曾数次描述过劳动与休闲完美融合的人的理想存在状态。马克思认为，在“（1）劳动具有社会性；（2）劳动具有科学性”①，即在与人的健康、体力、精神和技能相适应的前提下，劳动就成为创造性活动回归人的本质发展。这时，劳动就不再是过去时代的谋生性劳动，成为生活的第一需要而与休闲相融合。

在当代社会现实中，尽管劳动在绝大多数领域仍然以异化的形式作用于人，但劳动与休闲相融合的趋势已在许多方面呈现。首先，劳动与休闲在形式上开始难以分辨。现代科技力量大大减轻了劳动的辛劳困苦程度，并使其日益脱离传统的体力劳动形式，从而出现了劳动越来越像休闲（人类进入信息时代，劳动在许多时候只以网络、数字化信息等抽象内容为对象，不费任何体力），而休闲越来越像劳动（各种运动休闲、体验休闲等反而需要付出体力与汗水）的局面。杰弗瑞·戈比就指出，“人们将不能仅仅凭一个人在干什么就确定这个人是在劳动还是休闲。休闲之于工作的区别仅仅在于个人对这件事的态度以及这件事对个人的意义”②。其次，休闲日益成为人们生活的重要组成部分，与工作一起承载当代社会的发展。尽管工作至上理念依然主宰现代人们的生活，劳动依然作为现代社会的“轴心”，但随着社会自由时间的增加以及休闲日益变成促进经济发展的重要力量，休闲的社会地位不断得到提高。再加上人们对休闲与健康、自由之间的关系倍加重视，人们的休闲观念发生本质变化，越来越多的人认为休闲比劳动更为重要，因此，许多西方学者认为，休闲将代替劳动成为社会生活的中心。我国学者也认为，劳动与休闲的时间结构将从劳动时间“轴心化”向劳动、休闲时间“两轮化”转变，即休闲时间不再处于从属地位，而是与工作时间共同构成“两轮”，承载着人类社会的

① 《马克思恩格斯全集》第46卷下册，人民出版社，1980，第113页。

② 〔美〕杰弗瑞·戈比：《你生命中的休闲》，康筝译，云南人民出版社，2000，第394页。

“良性运转”。①

当然，劳动真正成为自由自觉的创造性活动而与休闲完全融合只能在未来共产主义社会实现。到那时，劳动与休闲的角色都会发生变化：劳动不再是压迫人的异化劳动，而是包含人自由选择的创造性活动；休闲的功能不再是修复、抵制或保护，而是破除“自由保护区”的屏障，和劳动融合在一起，共同促使人类在“最无愧于和最适合于他们的人类本性”的条件下自由全面发展。

于是，从整个人类社会发展的历史来看，劳动与休闲之间的关系从远古时期的混沌未分到私有制条件下的分离与对立再到共产主义社会的自觉融合，呈现统一、分离、再统一的演进轨迹。它反映的是人类从最初的本能状态，历经各种斗争与超越（尽管也付出代价），最终在更高的层次、更自觉的层面回归符合人的本性的本然状态的历史进程。

（二）休闲与其他所有社会活动相融合

如果将整个人类社会生活看成一个集合，那么在共产主义社会到来之前，休闲作为一种理想的生活状态，只能是社会生活大集合中的一个子集。社会进步的目标正是使这个子集的范围不断扩大，从而使人的理想生存状态在个体的整个人生以及整体的更多群体中不断扩展，以占整个人类生活更多的份额，最终由量变到质变，使整个人类生活具有休闲全集的社会形态。在休闲作为子集的“必然王国”中，人们的生命活动（包括衣食住行、劳作、消费、交往等）表现出的是一种遭受控制的被动性存在。休闲只代表与有限的生产力水平或文明力量相对应的有限的自由。而在休闲作为全集的“自由王国”中，人们则自由地梦想、创造、实现，自在地劳作、消费、交往，休闲不仅与劳动，而且与其他人类活动相融合，整个生命活动表现为一种完全自由的自主性存在。那将是一种真正“无愧于人类本性”的存在状态：每个人都可以根据自己的兴趣爱好、信仰与能力选择适合于自己的生存方式——艺术家为了灵感和不可抑制的激情而

---

① 刘海春：《生命与休闲教育》，人民出版社，2008，第 28 页。

创作；科学家为了热爱和好奇而研究和探索；人们为了自己的志趣而去当医生、飞行员、设计师、哲学家或政治家；人们为了享受文化，为了欣赏、领悟、感受美而去阅读、听音乐会、看展览；人们劳动以展现本质力量，消费以满足真实的需要，交往以实现情感的沟通；人们存在以彰显人性、自由和美……

在这种状态下，人们无所谓区分劳作与休闲，休闲作为一种独立的生活形态最终消解。整个社会生活不再按职业分工、劳闲分离来组织，全部人类生产力累积的社会财富如物质基础、科技力量、文化、艺术等向所有人敞开，每个人在各自占有社会财富的基础上自觉展现自己的存在。还是用马克思那段经典描述总结："任何人都没有特殊的活动范围，而是都可以在任何部门内发展，社会调节着整个生产，因而使我有可能随自己的兴趣今天干这事，明天干那事，上午打猎，下午捕鱼，傍晚从事畜牧，晚饭后从事批判，这样就不会使我老是一个猎人、渔夫、牧人或批判者。"①这时，劳动与休闲都只是人们展现自己个性与本质力量的自由活动，不具有特殊的独立内涵，于是，劳动与休闲的概念最终可能随着人们实践活动性质和组织方式的改变而重新消失。

① 《马克思恩格斯选集》第1卷，人民出版社，1995，第85页。

第三章

资本逻辑与大众休闲时代

现代社会以资本逻辑主导的工业化为典型特征，具体表现为资本成为社会的主体并依据其无限增殖和利润最大化原则对生产、交换、消费等整个社会运行过程进行组织和支配。当休闲时代来临时，休闲发展以及人们的休闲生活同样受资本逻辑统摄。要理解资本逻辑和当代休闲发展之间的关系，我们必须首先考察资本逻辑的本质及其运行原则，辩证分析资本逻辑对于人的发展的进步力量及控制因素，以及资本逻辑如何带来大众休闲时代，并以马克思对资本逻辑的存在论分析为依据，洞悉资本逻辑当前的运行状态及总的运行趋势。在此基础上，我们才能对休闲困境的发生、发展过程有客观的认识和全面的把握。

“大众休闲时代”是本章的核心范畴之一，目前并没有学者专门对其做出界定，学者们使用更多的是“休闲时代”。在西方，法国社会学家杜马哲迪尔在20世纪60年代就“迫不及待地宣告休闲社会即将来临”[①]。20世纪70年代，帕克等学者又进一步明确指出：“我们正进入一个具有新的闲暇伦理观和娱乐道德观的新的闲暇时代。”[②] 我国学者楼嘉军、徐爱萍曾对“休闲时代”进行过界定，“所谓休闲时代，是指一个国家或地区人均GDP进入3000~5000美元阶段以后，而在居民生活方式、城市功

① 〔英〕约翰·特莱伯编著《休闲经济与案例分析》，李文峰编译，辽宁科学技术出版社，2007，第61页。

② 黄德兴、姚永杭、李良美、金哲编《现代生活方式面面观》，上海社会科学院出版社，1987，第148页。

能和产业结构等方面相继形成休闲化特点的一个发展时期”①。他们强调休闲时代有两个基本条件，即经济条件和时间条件：从经济发展条件看，应该符合世界银行提出的关于中高等收入国家的基本标准，即人均 GDP 在 3000～5000 美元；从时间构成条件看，必须形成比较完整的休假制度，居民拥有全年 1/3 左右的休假时间。休闲时代的典型特点是“在家庭收入水平递增和休闲时间延长的共同作用下，居民社会生活方式、消费趋向、价值观念发生相应变化，并使现代休闲生活方式成为最重要的时代特征”②。显然，这一对“休闲时代”的界定更多是从社会学和经济学维度出发，在本书中，“大众休闲时代”需要从休闲发展的历史维度来说明，强调在人类休闲发展史中，只是到了资本文明时代，伴随着高度发达的生产力和不断增长的自由时间，休闲才大众化了，人们才终于迎来了普遍有闲的时代。“大众休闲时代”对应的时期及休闲发展的特征都和当代学者界定的“休闲时代”基本无异，使用“大众休闲时代”意在弱化其社会学和经济学标准，突出其哲学、人类学内涵。大众休闲时代的来临是人类追求自由解放征途中具有革命意义的一环，正因如此，我们才需要对资本逻辑在休闲领域的控制、对大众休闲时代的休闲异化保持警惕。

第一节　资本逻辑的本质及运行原则

资本主义生产关系的兴起是社会生产力发展到一定阶段的必然结果，而一旦资本主义生产关系的主导地位得以确立，资本逻辑的本质决定其必然向社会各个领域、各个层次实现总体性扩张，最终成为整个现代工业社会的绝对主宰。资本逻辑最核心的本质就是无限增殖的本性和利润最大化原则，在这一本质主导下，资本逻辑始终遵循的运行原则是效用原则、合理性原则和无限扩张原则。

① 楼嘉军、徐爱萍：《试论休闲时代发展阶段及特点》，《旅游科学》2009 年第 1 期。

② 楼嘉军、徐爱萍：《试论休闲时代发展阶段及特点》，《旅游科学》2009 年第 1 期。

一 资本逻辑的本质

当我们说到“资本主义”时代，不仅指这个时代的生产方式为资本所组织，更是指资本成为这个时代的主宰，成为这个时代真正的主体，而整个自然界和人类社会都成为资本利用的对象，即客体。与这一切直接联系的是资本的无限繁殖本能，资本成为时代的主宰既是其无限增殖的结果，也是其无限增殖的条件。

（一）资本成为世界的主体

资本最大的特点就是强制和控制。资本首先利用国家机器等强制手段（“圈地运动”即为典型）控制生产资料，再通过所占有的生产资料控制失去生产资料的人，迫使其成为给资本提供源源不断的活劳动的“工人”。所以“圈地运动”乃是资本一箭双雕且具有划时代意义的“伟大”创举，正是“圈地运动”使资本完成了商业资本转向产业资本的原始积累，同时，更关键的是为资本赢得了可以带来滚滚利润的生命之源——受资本掌控的劳动力。然后，资本再驱使被资本利益绑架的国家政府、政治、法律为财产立法，给自己依靠掠夺自然力和人力的所得盖上“神圣不可侵犯”的大印，这样，资本增值的部分就可以稳稳妥妥地通过再投资成为新资本，以实现资本的自我扩张。由此，对自然力、人力的占有加上财产法的保障为近代资本的发展清除了主客观路障，使其更加肆无忌惮地在增殖扩张的道路上勇往直前，同时鼓起了称霸世界、主宰一切的勃勃雄心。

如果说近代资本的强制手段和控制方式过于粗暴和外显，容易激起工人的反抗情绪和社会有识之士的批判与抨击，那么现代资本通过收复理性形而上学、社会意识形态等有力“干将”，将所有强制与控制隐形化，达到既可以对自然、人类进行更全面、彻底的控制与盘夺，又不会招致怨恨与控诉的完美效果。现代资本不仅使作为“第一生产力”的科学技术即自然科学成为其可靠的强大驱动力，就连人文社会科学（以经济学、管理学、广告学、心理学、艺术设计学等为典型）也完全从属于资本，至于哲学、政治学、宗教、道德等意识形态，如若不想遭受毁灭的命运，就必须生产为资本所需的政治观、价值观、宗教观、道德观等，成为资本的理论辩护士。资本的态度就是“尽可能地消灭意识形态、宗教、道德等，而在它无法做到这一点的地方，它就把它们变成赤裸裸的谎言”①。在资本主义时代，资本就是形而上学与意识形态，资本就是理性与准则，是指导和衡量一切的最高标准和最终尺度；而反过来包括科技、文化、艺术、宗教、法律、道德等的形而上学和意识形态也都是资本化的形而上学和意识形态，或说是形而上学与意识形态式的资本，它们既为资本生产提供知识与技术生产力，也为资本统治提供理论支撑。资本的目标是“使社会的一切要素从属于自己，或者把自己还缺乏的器官从社会中创造出来”②。最终，凭借生产能力、国家机器、意识形态等多方面的巨大优势，资本占据了经济、科技、教育、文化直至人们的日常生活等几乎全部领域的统领地位，并通过有形的战争掠夺以及无形的市场竞争向全世界扩张，建立起雄霸世界的资本帝国，造就了资本的全球化时代。至此，资本终于“按照自己的面貌为自己创造出一个世界”③，真正成为整个社会、整个时代的核心与主体，成为现代社会的逻辑与本质。

（二）资本的繁殖本能

资本成为世界主体的根本动力在于其强大的繁殖本能。资本原本就是带着强大的繁殖基因来到世间的，繁殖利润是其终身使命和唯一的生命价值，如果停止繁殖，资本就会陷入死亡。马克思在《资本论》中引用了托·约·登宁的一段精彩论述：

> 资本害怕没有利润或利润太少，就像自然界害怕真空一样。一旦有适当的利润，资本就胆大起来。如果有10%的利润，它就保证到处被使用；有20%的利润，它就活跃起来；有50%的利润，它就铤

---

① 《马克思恩格斯选集》第1卷，人民出版社，1995，第114页。

② 《马克思恩格斯全集》第30卷，人民出版社，1995，第237页。

③ 《马克思恩格斯选集》第1卷，人民出版社，2012，第404页。

> 而走险；为了100%的利润，它就敢践踏一切人间法律；有300%的利润，它就敢犯任何罪行，甚至冒绞首的危险。[①]

所以我们看到的是一个无穷尽的增殖扩张过程：资本产出利润，利润立刻作为新的资本投入生产以换取源源不断的利润……在繁殖的道路上，资本没有选择和退路，只能永不停歇地一路狂奔。换句话说，资本就是为利润而生的，利润既是其目的也是其灵魂。所以马克思称资本是圣父、圣灵、圣子三位一体的现代上帝，这位现代上帝要“按照自己的面貌”为整个世界创造清一色的携带“资本基因”的子民，实现整个世界的“资本化”。所以在近代社会“偶然”地赋予资本繁衍增殖一片沃土之后，资本就迫不及待地以令世间所有生物、非生物都强烈震撼的架势与速度全面启动了创造、繁殖系统，所到之处均形成“顺我者昌，逆我者亡”的气场与局势，迫使世间所有有形的、无形的力量都成为资源，为其所用，为其效劳。

作为当代世界的主体与创造者，资本的本质就是寻求价值增值，增值的部分最终又都成为资本，所以资本是以其自身为目的、原则和逻辑，且自行运动、自行发展的“完美”实体，是资本时代的最高本体和“最高善”。在资本倾其所有极力繁殖的过程中，自然界以及整个人类社会都沦为服务于这种“最高善”的手段与工具。对于自然界，敬畏之心与仰慕之情早已在近代科学的全面祛魅之后消失殆尽，在资本面前，自然界已经不再是人类应该感激其孕育之恩的生身母亲，资本可以随意窥视（利用各种高科技探测器等）其身体的任何部位，并根据资本无限增殖的需要随时毁其发肤（土壤植被），伤其躯体（山川陆地），污其血液（江河湖海），任其面目全非而毫无愧疚之情；对于人而言，不管是整日留守生产流水线的工人、被迫机械微笑的服务小姐、精明光鲜的企业高层管理者还是手持雄厚资本的资本家，都难逃扮演资本繁殖助产士角色之命运。也就是说，身处资本时代，无论有产阶级还是无产阶级，所有群体和阶层都无

---

① 《马克思恩格斯全集》第44卷，人民出版社，2001，第871页。

一例外地成为资本繁衍增殖的工具，只是工具的作用形式与主观感受不同而已：有产阶级在这种工具性存在中获得了“人的生存的外观”，“感到自己是被满足的和被巩固的”，而无产阶级则“感到自己是被毁灭的，并在其中看到自己的无力和非人的生存的现实”①。

总之，资本是这个时代的唯一主体和最高神明，而无限增殖是资本的唯一目标，资本正踏着更快速度、更高质量、更大规模的增殖节奏勇猛前行：自然被肆意开采；机器、工厂以“打死也不妥协”的精神（置各种环境保护协议、法律条款于不顾）终日呼啸吞吐；人被全面地宰制，按机器节律生产（夜班、轮班是新时代的产物），按资本需要消费（消费是一种责任与道德），甚至按资本逻辑思想（资本成为最高理性神）……只要有利于资本的繁衍增殖，任何牺牲与伤害都是自身价值的特别证明。在为资本增殖不惜付出一切代价的发展道路上，整个世界表现出一种癫狂气质。

（三）资本逻辑的界定

那么，究竟何为资本逻辑呢？前文的论述其实已经包含了大部分答案。马克思指出，资本不是物，“而是一定的、社会的、属于一定历史社会形态的生产关系，后者体现在一个物上，并赋予这个物以独特的社会性质”②。本书所讲的资本当然不仅指纯粹经济学上的货币、商品等实体资本，还指作为一种生产关系载体的哲学意义上的资本。而“逻辑”一词，在西方哲学史的源头那里曾被看成一种最高的本体性存在，它指一种不以人的主观意志为转移的客观规律。于是，“资本逻辑”自然也就涉及，资本作为一种占支配地位的现代生产关系，在运动过程中以一种必然如此的方式贯穿其始终的内在规律和必然趋势。它由资本自身的规定和内在本性决定，并通过一系列经济与社会现象体现出来。

在本书中，资本逻辑包括三层含义。首先，资本逻辑是指资本就是当

① 《马克思恩格斯全集》第2卷，人民出版社，1957，第44页。

② 《马克思恩格斯全集》第46卷，人民出版社，2003，第922页。

今资本主义时代的本质和逻辑。如前文所述，资本是整个时代的主体和主宰，是决定一切人和事物存在与价值的最终依据。可以说，正是资本塑造了整个资本主义世界，按照马克思的说法，“只有资本才创造出资产阶级社会”①。整个工业文明的发展就是资本不断深入扩张的过程，工业文明以资本为主体和发展导向。因此，资本是工业文明时代的最高逻辑。把握这一点，我们才能以更全面的眼光分析当代世界发展的局势与趋势以及经济全球化的根源。其次，资本逻辑是指资本发展过程中必然如此的规律和特点，最集中和典型的就是资本无限增殖的本性和利润最大化原则。正是资本的内在规定性赋予了资本一种势不可挡的增殖动力，一切事物的发展都要服从和让位于资本无限增殖和利润最大化原则。把握这一点，我们就能更客观地认识资本全面发展生产力的动力作用与限制生产力发展的消极局限性，以及资本赋予人的发展巨大的创造力量与对人的全面控制并存的内在矛盾。最后，资本逻辑还包括资本自身的发生与消亡的辩证发展逻辑。就资本的整体存在情况而言，无论是作为一种物还是一种关系，它都是一个过程，需要服从事物发展的总的辩证逻辑。于是，在另一个层面上，资本逻辑还包括自身从无限扩张到自我克服的演化趋势。把握这一点，有利于增强我们走出资本主宰下的人类生存困境的信心，更好地把握工业时代社会建设的方向。

二　资本逻辑的运行原则

资本在当今世界的主体地位及其追求无限增殖与利润最大化的本性特点，决定其在运动过程中必然会形成符合自身发展逻辑的运行原则。它主要表现为效用原则、合理性原则和无限扩张原则。

（一）资本逻辑的效用原则

资本的无限增殖逻辑决定它会竭尽全力将整个世界都改造成能繁殖利润的有用性体系。马克思明确指出了资本的这一属性，“如果说以资本为

① 《马克思恩格斯全集》第 30 卷，人民出版社，1995，第 390 页。

基础的生产，一方面创造出普遍的产业劳动，即剩余劳动，创造价值的劳动，那么，另一方面也创造出一个普遍利用自然属性和人的属性的体系，创造出一个普遍有用性的体系”[①]。一切事物都成为这个“有用性的体系”的体现者，在这个体系之外，“再也没有什么东西表现为自在的更高的东西，表现为自为的合理的东西”[②]。也就是说，只要资本作为这个时代的最高逻辑，整个世界就通过“普遍有用”而组织起来，“效用”（是否具有交换价值、能否带来利润）就成为一切事物能否存在及其存在价值大小的判断依据。这就是资本逻辑的“效用原则”。

在效用原则面前，世界上任何事物，无论自然的、人类的，物质的、精神的，神圣的、低俗的，都只是作为资本创造的“普遍有用性的体系”的体现者，都需要在资本面前为自己的有用性即存在的合理性进行辩护，以获取存在于世的价值证明。除了有利于价值增值之外，资本不承认任何更高、更为合理的东西。因此，神圣、美好、令人敬畏但不能生产利润的东西都惨遭淘汰；相反，只要能带来利润的东西，不论在传统的价值序列中地位如何低下，在资本那里，它迟早都会变得合理、体面，从而繁荣昌盛。资本“把一切活动的估价变成了冷酷的金钱和利润的算计”[③]，交换价值因可以度量一切事物的有用性而获得了抽象的超越地位，成为新的形而上学，而传统的包含自由、人性、幸福等超验价值的世界便必然地没落了。

同时，即便是被资本审视认定为有用性的事物也只不过是工具性、资源性、要素性的客体存在，服务于唯一的资本主体。这首先使大自然有史以来真正成为人类的有用性工具。资本“创造了这样一个社会阶段，与这个社会阶段相比，一切以前的社会阶段都只表现为人类的地方性发展和对自然的崇拜。只有在资本主义制度下自然界才真正是人的对象，真正是

---

① 《马克思恩格斯全集》第 30 卷，人民出版社，1995，第 389 ~ 390 页。

② 《马克思恩格斯全集》第 30 卷，人民出版社，1995，第 390 页。

③ 〔美〕戴维·哈维：《后现代的状况——对文化变迁之缘起的探究》，阎嘉译，商务印书馆，2003，第 184 页。

有用物"[1]。在资本面前，自然界不再是拥有神秘力量、能唤起人们无穷好奇心与崇拜的神奇事物，不再被看成人们通过劳动以获取生存资料的生命源泉，甚至无所谓体现人的本质力量对象性存在，而只是一个携带各种拥有交换价值的资源的"有用物"。在发达的现代科学技术的支持下，资本不仅"从一切方面去探索地球，以便发现新的有用物体和原有物体的新的使用属性"，而且"采用新的方式（人工的）加工自然物，以便赋予它们以新的使用价值"[2]。

其次，效用原则当然导致对人的价值的无视与扭曲。一方面，"人的尊严变成了交换价值"[3]。人的生命价值的大小与其为资本价值增值所做的贡献成正比，在交换价值同等的情况下，人与人没有质的区别。因此说，"在资产阶级社会里，资本具有独立性和个性，而活动着的个人却没有独立性和个性"[4]。同时，效用原则渗透到人际交往中，"使人和人之间除了赤裸裸的利害关系，除了冷酷无情的'现金交易'，就再也没有任何别的联系了"[5]。所有亲情、友情、爱情等人与人之间的情感关系都在效用原则的考验下扭曲变形，或灰飞烟灭。另一方面，人变成了纯粹的工具性存在。不仅人的躯体完全服从于资本时代的机器大工业，成为散落于永不停歇的庞大工业机器上的无数零部件，而且人的需要、情感、审美以及一切对美好事物追求的本能都可以成为资本大肆利用的对象。于是，不仅人的劳动，而且需要、消费、审美、休闲都全面异化，异化的人的存在形式尽管因严重背离人的本质而招致思想家、学者从不间断的批判，但还是因符合效用原则而有利于资本的繁衍增殖而依旧大行其道。

（二）资本逻辑的合理性原则

资本不仅使世间万物都成为其繁衍增殖的工具，为其所用，而且会在

---

① 《马克思恩格斯全集》第 30 卷，人民出版社，1995，第 390 页。
② 《马克思恩格斯全集》第 30 卷，人民出版社，1995，第 389 页。
③ 《马克思恩格斯选集》第 1 卷，人民出版社，1995，第 275 页。
④ 《马克思恩格斯选集》第 1 卷，人民出版社，1995，第 287 页。
⑤ 《马克思恩格斯选集》第 1 卷，人民出版社，1995，第 275 页。

利用它们的过程中永无止境地追求高效、合理，以达到效用最大化，从而实现价值增值最大化。也就是说，资本无限增殖逻辑不仅要求整个世界成为一个“普遍有用性的体系”，还要求整个世界成为一个普遍高效、合理的体系，这就是资本逻辑的合理性原则。

当然，这种“合理性”强调的其实是源自马克斯·韦伯的“形式理性”观念，后经卢卡奇、法兰克福学派学者等西方马克思主义者一路批判形成“工具理性”。资产阶级最初在启蒙运动中宣扬的理性包含两方面内涵：一是倡导知识就是力量，通过认识和改造自然以消除贫困从而达到富裕；二是利用理性来讨伐宗教以实现思想解放，以自由、平等、正义等价值观来规划生活和社会。[①] 然而，随着资本在整个时代的统治地位的建立，理性在资本的驾驭下逐渐丧失解放的功能，越来越局限于技术效能。日益精湛的生产技术、管理技术极大地提高了经济、政治和文化等各部门的生产效率，但理性自身不再作为目的，而是作为组织手段为物质和社会的工艺效劳，也就是说，理性“已经成为万能经济机器的辅助工具”，成为“用于制造一切其他工具的一般工具”[②]，即成为工具理性。

韦伯首先用工具（合）理性[③]的扩张与极端化来说明资本主义发展情况。按照韦伯的观点，所谓“合理性”就是指通过理性的谋划与计算而选择最优的方式与过程去实现目的，以达到效益最大化。最初，它只是一种经济合理性，主要指资本通过高效、合理的生产和流通手段获得利润最大化。泰勒称这是“一种我们在计算最经济地将手段应用于目的时所凭借的合理性”，“最大的效益、最佳的支出收益比是工具理性成功的度量尺度”。[④] 其次，它成为一种社会合理性，即通过合理的社会管理、设计与控制技术实现社会运行模式最优化，代替以宗教崇拜和极权统治为核心的社会建制。它集中表现为与经济发展紧密互动的社会运行模式的合理

---

① 李宏伟：《现代技术的人文价值冲突及其整合》，中国市场出版社，2004，第 137 页。

② 〔德〕马克斯·霍克海默、西奥多·阿道尔诺：《启蒙辩证法——哲学断片》，渠敬东、曹卫东译，上海人民出版社，2003，第 27 页。

③ 韦伯最初使用的是“工具（合）理性”。工具（合）理性与“价值（合）理性”对立。

④ 〔加〕查尔斯·泰勒：《现代性之隐忧》，程炼译，中央编译出版社，2001，第 5 页。

性，或者说，资本主义社会合理性在最大程度上服务和支持经济合理性。最后，合理性原则成为一种时代品格。随着资本逻辑与工具理性的关系日益密切，资本在吸收工具理性的力量不断壮大自身的同时，以技术理性为代表的工具理性也逐渐成为组织化的统治原则，以至于出现了工具理性霸权。无论是人与自然还是人与人之间的交互活动都变得更加科学合理。从生产领域的轮班、夜班、流水线，到管理领域的科层晋升制度、各种奖惩机制、预算制度以及办公区域的小隔间规划、咖啡间的设置等，再到人们日常生活中的理财、购物、休假甚至游戏、睡眠、陪护儿童，所有的一切都要求能够被量化、合理化，具备可计算性和可控制性。合理性成为一种高贵的社会事业和时代品格，生产出所有人精神和行动的模式。这样一来，西方启蒙运动以来，人们一直崇尚的理性就蜕变成了一种统治奴役人的工具。马尔库塞认为，工具理性先验地就适用于维护社会的统治权力，它排除了思维的否定性和批判性，其本质就是统治的合理性。所以，合理性原则的危险不在于它毁灭了什么，而在于它成为普遍的真理与世界观，从而阻断了人们探寻其他思想方式和生活方式的可能性。凭借与资本逻辑相互依赖与相辅相成，合理性原则的统治拥有与资本逻辑共生死的豪迈底气与历史必然性。

（三）资本逻辑的无限扩张原则

资本无限繁殖的本性直接要求资本在发展过程中超越所有界限，在可能的全部领域无限扩张。马克思在《资本论》中指出，资本要顺利实现增值，必然的趋势是“（1）不断扩大流通范围；（2）在一切地点把生产变成由资本推动的生产”①。资本增值的秘密在于利用剩余劳动生产剩余价值，即剩余价值必须在交换中得到实现，于是资本实现增值首先就要求“不断扩大流通范围”；其次，“在一个地点创造出的剩余价值要求在另一个地点创造出它与之交换的剩余价值”②，这就要求在更大范围推行以剩

① 《马克思恩格斯全集》第30卷，人民出版社，1995，第388页。
② 《马克思恩格斯全集》第30卷，人民出版社，1995，第387页。

余价值为目的的生产，即“在一切地点把生产变成由资本推动的生产”。因此，“创造世界市场的趋势已经直接包含在资本的概念本身中。任何界限都表现为必须克服的限制”[①]。也就是说，资本的内在规定要求它必须克服生产与交换中的一切障碍朝四面八方蔓延与扩张。不扩张就无法实现以资本为基础的生产方式的普遍化，也就无法实现流通与交换的普遍化，没有普遍的流通与交换，剩余价值就会胎死腹中，资本增值自然也就成为泡影。因此，资本的“扩张”不仅出自资本的天性喜好，而且事关资本的生死存亡。

首先，资本要征服所有从资本的观点来看是“原始的”生产方式。一方面，资本要以交换价值为目的的生产方式代替传统以使用价值为目的的生产方式。这要求资本在所到之处必须克服“在一定界限内闭关自守地满足于现有需要和重复旧生活方式的状况”[②]，“消灭直接的、不进入交换的使用价值的生产”[③]，使生产本身的每一个要素和环节都从属于交换。资本这种崇尚交换价值的努力不仅体现在近代资本主义对封建自给自足的生产方式的革命性攻克与毁灭中，而且持续体现在一切现代资本主义生产中。资本尽管永远不可能完全撇开使用价值去生产，但在新的生产与营销理念中，使用价值显然已经不再是交换价值的唯一基础。利用广告传媒的渲染以及商品的外观上的费心设计为商品添加各种“符号价值”就是典型例子（如那些体现贴心服务的、凸显身份个性的，甚至故意去商品化的各种设计），它们在为商品赢得更大交换价值的同时使传统使用价值所占比例不断缩小。交换价值才是决定新的生产方式的绝对权威，因此，整个社会的生产成为完全服从于由交换的资本所主导的生产是必然趋势。另一方面，资本要用以大分工、大协作、高科技为标志的机器大工业生产代替传统的以个体劳动和体力劳动为主的小生产方式。资本增值的秘诀在于雇佣劳动，但真正构成工业时代强大社会生产力的是雇佣劳动与分工、协作、科技力量的合力，马克思认为，只有当“整个生产过程不是从属于

① 《马克思恩格斯全集》第 30 卷，人民出版社，1995，第 388 页。

② 《马克思恩格斯全集》第 30 卷，人民出版社，1995，第 390 页。

③ 《马克思恩格斯全集》第 30 卷，人民出版社，1995，第 388 页。

工人的直接技巧，而是表现为科学在工艺上的应用的时候，只有到这个时候，资本才获得了充分的发展，或者说，资本才造成了与自己相适合的生产方式"[①]，因此，资本要顺利实现扩张，必须尽可能消灭单纯的体力劳动和个体劳动，代之以劳动力的社会结合和科学力量的应用。况且，在这一过程中，资本只需为雇佣劳动支付工资，而无须为分工、协作、科技力量等社会生产力支付任何报酬。

其次，资本要克服所有地域性限制。资本为实现无限增殖，需要向更开阔的地方伸展手脚。"不断扩大产品销路的需要，驱使资产阶级奔走于全球各地。它必须到处落户，到处开发，到处建立联系"[②]，于是，"新的空间必然会随着资本家们寻求新的市场、新的原材料资源、新的劳动力和新的与更加有利可图的生产运作场所而被开拓出来"[③]。资本改造旧的、自然形成的城市，建立拥有高大厂房、宽敞工地、方便交换与流通的发达运输渠道的现代化工业城市，再越过城市征服农村，使越来越多的农村变为适应资本生产的城市。当然，资本还要跨越民族国家，进行国际性、世界性的全球拓展。资本"迫使一切民族——如果它们不想灭亡的话——采取资产阶级的生产方式"[④]。这不仅满足了先进的资本在不同运作水平的民族国家之间寻求"更加有利可图的生产运作场所"与更加廉价的劳动力的需要，以及扩大销售市场的需要，而且更重要的是"绑架"了全球资本的利益，这就方便发达资本向相对落后的资本适时转嫁经济、生态等危机，以保证发达资本的生命力。

再次，资本要克服不同领域的限制。既然剩余价值的实现受交换的限制，那么，由于日常生活资料与相应的生产资料领域的生产会出现饱和状态，新的生产部门的创造成为至关重要的事情。因此，"资本的生产一方面力图发展和提高生产力的强度，一方面又追求劳动部门的无限多样化，

① 《马克思恩格斯全集》第31卷，人民出版社，1998，第94页。

② 《马克思恩格斯选集》第1卷，人民出版社，1995，第276页。

③ 〔美〕戴维·哈维：《后现代的状况——对文化变迁之缘起的探究》，阎嘉译，商务印书馆，2003，第143页。

④ 《马克思恩格斯选集》第1卷，人民出版社，1995，第276页。

也就是追求生产内容的全面性，使自然界的一切领域都服从于生产”[①]。为此，资本“就要探索整个自然界，以便发现物的新的有用属性”，随着高新科技发展而逐渐壮大的信息产业、生物产业、各种新能源新材料产业等就是这种探索的典型结果。除此之外，“维持盈利的斗争鼓励资本家们竞相探索其他一切可能性”[②]，新时代如雨后春笋般迅速壮大的各种娱乐业、服务业、旅游业、家政业等新兴产业说明只要存在利润的雨露，资本就能在任何领域生根发芽，开花结果。资本不但跨越纯粹的经济领域，将其触角延伸到政治、文化、艺术等其他所有可能的领域，成为政治、经济、文化背后的真正主宰，资本还跨越物质领域，渗透到人们的精神、思想层面。不仅所有的物质实体以及人的劳动能力、思维能力可以成为具有交换价值的商品，而且人的灵魂、情感、品质、礼仪、隐私等纯粹属人的特质也可以成为资本的商品，用以买卖，换取利润。

最后，资本要克服需要的限制。高效合理的生产、管理技术一再提高资本的劳动生产率和剩余价值率，但资本无与伦比的生产能力并不直接导致其无限扩张。问题是剩余价值率不可能永远提高，它在提升至一定的水平时反而会呈下降趋势，而且更关键的问题是资本开足马力生产之后出现梦魇般的商品过剩。消费力或者说决定消费的需要成为现代资本的命脉所在，克服需要的限制是现代资本实现无限扩张的根本条件。从日用品转向奢侈品的生产开始，资本拉开了人为创造需要、引领生产方向的序幕。克服需要的限制就要求源源不断地创造新的需要，于是，“只有你想不到的，没有你不需要的”，小到日用的手机、电脑等电子产品，大到公路上跑出完美线条的各式汽车，拥有阳台花园、室内游泳池的高级别墅等，资本通过广告等手段赋予奢侈品无穷的象征含义（即波德里亚的“符号价值”），使消费者欲罢不能。同时，资本又以令消费者目不暇接的更新速度使一代代奢侈品不断成为必需品甚至淘汰品，而且层出不穷的新商品的外观永远更加艺术化，性能更加优良，总之更加值得拥有，最终使消费者

---

① 《马克思恩格斯全集》第47卷，人民出版社，1979，第555页。

② 〔美〕戴维·哈维：《后现代的状况——对文化变迁之缘起的探究》，阎嘉译，商务印书馆，2003，第143页。

永远奔波于对资本引领的美好生活的永无止境的追求之中。在创造需要的征途上，资本可谓煞费苦心，生活用品早已不仅是生活必需品，而且是包含资本各种良苦用心的“艺术品”。资本要令整个商品生产成为艺术品生产，同时所有的艺术创作成为商品生产。正是在全民都成为消费者，都成为“艺术品”的追随者时，资本克服了把握其命脉的需要的限制，从而得以长足扩张。

总之，资本的无限增殖逻辑不仅要求资本超越一切其他的生产方式，克服所有地域的、领域的限制，实现极力扩张，除此之外，资本逻辑还要求超越一切传统的社会秩序、道德习俗、宗教律法等的界限，无论老弱妇孺，资本皆可利用；无论古今，资本皆可穿越；无论诚信、友爱、信仰还是道德底线，资本皆可出卖。无怪乎尼采说道，“在知识和科学支配的现代生活的表面之下，他觉察到了狂野的、原始的、彻底冷酷无情的那种生气勃勃的力量”①，并借用狄俄尼索斯神话中的“破坏性的创造”与“创造性的破坏”来形容这种力量。正是凭借这种力量，资本超越外界所有限制，成为现代社会的一种“普照的光”，它深入世间的每一个角落，建造起一个以资本逻辑为核心的超级资本帝国。在资本之光的笼罩下，世间所有事物失去了它本来的色彩和个性，一律成为被资本利用的客体与资源，成就资本的“破坏性的创造”与“创造性的破坏”。

第二节　资本逻辑对人的发展的双重作用

资本正是凭借其强大的“创造性的破坏”与“破坏性的创造”力量成为雄霸世界的唯一主体，就这种力量的创造性而言，它无疑具有进步性。当人类历史进入资本主义社会以后，整个社会的发展，对自然力的征服、生产劳动的规模与效率、物质财富增长的速度、物的流通范围与人的

---

① 转引自〔美〕戴维·哈维《后现代的状况——对文化变迁之缘起的探究》，阎嘉译，商务印书馆，2003，第25页。

交往程度、人的发展的丰富性等方面都呈现史无前例的强劲趋势。在《1857—1858年经济学手稿》中，马克思将其概括为“资本的伟大的文明作用”①，强调与以往所有时代相比，资本对社会、对个人发展所具有的巨大推动力。但就这种力量的破坏性而言，它无疑是灾难性的。一方面，既然资本成为现代世界的主体，资本的运行原则就规定了世间万物以及人类的存在原则。人类被强迫遵从资本逻辑的需要去生产、消费、娱乐、交往，甚至思想。人成为一种被动的异化存在。另一方面，资本依靠掠夺大自然和人类来实现自身无限增殖，而且科技越发达，掠夺就越凶猛，以至于在资本建造的光鲜的物质世界背后，不仅大自然在日渐萎缩，而且人类更因为在异化的生存实践中被剥夺了意义、道德、信仰、自我等一切属人的特质而变得日益无力和迷茫。

一　资本逻辑为人的全面发展创造条件

就人的发展而言，资本创造了人类有史以来最为辉煌的物质文明，为人类在未来社会的自由全面发展奠定了物质基础，除此之外，资本在追求无限增殖的进程中也直接从多方面发展了人。资本不仅首次将劳动者从古代普遍的人身依赖关系中解放出来，赋予其人格独立性，而且在其组织的大工业生产与交换体系中发展了人广泛的需要、能力以及丰富的社会关系，创造了“具有高度文明的人”。

（一）资本逻辑发展了人的丰富的社会关系

马克思将人的本质归结为“一切社会关系的总和”②，因此，人的本质的丰富性发展也就体现为人的社会关系的丰富性发展，即“社会关系实际上决定着一个人能够发展到什么程度”③。资本逻辑在大力发展生产力的基础上普遍发展了人与人之间的社会关系。首先，资本从根本上摧毁了封建统治，使人们摆脱特定的狭隘的人身依赖关系。它使法律和金钱面

① 《马克思恩格斯选集》第2卷，人民出版社，2012，第715页。

② 《马克思恩格斯全集》第3卷，人民出版社，1960，第7页。

③ 《马克思恩格斯全集》第3卷，人民出版社，1960，第295页。

前人人平等的人格独立性得以确立，为形成人们全面发展独立个性意义上的社会关系奠定了基础。其次，资本的雇佣劳动生产拓展了个人的社会关系。雇佣劳动者按照资本的部门分配自行结成新的群体，群体之间的交往使个人脱离了之前的孤立状态，个人成为一个与许多人有着深切联系的“社会人”。同时，这种建立在人格独立基础上的“深切联系”会随着资本的无限扩张而不断提高其普遍性，以至最终，“地域性的个人为世界历史性的、经验上普遍的个人所代替”[①]。另外，资本的交换与消费环节发展了人丰富的社会关系。资本无限增殖逻辑要求流通与交换超越所有地域、民族、种族，渗入所有领域，不断扩张，形成覆盖整个世界的发达而坚固的关系网。因而在此过程中，个人也必然摆脱血缘、地缘、种族、民族、语言、文化、宗教等所有传统联系的束缚，成为拥有普遍和全面联系的世界的、历史的个人。总之，资本开创了世界历史，它不仅开创了世界性生产，也开创了世界性流通与交往，不仅使劳动变成一般劳动，财富变成一般财富，也使社会关系变成一般的社会关系。资本发展使每个文明国家以及这些国家中的每一个人的需要的满足都依赖整个世界，于是它造成了人的普遍交往，使个人成为“世界历史性的、真正普遍的个人”[②]。

（二）资本逻辑发展了人的需求的丰富性

与动物相区别的人的需要是人的社会属性和人自身的内在规定性。需要渗透着人的目的、欲望与选择，它不仅是个人全部活动的内在动力，也构成人的本质力量和本质属性。就人类整体而言，马克思认为，需要是社会发展的重要动力。“已经得到满足的第一个需要本身、满足需要的活动和已经获得的为满足需要而用的工具又引起新的需要，而这种新的需要的产生是第一个历史活动。”[③] 正是历史的、不断发展的人的需要推动人类探索和征服自然，发展科学与生产力，发展文化与艺术……从某种程度上说，人类历史发展也就是人的需要不断产生、实现与发展的过程。

---

① 《马克思恩格斯选集》第 1 卷，人民出版社，1995，第 86 页。

② 《马克思恩格斯全集》第 3 卷，人民出版社，1960，第 39 页。

③ 《马克思恩格斯选集》第 1 卷，人民出版社，1995，第 79 页。

资本主义对人的需要的创造和发展达到了以往任何一个社会都无法想象的规模和程度。资本实现价值增值的关键环节在于剩余价值的实现，即商品的消费环节，而消费限度取决于人们的需求水平。于是，为了扩大消费，资本不仅比以往任何时代都更努力地满足和充实人们现有的、自然形成的需要，同时，资本还致力于不断发现、扩大、创造和引领新的需要。这使资本主义时代人的需要的发展远远超过历史自然发展的进度，获得了前所未有的丰富性与充实性。资本所追求的剩余劳动本身就标志着在与必要劳动对应的基本生活需求之外，必须有更丰富的需求与之对应。而一旦“需要发展到这种程度，以致超过必要劳动的剩余劳动本身成为普遍需要”①时，被创造的、虚假的需要就会发展为真实而丰富的普遍需要。因此，无论出发点如何，资本对人的需求的全面的开发、创造与满足（既包括对人的基本生活与生理需求的开发与满足，也包括对人的更高层次的需求，如尊严、尊重、个性实现等的创造与满足）对最终实现人的丰富性和人的本质全面发展都是一种巨大的进步。

（三）资本逻辑发展了人的多方面能力

资本实现价值增值凭借的所有手段（包括自然科学研究、大工业机器的研制与生产、流水线设计与更新、生产规划与开发、技术与理念创新、新市场开拓与营销管理等）最终都还是依靠人来发展和实现。所以，资本逻辑不可避免地发展了人的多方面能力。

首先，资本巨大的生产力当然也体现为人的生产能力。资本为了实现价值增值，不顾一切自然和历史的界限，“创造和建立无条件的生产前提，从而为个人生产力的全面的、普遍的发展创造和建立充分的物质条件”②。在资本主义时代，“人第一次占有他自己的和自然的力量”③。不仅大工业机器的参与使人们在资源开采、商品生产、农业产出、大型工程修建等实体作业方面具备前资本时代人们无可比拟的效率水平与精致程度，

---

① 《马克思恩格斯全集》第30卷，人民出版社，1995，第286页。

② 《马克思恩格斯全集》第46卷上册，人民出版社，1979，第520页。

③ 《马克思恩格斯全集》第42卷，人民出版社，1979，第257页。

而且，在信息技术、新能源技术、粒子与核能技术、生物基因技术等高端科技大力发展的今天，人们更是对整个世界具备了不可思议的改造与创造能力。不仅整个大自然、生物界成为人们的生产工具与生产资料，而且大到包括星系、星体的宏观宇宙，小到包括基因、粒子的微观世界都成为人们展现征服力与创造力的客体对象，都成为人的“本质力量的对象化”。人借助资本或者资本通过人成为整个世界最强有力的生产者、创造者与征服者。

其次，资本在向各个领域的开拓与扩张中发展了人的创新能力及多方面潜能。一方面，资本创造了有史以来行业最丰富的时代，新的行业每天都在形成，从整体来说，这本身就促进了人的能力的多方面发展。另一方面，资本无止境的、超越一切限制的增殖追求，也决定了生存于资本时代的人们，需要永不停歇地开发自己的能力，时刻进行创新、应对、谋划和发展，同时需要终身学习，不断更新和充实自己，以保证不被时代淘汰。最终，尽管发达成熟的应用技术与器械已经代替了人类的许多工作，但人的能力无论就整体还是个体而言都得到了长足的发展。

最后，资本在发展自身的同时也发展了人的消费和享受能力。一方面，资本发展带来社会财富大幅增加以及休闲、娱乐行业的大力发展，从而促进人们享受需要和享受能力的发展。另一方面，资本增殖与扩张要求不断克服人们的消费限度，而扩大消费要求人们具备相应的、广泛的消费与享受能力。资本将人纳入它的“有用性的体系”时，并不仅指人的体力与脑力的“有用性”，同时也包括人的消费力与享受力的“有用性”。也就是说，资本不仅要培养人在生产、知识方面的能力，还要培养人在需要、享受方面的能力，即“他必须是具有高度文明的人”①。

总之，尽管资本只是从无限增殖的目标出发，只是“以歪曲的头脚倒置的形式”②，解放了人的传统束缚，发展了人的丰富的社会关系及多方面的能力与需要，但正是资本培养的这种“高度文明的人”，才可能在

① 《马克思恩格斯全集》第46卷上册，人民出版社，1979，第392页。

② 《马克思恩格斯全集》第30卷，人民出版社，1995，第512页。

历史的下一阶段成为真正社会化的、全面发展的人。

二　资本逻辑对人的发展的控制

资本文明从多个方面丰富并发展了人，但是，资本对于人的发展是不折不扣的双刃剑。人的发展从某种程度上说只是顺从了资本的效用原则，资本因为需要人这样发展才使其这样发展。人的多方面发展连同生产力的巨大进步、社会财富的惊人积累、自由时间的不断增加等文明力量，与其说是资本的功绩，不如说是资本在发展自身的过程中产生的副产品。资本在其生命力没有完全消逝之前唯一的生存逻辑就是无限增殖。如前文所述，资本是这个世界的真正主体，世间万物都只是其"有用性的体系"中的对象和资源。资本要挖掘和利用一切对象进行繁衍增殖，对象在被"利用和挖掘"的过程中固然也会获得发展，但资本必然掌控一切，让所有的对象按照它的需要来发展。也就是说，这种发展本身也只是资本利用的工具，是戴上模具的发展，它们是资本生产所需模式的器具与手段。在"模具"之外，人受到的是全方位的控制。只不过与以往社会不同的是，劳动者头上的皮鞭换成了其他无形的手段（包括竞争、失业、新的消费观、价值评判标准、道德责任观等）；同时，受控制的活动不仅是生产劳动，还包括消费、文化、思想观念、休闲以及人类日常生活方方面面；受控制的群体也不仅是劳动者，还包括生活于资本时代所有阶层的成员。资本凭借无与伦比的强大力量，必然可以具有史无前例的控制范围与力度。

（一）资本逻辑对劳动的强制

生产劳动是马克思唯物史观的一个重要范畴。它不仅是人类获得生存资料的基本手段、社会赖以形成和发展的重要基础，而且是人的本质力量的集中展示、实现和确证。因此，在马克思哲学理论中，劳动具有支撑社会历史进程与成就人的本质发展的本体论意义。作为人的本质力量对象化活动，劳动在不同时代的发展状况直接决定人的发展状况。

在前资本时代，低下的生产力和科技水平导致以体力为主的生产劳动繁重而艰辛，在直接的人身依附关系和深重的剥削制度下，劳动者通常被强迫去劳动，劳动产品也很少归劳动者所有，因此，就劳动的动机和结果来看，前资本时代的劳动并没有成为劳动者“生命活动力”的确证。而在资本主义大工业时代，通过市场交换，资本购买进“劳动力商品”，依法获取劳动力的支配权和收益权。这一方面使工人的劳动不再处于被强迫的状态（工人完全出于自愿让渡自己的劳动力，甚至还要心存感激）；另一方面也使资本毫无异议地获取全部劳动成果（劳动者已经在与资本的公平交易中获得了工资）。因此，从形式上看，资本时代生产方式完全克服了之前劳动领域的强制与不平等。劳动者自由选择商家、自愿出售自己的劳动力，并根据劳动时间的长短、劳动强度的大小以及劳动技能水平的高低获取相应的报酬（即工资，也即劳动力商品的价格）。这种“平等的外表”“使工人的关系在本质上发生变形，而不同于其他社会生产方式中劳动者的关系”①，资本时代的劳动者似乎就在不同的薪水报酬中获得了自己“生命活动力”的确证。

但更进一步深入分析，问题并非如此。

首先，资本与劳动力之间的交换显然不是平等的，而是强制的。工人和资本家的交换看上去是自由自愿基础上的平等交换，但根本的问题是交换的目的和结果。“自由到一无所有”的工人是为了满足自己的生活需要不得不进行交换，他交换来的东西是“直接的必需品”（以货币为媒介再换取必需品），而不是交换价值本身。也就是说，工人的交换所得只是随后就会被消费掉的、“自行扬弃的、转瞬即逝的媒介”而已，工人永远都必须从头开始。而资本家在交换中得到的是对劳动的支配权，资本家的真正目的是使劳动变成资本的要素，为资本带来价值增值，即通过交换获得的劳动支配权来致富。工人之所以“永远都必须从头开始”，正是因为工人不可能通过交换来致富。马克思指出，工资绝不是一般财富，只是生活资料。工人获得财富的途径要么通过禁欲和节约，要么通过放弃休息进行更多的劳动，即“勤劳”。② 由此看来，即便是在生产劳动还没有开始的

① 《马克思恩格斯全集》第30卷，人民出版社，1995，第243页。

② 《马克思恩格斯全集》第30卷，人民出版社，1995，第244页。

交换阶段，资本也拥有主动权。表面上自由自愿出售自己的劳动力的背后，已经包含了绝对的强制——“不交换就饿死”的强制。

其次，交换之后的生产过程更是纯粹强制的。既然获得了劳动力的完全支配权，从价值增值的目标出发，资本当然要按照自己的意愿与需要来组织劳动。因此，在以雇佣劳动为主的资本主义生产中，劳动不再是工人自主的生命活动，而是必须完全服从于资本命令的机械活动。在劳动力市场完成与资本的“自由交换”之后，工人便进入资本的生产空间——工厂，这是一个资本实行极权统治的封闭场所，在其中，工人不再作为与资本家平等的交换主体，而必须作为资本的生产要素之一，无条件地接受工业机器与各种管理体制的规范、驯化与强制。资本要实现价值增值最大化，一方面，要无限扩大生产，尽可能榨取更多的活劳动，这要求资本在扩大雇佣劳动规模的同时不断提高劳动强度；另一方面，资本要无限提高劳动生产率，从而获取更多的相对剩余价值。这要求劳动尽可能机械化、科学化，机器要尽可能代替人的劳动，人变成机器的看守，服从机器的节律与管理。于是，一切都要听从资本及其机器的号令，工人被“当作一个巨大的总自动机的活动附件和仆人而分配到这个自动机的各个部分上”，资本家对工人的要求正是要“象从属于自己的命运一样从属于机器”。[①] 不仅工人劳动的内容、节奏、强度必须服从机器生产的需要，而且工人的着装、动作、语言、表情也必须服从工业化的标准管理。工人不仅被按照工具的标准来驯化，也被按照工具的标准来考核、奖惩，甚至生产者自己也“被迫按纯粹的工具性条件来看待他的进步”[②]。结果是，人朝机器的标准发展，机器朝人的标准发展，工人在臣服于机器的同时也丧失了劳动过程中的最基本的成就感与乐趣。“机器几乎是自动地不断吐出产品，工人在创造这些产品时并不起什么作用。他们已经丧失了工匠的乐趣、丧失了过去在认真运用自己的技艺、仔仔细细创造产品的过程中所感到的快慰。”[③]

---

① 《马克思恩格斯全集》第 47 卷，人民出版社，1979，第 526 页。

② 〔美〕戴维·哈维：《后现代的状况——对文化变迁之缘起的探究》，阎嘉译，商务印书馆，2003，第 139 页。

③ 〔英〕J. D. 贝尔纳：《科学的社会功能》，陈体芳译，商务印书馆，1982，第 44 页。

高强度、机械化以及不断接近机器属性的劳动模式成为资本对劳动最普遍的强制。这不仅造成工人对劳动的麻木与厌恶，也造成工人的自身的呆板、机械化与冷漠。可见，工人的“劳动力”只是增强了机器和资本的生产力，对于工人自身而言，这种劳动反而成为其本质力量的反叛与异化，以至于“只要肉体的强制或其他强制一停止，人们会像逃避瘟疫那样逃避劳动”[①]。

（二）资本逻辑对消费的强制

消费的原本意义在于通过满足人的某种需求促进人的发展，给人更幸福、更满意的生活。与人的需求的不同层次相对应，维持基本生存需要的消费活动，促进人的机体健康与人的发展，而满足人的高级需要的消费活动则能发挥人的潜能与创造性，使人精神愉悦，内心更加丰富，并从中获得真实存在感与良好的个性认同。因此，科学合理的消费活动原本是发展人的活动，是通向生活的目的——幸福的一种手段。但在资本主导的发达工业社会，消费被赋予另外的意义。消费成为社会控制的手段，成为资本价值增值的工具。

在生产过程内部，资本价值增值取决于资本同雇佣劳动的关系，即取决于剩余价值的生产。在生产过程外部，在剩余价值的实现领域，即资本作为商品进入的流通领域，价值增值受到“现有的消费量或消费能力的限制”[②]。于是，在不断提高劳动生产率、不断突破生产领域的各种限制之后，资本还要设法突破消费力的限度。而突破消费力限度的唯一办法就是诱导和控制消费本身，让人们的消费行为由因自然产生的需求进行的主动消费转向人为创造的需求引导的被动和强制消费。这样，资本不仅根据现有的消费力调节生产规模，还可以依靠主动控制消费力来决定生产规模，于是消费直接带动生产，因而消费也具有生产性。由此可见，消费主义或强制消费是资本逻辑发展的必然结果。这一点，其实马克思在资本主

① 《马克思恩格斯全集》第 3 卷，人民出版社，2002，第 270 ~ 171 页。

② 《马克思恩格斯全集》第 30 卷，人民出版社，1995，第 384 页。

义早期就预见到了，“消费不仅是使产品成为产品的终结行为，而且也是使生产者成为生产者的终结行为。另一方面，生产生产出消费，是由于生产创造出消费的一定方式，其次是由于生产把消费的动力、消费能力本身当作需要创造出来”①。也就是说，强制消费是资本发展本身的需要。

当代资本强制消费大多采取两种途径。一是国民总财富的赤字消费（凯恩斯主义的典型延续），即由国家、地方政府充当大买家、大消费者，大力投资公共工程建设来刺激消费。这一举措不仅拉动经济增长，同时还能提供就业机会，缓和社会矛盾。但是公共建设带动的消费循环周期长且容易让政府背负财政压力，所以强制消费更依赖第二种途径——大力刺激个人消费。个人消费不会给政府带来负担，而且潜力无限，可以为资本的价值增值提供源源不断的动力。于是，现代资本不惜花费大量财力、人力开发国民的消费力。其中，最典型的手段就是通过广告媒介（既包括电视台、电台等直接公开播放的商品广告，也包括各种娱乐节目、期刊、流行文化等的隐形消费倡导）进行需求创造来实施消费强制。商家首先力图操控的自然是大众的衣食住行消费：各种时装秀、选美竞赛、时尚杂志等恭敬而麻利地向公众及时汇报各种时尚动态，流行服饰的颜色、风格和趋向等；食品广告则深入人心地展示商品与精致、高品位生活的无限关联；住房、汽车之类的大型商品更是让商家费尽心机，让其不仅成为舒服、美满生活的代名词，而且成为社会地位与体面身份的象征。总之，资本最终要让大众明白并认定这些商品不仅值得拥有，而且必须拥有。

显然，资本向哪里扩张，需求就要在哪里被创造，广告媒介就要向哪里进行渲染，这便是日常生活中以广告诱导的消费强制无所不在、无孔不入的根本原因。至于广告内容的真假，人们并不特别在意。广告本身大多采用直陈且重复的命令式语言，广告商会精心地消除任何事实性证据，正如波德里亚所说，广告“是超越真和伪的”。“劝导和神话并不完全出自广告的不择手段，而更多是由于我们乐于上当受骗：与其说它们是源于广

① 马克思恩格斯全集》第30卷，人民出版社，1995，第34~35页。

告诱导的愿望，不如说是源于我们被诱导的愿望。”[①] 人们在强制劳动中遭遇的失落感以及人天性中的虚荣心与好胜心都被资本充分利用起来。凡勃伦曾经批判的有闲阶级的“消费竞赛”和“炫耀性浪费”现在要被资本推而广之，资本会创造出更多更新的竞赛项目和炫耀性资源，极力迎合原本就是被创造出来的层出不穷的新需求。资本需要消费竞赛在全民中普及，这样，凡勃伦时代的消费竞赛在资本的强制消费中得到真正的完成。其中，商品的价值早已超越传统的使用价值，包含太多媒介宣传赋予的象征与符号价值，即波德里亚所讲的“消费作为区分价值的普遍编码机制的规定性”[②]，消费不仅是对物的使用价值的享受，还是财富、成功与身份的区分与标志。于是，人们竞相追赶，力争消费最多、最时尚、最高档的商品，消费成为确证人的自我价值和力量的途径，甚至成为生活的目的。马尔库塞直接将这种消费称为“强迫性消费”或“受操纵的消费”，而最初广告推销与宣传下的“强迫性消费”久而久之就会成为一种生活方式，被民众自动纳入常规消费系统。新的消费开发在既有的基础上进行，而不必重新开始。所以，马尔库塞说，产品本身有思想灌输和操纵作用，这种灌输和操纵作用会形成一种生活方式，它阻碍质的变化，排斥所有超越已确立的话语和行为领域的观念、愿望和目标。[③]

资本不仅将消费力与个人的人生价值联系起来，而且通过教育与文化渲染将消费强制成公民的社会道德与责任行为。在以经济增长为首要任务的资本时代，“刺激内需”与“创造就业”成为国家的政治课题，成为考核政府业绩的重要标准。因此，无论是出于发展经济的要求还是出于稳定政治的需要，促进消费都成为必然之举。可见，这种消费是直接参与经济秩序的“生产性消费”。波德里亚就说，“消费的真相在于它并非一种享受功能，而是一种生产功能——并且因此，它和物质生产一样并非一种个

① 〔法〕让·波德里亚：《消费社会》，刘成富、全志钢译，南京大学出版社，2001，第137页。

② 〔法〕让·波德里亚：《消费社会》，刘成富、全志钢译，南京大学出版社，2001，第89页。

③ 〔美〕赫伯特·马尔库塞：《单向度的人——发达工业社会意识形态研究》，刘继译，上海译文出版社，2013，第11页。

体功能，而是即时且全面的集体功能”①。于是在现代消费文化的倡导下，全力消费不仅成为个人展现实力、成功与幸福生活的途径，还成为个人参与拉动经济增长、为国家做贡献的公民责任与义务以及爱国行为，成为一种时代精神。个人的需要与利益通过消费行为与社会一体化，这时统治阶级刺激消费的各种措施似乎不是在维护统治阶级自身的利益，而是在维护全体国民的利益。

资本强制消费的另一有力手段就是信贷制度强制。资本通过信用卡透支、分期付款等信用制度鼓励全民赤字消费。这种“以民为本的”经济策略表面上为大众消费大开方便之门，实际是将民众绑架在了高消费的列车之上，他们骑虎难下。结果是，资本确实迎来了全民高消费时代，人们却一直要在“全力消费—拼命赚钱—再全力消费—更拼命赚钱……”的泥沼中疲惫挣扎。而强制消费的具体手段还包括各种直接的营销强制。各大商场、购物中心、网上购物店定期推出的大型促销活动，包括买一送一。发放优惠券、代金券等，都是直接的强制行为，消费者往往为了使用完手里的代金券、购物券等不得不掏出更多的钱购买更多的商品。

总之，无论是资本在生产领域致力于劳动强制还是在消费领域致力于消费强制，都出自资本逻辑的内在规定性。波德里亚说，“工业体系已经对大众进行了社会化并使他们成为生产力”，也会“对大众进行社会化（也就是说控制），使他们成为消费力”，“19 世纪发生在生产领域中的那个生产力合理化进程在 20 世纪的消费领域中得到完成”。② 而这种生产和消费合理化“是出自同样一个对生产力进行扩大再生产并对其进行控制的巨大逻辑程式的”③。与生产合理化使人变成资本的劳动工具一样，消费合理化则使人成为资本的消费工具，其最大的特点是都受资本的操纵。

资本的强制劳动使人机械化片面发展，导致人变得呆板、压抑与冷漠，阿格尔说，“劳动中缺乏自我表达的自由和意图，就会使人渐变得越

① 〔法〕让·波德里亚：《消费社会》，刘成富、全志钢译，南京大学出版社，2001，第 69 页。

② 〔法〕让·波德里亚：《消费社会》，刘成富、全志钢译，南京大学出版社，2001，第 74 页。

③ 〔法〕让·波德里亚：《消费社会》，刘成富、全志钢译，南京大学出版社，2001，第 74 页。

来越柔弱并依附于消费行为”[①]。人们自认为可以在消费活动中实现自由，获得驾驭感和自我感，但强制消费中获得的“自由”与“自我”显然都是虚假的。一方面，“消费的渴望”早已“失掉了和人真正需要的联系”[②]。人们按广告的标准来选择和消费，而不是凭自己的感觉、身体需要和审美趣味去参与，这样消费不会给自己带来富有人性和创造性的体验，它只会远离自我，成为服从控制的资本繁衍增殖的工具。另一方面，消费自由只是随意选择商品的自由，这并不能改变这些商品对于人们的强制性质。正如马尔库塞所言，如果广泛多样化的商品和服务维持着社会对生活的控制，即维持着异化，“那么，在大量的商品和服务设施中所进行的自由选择就并不意味着自由”，即便个人自发地再生出被强加给自己的需求，它也“只能证明控制的有效性”。[③]

因此，在一个致力于最大规模的物质生产和消费的完全机械化的社会，人自身也变成了器械工具，成为整个社会机器的一部分，“尽管他吃得好，娱乐得好，然而他却是被动的，缺乏活力和感情的”[④]。

（三）资本逻辑对文化及思想观念的强制

作为人类精神活动的典型产物、文明的理性形式积淀，文化在人类发展史中无疑扮演了极其重要的角色。文化是传承文明的主要手段，它既是时代精神的反映与承载者，又是时代精神的塑造者。对于人的发展而言，一方面，文化是人的精神活动发展的产物，是人的理性力量的确证，它作为对象和手段，是人的精神生活的食粮以及人的思想活动与现实世界的中介；另一方面，文化又反过来塑造每一代人的思想观念与精神气质，从而

---

① 〔加〕本·阿格尔：《西方马克思主义概论》，慎之等译，中国人民大学出版社，1991，第495页。

② 〔美〕埃里希·弗罗姆：《精神分析的危机——论弗洛伊德、马克思和社会心理学》，许俊达、许俊农译，国际文化出版公司，1988，第72页。

③ 〔美〕赫伯特·马尔库塞：《单向度的人——发达工业社会意识形态研究》，刘继译，上海译文出版社，2013，第8页。

④ Fromm, Erich, *The Revolution of Hope: Toward a Humanized Technology*, Harper & Row, 1968, p. 1.

直接影响人的行为方式与思维方式。

根据受众与功能的不同，文化历来有“主流文化”与“通俗文化”之分。“主流文化”占主导和权威地位，承担突出统治阶级意识形态、倡导社会核心价值观念的功能，因此受限最多；而“通俗文化”或称大众文化，则以通俗、自然为主要特征，以满足民众娱乐、休闲等自发的文化需求为目的，因此受限不多，且具有本能的反叛特征。而根据创造主体不同，与“通俗文化”相对的还有“精英文化”或“高雅文化”。它们属于“精神上有优越感的”知识分子文化，以理性、真理、正义、价值、尊严、美为主题和原则，以严肃性和精确性为特征，充当社会良知的守护者。① 对文化做出如此区分，是因为在传统文化模式下，不同旨趣的文化的界限分明，尽管主流文化同样受到阶级意识形态的限制，但人本然的文化诉求以及文化本身的批判功能还可以通过其他类型的文化得以实现。而在资本逻辑主宰的社会中，资本将不同形式的文化一起倒入资本的“熔炉”，消解文化所有功能与目的上的区分，强制性锻造出功能统一、目的纯粹，即以商业利润为最终旨归的“现代大众文化”。

“现代大众文化”进行产业化生产、批量销售，它遵循的完全是资本的市场运行机制，因此法兰克福学派的批评者们将其命名为“文化工业”，以表明它已经不再是从大众出发、为大众服务（尽管它可以做出为大众服务的样子）的传统意义上的大众通俗文化了，而是一种彻底的商业性与控制性文化。文化工业批判理论是法兰克福学派的重要理论，其对“文化工业”的商品化、技术化、齐一化及其意识形态的强迫性等特征进行了深刻的研究与批判。文化工业批判理论对当代资本主义社会仍在持续的以及我国当前社会逐渐兴起的文化“工业化”现象的认识仍具有重要的借鉴意义。只是在对“文化工业”的整个批判过程中，尽管其对文化的“商品化”及其“拜物教”特性以及文化成为国家意识形态控制的极权工具等现象进行的猛烈抨击都正中了问题的要害，但就批判方式与批判维度而言，法兰克福学派整体上是用文化批判和意识形态批判代替了马克

---

① 孟繁华：《众神狂欢——当代中国的文化冲突问题》，今日中国出版社，1997，第21～27页。

思的政治经济学批判。正因如此，在追根溯源问题上，法兰克福学派将矛头指向技术合理性（导致政治合理性和肯定性社会），指向启蒙的辩证法宿命（导致对人的全面控制），从而遮蔽了文化“工业化”现象背后真正的支配性因素——资本逻辑的发展。

首先，文化的商品化、产业化是资本逻辑的内在要求——这是资本逻辑对文化自身发展的强制。资本无限增殖逻辑要求其实现在一切领域的扩张，将一切领域变成由“生产”“交换”“消费”诸环节组成的商品经济市场。资本向文化领域的扩张必然导致文化艺术的创作过程被打造成批量的商品生产活动，文化艺术的享受活动变成普通的商品消费活动。于是，就如阿多诺所指出的那样，“文化工业”的产品不再是艺术品，而是一开始就作为在市场上销售的商品被生产，文化不再产生于大众自发的需求，而是资本为获取利润依照商品交换原则和市场竞争法则一手打造出来的。[①] 因此，马克思关于商品生产的批判理论也完全适用于对文化产品的生产上，“文化工业”同样具有以下特征：以追求利润为目的；使用雇佣劳动；依靠技术提供的优势；在生产商品使用价值（即文化产品的审美、娱乐、意识形态价值等）的同时，致力于生产“消费者”（创造新的文化需求和文化产品的受众）。“文化工业”同样以消费者为上帝，只要有消费市场需求，不管怎样的文化都可以进行批量生产。门票销售情况与销量成为艺术品成功与否的唯一判断标准。人们对艺术的崇拜已转化为对艺术品所能取得的交换价值的崇拜。以交换价值为目的的商品化生产方式必然导致法兰克福学派所批判的文化的“标准化”、“齐一化”和“伪个性化”：既然生产文化以资本投入为前提，基于资本周转以及消费市场竞争等经济环境的要求，艺术品自身的内在逻辑和自律也被遮蔽，代之以流水线生产的“标准化”与“齐一化”，于是艺术品就丧失了本雅明所说的那种“独一无二的”存在性、真实性、权威性以及赋予艺术品以生命力的独特“气韵”（Aura）；而作为面向不同口味的消费者的商品文化，除了要求四平八稳的“标准化”之外，为博取市场卖点，还需要标新立异，

① 〔德〕西奥多·W. 阿多诺：《文化工业述要》，赵勇译，《贵州社会科学》2011 年第 6 期。

以突出产品的艺术个性，用阿多诺的术语来说，就是“标准化”之中的“伪个性”[①]，这是文化工业产品的普遍特征。其结果是，文化的标准化、齐一化不仅导致文化艺术本身平庸无个性，也在潜移默化中泯灭了广大受众的个性。

其次，资本逻辑对大众的文化选择与消费的强制。出于与其他商品的消费强制同样的逻辑，为了实现包含在各类文化商品中的价值增值，资本会通过各种强制手段“迫使”大众（可以表现出完全自由自愿的形式）消费资本推出的各式文化产品。资本借助新兴的数字加工与传输等高新技术使现代文化产品的生产制作与传播都显示出无与伦比的方便快捷，于是以影视、网络、广播为主体的现代媒介传载的丰富的文化产品以排山倒海之势对大众形成包围，以至于大众的饮食习惯、服饰时尚、居家风格、休闲方式乃至日常习语都随着流行文化的诱导和训练适时更换。网络文化基本主宰年轻一代全部的生活方式，离开了网页新闻、微信微博、网络影视，这些人会立刻无所适从。而电视文化目前仍是各个国家、不同群体的主要休闲载体（尤其是黄金时段），对绝大部分家庭而言，客厅沙发对面的电视机似乎具有某种神圣意味，在固定时间坐下来看电视成为一种仪式性行为。所以，所谓“电视动物”“鼠标动物”“手机控”之类的说法不仅反映了技术对人的强制，还反映了文化产品对人的强制。生活在现代世界，只要你还在呼吸，无论工作还是休息，都离不开文化工业产品的影响，这是一种无处不在、无可逃脱的强制。资本主导的“文化工业”正是通过无条件的灌输培养人们的文化消费习惯，并使之自发生成虚假的文化需求，从而使人们发自内心的、本然的文化需求成为不可能。因此，可以说“大众文化是一种支配力量，具有强制性”，它从根本上“剥夺了个人的自由选择”。[②]

最后，资本对文化的强制导致对人们思想观念和思维方式的强制。法兰克福学派明确指出“文化工业”就是“文化操纵”。资本逻辑不仅要求

---

① 〔德〕西奥多·W. 阿多诺：《文化工业述要》，赵勇译，《贵州社会科学》2011年第6期。

② 于海：《西方社会思想史》，复旦大学出版社，1993，第473～475页。

“文化工业”控制和规范大众的文化需求，迫使大众一律按照资本喜欢的方向去消费文化，而且通过大众文化的教化与灌输，诱导人们按资本喜欢的方式去思考。与一般商品比较起来，文化产品的特别之处在于，产品被消费掉并不意味着这一商业循环的结束，文化产品的消费过程本身在受众那里又是另一种新的生产过程——受众的观念与思维方式的生产。在工业文化运行中，一方面，如上文所述，不追求艺术效果只热衷投资利润导致文化商品的标准化、齐一化与平庸无奇；另一方面，为了获得更广泛的通行与认可，使作品更具“兼容性”，文化作品的主旨必须与国家、民族的意志保持一致，与社会要求保持同步，从而导致作品丧失应有的否定性与批判性。正如马尔库塞指出的，在“艺术远离社会、冒犯社会、指控社会的特征已被消除”之后，“文化中心变成了商业中心、市政中心或政府中心的适当场所”。[①] 因此，现代文化看起来丰富多彩，营养价值却较低。广大受众或者从中获得短暂的娱乐消遣，或者只是凭借已形成的消费习惯对作品做机械的条件反射。阿多诺说：“真正意义上的文化并不仅仅去满足人类的需要；它同时还对支配人的僵化关系提出反抗，因而予人类以尊重。但是，当文化被全部同化并整合进这种僵化关系的时候，人类就再一次遭到贬低。”[②] 长期的低营养文化甚至刻意的训导文化会逐渐消磨人们对艺术应有的超越性价值的追求，消磨人们的感受能力与思维的主动性。于是在丧失了否定性与批判性的工业文化的不断操纵与灌输之下，大众也逐渐丧失了独立思考精神以及否定和批判现实的能力，形成肯定性思维习惯，成为马尔库塞所批判的“单向度的人”。而资本主宰的“文化工业”通过控制大众的观念与思维方式的生产，忠实履行其维持、肯定现行制度的意识形态功能，成为巩固现行秩序的“社会水泥”。

这样，资本逻辑下的“文化工业”通过商品性以及意识形态的工具性达到了双重异化：它不仅消解了文化本身的艺术特性与认识功能，同时还抹杀了文化固有的社会功能。

---

① 〔美〕赫伯特·马尔库塞：《单向度的人——发达工业社会意识形态研究》，刘继译，上海译文出版社，2013，第53页。

② 〔德〕西奥多·W. 阿多诺：《文化工业述要》，赵勇译，《贵州社会科学》2011年第6期。

总之，资本逻辑从经济领域的运行规则演变成了一种统领整个社会的特殊建制，它重新整合现代社会秩序，把人类政治、经济、文化、教育等一切领域纳入其中，建立了一整套有利于资本繁衍增殖与扩张的社会机制。资本不仅使经济成为直接的增殖工具，而且使政治成为代言人，文化成为宣传者，凡所存在的一切都要献身于资本的无限增殖逻辑，"按照资本的天生固有的规律，凡是人类所能提供的一切剩余劳动都属于它。这个摩洛赫！"① "他的目的也不是取得一次利润，而只是谋取利润的无休止的运动。"② 因此，资本是发展的力量，但资本只发展其自身，所有获得发展的生产的、技术的和人的力量最终都被资本控制和利用，都只是增强了资本自身的力量。而资本对人的控制也从劳动领域向消费、文化、道德等其他领域不断延伸，但资本的高明之处在于它能化所有控制于无形。资本通过强制劳动来实现价值增值，又通过不断地提供物欲满足和幸福许诺来消解人们的反抗意识和对立情绪，它让人们满足于眼前的物质需求而不再去追求自由与超越。这便是现代社会最大的极权与强制。

因此，资本是人类有史以来最大的异化，人类全力以赴壮大了资本的力量，却同时让这种力量完全控制了人类自身的发展。人类遭受的劳动异化、消费主义、环境危机、休闲困境，以及最终的"无家可归的状态"正是资本异化的最强有力的佐证。

第三节　资本逻辑催生大众休闲时代

当我们说休闲是人类的"自由保护区"时，就已经暗含着人类生存环境中一直存在阻碍人自由发展的各种控制的前设了。休闲正是人类为了对抗、补偿和消解各种压力与控制而自发进行的最符合人本性的生命活动，因而也是最有利于人的本质发展的活动。作为一种自由自觉的理想存

---

① 《马克思恩格斯全集》第46卷，人民出版社，2003，第447页。

② 《马克思恩格斯全集》第44卷，人民出版社，2001，第179页。

在状态，它一直是人类向往和追求的对象。但在生产力水平低下的前资本主义时代，休闲总是被特权阶级垄断，只是到了资本主义社会，在强大的社会生产力普遍增加了社会成员的物质财富和闲暇时间的情况下，休闲才为普通大众所拥有，人类由此迈进大众休闲时代。具体来说，资本逻辑不仅通过大力发展生产力夯实了休闲发展的物质基础，创造了丰富多彩的休闲方式，而且通过提高劳动生产率减少必要劳动时间从而大大增加了人们的自由时间；另外，就其发展了人丰富的社会关系、人的多方面需要与能力而言，它又同时发展了人的休闲能力。因此，正是资本逻辑极大地促进了人类休闲的发展。

一　资本文明为休闲发展奠定了坚实的物质基础

根据马斯洛需求层次理论，在人的较低层次的需求满足后，必然会产生更高层次的需求。中国也有一句古语，“仓廪实而知礼节”（《论积贮疏》）。也就是说，在基本的生存需要得以满足之后才会产生对礼仪、自由、美德、幸福等精神层次的追求。这意味着生存必需之外的个人可支配的收入是休闲产生的必备条件。马克思、恩格斯也认为，为生存资料而进行的斗争仍处于动物式的斗争阶段，在此基础上，人才会为享受资料而斗争。所以，休闲的发展离不开一定的物质基础。

在资本主义生产条件下，资本携带高科技力量和科学管理与运行的生产方式为整个世界带来史无前例的巨大生产力。所到之处，城市迅速扩张，运输、交换系统迅速发达，人们的消费以及物质生活水平迅速提高……马克思曾经感慨，“资产阶级在它的不到一百年的阶级统治中所创造的生产力，比过去一切世代创造的全部生产力还要多，还要大”[①]。在资本发展过程中，尽管资本的增值部分直接归资本家所有，工人只是获得了再生产自身劳动力的必要劳动部分即工资，于是资本发展导致不同阶层之间严重的贫富不均以及不同的国家、地区、民族间发展的严重不平衡，但不可否认的是，随着整个社会物质财富迅速增加，普通劳动者的收入水平也提

① 《马克思恩格斯选集》第1卷，人民出版社，1995，第277页。

高了，许多工薪阶层人士（尤其在发达国家）逐渐过上富裕的生活。丰厚的物质基础激发并成全了人们的休闲诉求。一方面，就政府而言，休闲产业发展成为国家经济重要增长点，满足与迎合人们不断增长的休闲需求成为地方政府规划发展的重要抓手。城市公园、博物馆、图书馆、公共游泳池、社区的健身房等公共设施的大力开发与建设，各种旅游区、度假营地、运动俱乐部、歌厅酒吧、园艺宾馆等的迅速壮大与发展，为人们提供了丰富的休闲资源。另一方面，就个体而言，电视机、播放机、电脑、智能手机的普及使现代化休闲成为每个人触手可及的事情，汽车的出现与大众化更是极大地拓展了个人的休闲空间。同时，随着收入水平的不断提高，人们将投入更多的财富与精力去休闲。扩充见识、涵养心性、提高生命质量等精神层次的追求日渐凸显，越来越多的普通大众在自由时间里花钱走向健身房、影剧院，花钱去旅游、体验、探险……“努力工作挣钱，潇洒付费休闲”作为一种新兴的生活观念和生活方式正逐渐成为一种潮流，被越来越多的群体追求和践行。从社会学统计结果来看，居民（尤其是城市居民）的消费结构正在由生存型向发展型、享受型转变。早在1990年，美国国民单是在娱乐性商品或服务方面的开支就达2800亿美元，占全部消费开支的7%，如果加上交通运输、旅行、服装、餐饮等行业中的休闲消费部分，整个休闲的开支就大约占国民全部消费支出的1/3。① 美国学者彼得·德拉克（Peter Drucker）就预测说：“随着工资的稳步增长和工作时间的不断缩短，人们会将财富积累的一半用于创造休闲。”② 因此，休闲的大众化与资本发展带来的社会财富水平的普遍提高是密不可分的。

二 资本文明普遍增加了自由时间

休闲学意义上的自由时间通常是指“除掉生理必需时间和维持生计以及履行其他义务所必需的时间之后，自己可以判断和选择的自由支配时

① 〔美〕杰弗瑞·戈比：《你生命中的休闲》，康筝译，云南人民出版社，2000，第157页。

② 转引自〔美〕杰弗瑞·戈比《21世纪的休闲与休闲服务》，张春波、陈定家、刘风华译，云南人民出版社，2000，第159页。

间”。马克思也强调“自由时间”是“用于发展不追求任何直接实践目的的人的能力和社会的潜力”①，也就是说，自由时间并非就指生产劳动时间以外的所有时间，它还要减去非工作时间内的其他义务或必需的活动时间（如家务劳动时间、生理必须时间、义务的人际交往时间等）。资本文明不仅直接减少了人们的工作时间，而且通过间接方式减少了工作时间之外人们“履行其他义务”所需的时间，从而大大增加了人们的自由时间。

首先，资本文明使生产劳动时间大幅减少。资本逻辑以减少生产的必要劳动时间追求相对剩余价值成为必然趋势，而在资本把必要劳动时间减少到最低限度的同时也就是把剩余时间增加到最大限度。尽管就个别资本的运行过程而言，剩余劳动时间实际上又转化成剩余价值为资本占有，并没有直接增加劳动者的自由时间，但就整个社会生产来看，资本因无限提高劳动生产率而将社会必要劳动时间减到最少，从而普遍增加了全体社会成员的自由时间。因此，马克思说，资本“违背自己的意志，成了为社会可以自由支配的时间创造条件的工具，使整个社会的劳动时间缩减到不断下降的最低限度，从而为全体［社会成员］本身的发展腾出时间”。② 工作时间的减少、法定假期的增加无疑为人们提高生活质量、步入真正的有闲社会提供了可能。

其次，资本文明减少了非生产时间内的劳动时间。除了工作时间和生理时间之外，非生产时间内的劳动时间（主要指家务劳动时间、购物时间、上下班的时间等）是决定人们休闲时间的又一关键性因素。其中家务劳动时间所占的比例无疑最大，资本主义工业与科技时代的各种家用电器的发明与更新不仅使民众的家务劳动时间与前工业时代相比大大减少，而且呈下降趋势。现代科学技术通过一系列灵巧而实用的小型自动机的发明实现了家务自动化，洗衣机、洗碗机、吸尘器、电饭煲、豆浆机、煤气灶、电磁炉、微波炉、烤箱等五花八门的自动化器械使做家务劳动变得快速而轻松。另外，发达的交通运输工具节省了人们上下班的时间，电视购

① 《马克思恩格斯全集》第47卷，人民出版社，1979，第215页。

② 《马克思恩格斯全集》第46卷下册，人民出版社，1980，第221页。

物、网上购物大大减少了人们的购物时间，日新月异的电子通信技术更是将人们相互间的联系与交往时间减到最少，这一切都使自由时间增加。

另外，资本文明还增加了人们的“绝对”自由时间。随着科学技术的进步、人们物质生活水平的提高和医学的发展，人类的体质不断优化、寿命不断延长，过去关于青年、中年、老年阶段的划分，如今不断被更改、推后，这从绝对时间上增加了人们的闲暇时间。许多高龄老年人的身体依然硬朗。这种绝对时间的增加以及人们身体衰老速度的减缓，为人们一生中更长时间地从事休闲活动提供了可能。美国学者杰弗瑞·戈比甚至认为这种“绝对”自由时间的增加是近几十年来休闲时间增长最多的部分。

三　资本文明带来丰富的休闲方式

资本文明不仅为休闲提供了物质基础和自由时间方面的保障，而且极大地丰富了人们的休闲方式和休闲内容。在资本通过延长劳动时间追求绝对剩余价值而实现资本价值增值时期，休闲曾经一度遭到严重的价值贬低而被边缘化。早期工人阶级自发的休闲活动（包括酗酒、各种形式的赌博与暴力活动等）形式野蛮、缺少规范，不仅不能拓宽大众的知识视野，为其带来尊严，而且对城市安定造成威胁，所以遭到早期资产阶级工厂主的痛恨与压制。但随着资本发展对需求与消费的依赖，休闲因与消费的关系而得到拥护与提倡，尤其是在人们从日益凸显的休闲需求中发现无穷商机之后，休闲便迅速被资本纳入其“有用性的体系”，进而得到全方位的开发与实现产业化发展。先进的科学技术、生产工艺以及发展理念被应用到休闲领域，传统的休闲方式不断被突破，新的休闲方式不断被推出。在人们自然产生的休闲需要被充分迎合之外，资本还精心打造新的休闲商品和服务以激发新的休闲需求，新时代的休闲生活就在这种商业主导的循环中得以空前丰富与发展。一方面，传统的旅游、社交、娱乐、文艺活动等休闲方式因为发达的媒介、交通技术以及先进的休闲设施而变得更加便捷与精彩。例如，随着电视机、录像机、游戏机、组合音响、电脑、手机等一系列现代科技产品的发明和普及，人们足不出户便能欢度休闲时光；不断发展的铁路、发达的交通工具大大拓展了休闲空间，使人们能够轻松方便地体验异地、异国风情，对海洋与空间技术的开发更将使人们的休闲空间由地面扩展至海洋甚至空中。另一方面，新的休闲方式层出不穷。这不仅包括新科技带来的新休闲（如工业器械支持下的各种大型游乐设施以及信息科技带来的网络游戏、微信、微博、网上聊天与购物等），还包括对满足人们好奇、冒险等心理需要与个性特征的休闲方式的开拓（如丛林探险、极限挑战、死亡体验等）。新的休闲方式不仅突破了空间限制和时间限制，甚至还突破了现实与虚幻的限制、在场与不在场的限制。互联网技术、数字模拟技术使人们的休闲生活跨进了虚拟现实，从而可以获得替代性在场的独特体验。

总之，资本文明设法不断创造出各种新奇的休闲方式，使现代社会的休闲生活呈现一片繁荣景象。尽管资本的初衷是实现自身无限增殖，但客观事实是，人们的生活世界因为丰富的休闲方式而变得更加多彩。从这个意义上说，资本不仅增加了人们的休闲实践，同时也丰富了人类的生存实践。

四 资本文明迎来大众休闲时代

正是在资本创造的伟大的物质文明的基础上，人类迎来了休闲领域的“革命”——人类终于结束之前所有时代休闲通常为特权阶级所垄断的历史，进入了大众休闲时代。美国学者雷比（Levy）直接将20世纪50年代以后的休闲革命与18世纪美国独立的政治革命以及20世纪前后的大批量生产革命并列称为迄今为止美国经历的三次大革命。[①] 休闲时代的来临，意味着休闲成为大众生活的重要内容，休闲资源和休闲方式极大丰富，城市休闲功能提升，公共休闲服务成熟，人们通过休闲来体现个性和实现自我。尽管在工业革命以后，追求普遍的有闲时代一直是人们的理想，但休闲时代的发展有其自身的规律，而不以人的意志为转移。休闲时代是社会经济发展的综合结果。

---

① 〔韩〕孙海植等：《休闲学》，朴松爱、李仲广译，东北财经大学出版社，2005，第72页。

一方面，资本逻辑为大众休闲时代提供了物质基础和自由时间。资本逻辑下发达的社会生产力带来强大的社会物质基础和不断减少的社会劳动时间，使普通大众拥有的可支配收入和自由时间普遍增加，为大众休闲时代的到来奠定了客观基础。在发达国家，中产阶级的比例迅速提高，越来越多的人拥有充足的经济资源，可以在自由时间里做他们想做的事情，精英阶层与其他阶层在休闲方面的差别日益缩小。人们越来越认识到休闲的价值意义，并开始将休闲置于与工作同等重要甚至比工作更为重要的位置。伴随大众教育、有线电视、网络以及其他大众传媒而形成的大众文化，加上休闲工业对旅游风景区、主题公园、度假村以及各类体育设施等的大力开发与生产都促进大众休闲蓬勃发展。尽管贫穷、种族歧视、性别歧视等其他社会问题依然在一定程度上制约休闲发展，而且人们总的休闲生活水平在经济不景气的年代里也会有所波动，但就世界范围内的休闲状况而言，休闲无疑大大朝民主化方向发展了。凡勃伦时代完全不需要辛劳的“休闲阶层”已几乎不复存在，取而代之的是一个更大的阶层。“无所事事不再被人羡慕，至少不能获得充分的尊重”①。因此，就休闲而言，大众休闲的发展极大地促进了社会公平。

另一方面，休闲的大众化、全民化也是资本逻辑与消费文化的必然要求。资本向休闲领域扩张的直接结果是对休闲的产业化开发。20 世纪以来，越来越多的商业机构直接与娱乐、休闲有关，为休闲而进行的各类生产活动和服务活动正日益成为社会经济繁荣的重要因素（与休闲活动密切相关的旅游产业如今已经成为世界第一大产业）。不仅如此，与休闲相关的设施与服务（如娱乐场所、公园绿地、艺术场馆、自然环境状况等）也日益成为衡量城市生活质量的重要指标，基于此，许多社区为了日后经济的繁荣，直接把这些休闲设施与服务看作进行投资的一部分。不断涌现的大量休闲商品与休闲服务自然要求相应力度的休闲消费。于是，休闲消费的全面化和全民化成为现代资本主导的社会的典型特征。如今，在时代需要与资本探索的合力作用下，休闲领域成为资本繁衍增殖的新兴领域。

---

① 〔美〕杰弗瑞·戈比：《你生命中的休闲》，康筝译，云南人民出版社，2000，第 55 页。

大力发展休闲不仅是商家倾力作为的方向，力争更好的休闲也是每一位普通民众努力的方向，维持一定的休闲消费已经内化为人们基本的要求。同时维护好国民的休闲生活也成为各国政府提升自身形象和稳定民意的重要渠道。休闲发展水平似乎正在成为时代进步的新标志。

综上所述，资本对劳动生产率的追求和对休闲的开发与利用，不仅大大充实了社会物质财富和闲暇时间，使人类社会终于迈进大众休闲时代，而且极大地丰富了休闲活动的方式与内容，从而提高了人们的休闲生活质量。丰富的休闲生活成全人们对美好生活的普遍追求与享受，满足人的多方面需要，促进能力的挖掘与发展，同时使人们可以共同享有人类历史积淀下来的文化、科学、艺术等一切文明成果。

第四章

资本逻辑下的休闲困境批判

从休闲的本真内涵出发，人类美好的休闲理想一直处于不同时代各种束缚与遮蔽之中。但步入现代工业社会以来，伴随生产力的高度发展以及科学、法制、民主、自由观念的极大进步，人类第一次拥有了一种特殊的自豪感与优越感，人们"感到自己跨上了马背，摆脱了自然的统治，有史以来第一次成了历史的主人……他感到自己是独立的个人，只服从理性的法则，只听从自己的决定"[①]。这表明发达社会生产力赋予人征服大自然的雄心以及通过自己的努力去追求"好的生活"的信心。在这样的时代里，作为古希腊人"好的生活"的象征——休闲，没有理由不得到充分的重视和发展。20世纪六七十年代，西方社会学家就一致认为人类社会正在步入一个全新的大众休闲时代，休闲将代替工作和劳动的地位成为生活的中心。如今这个预言似乎正在被证实：琳琅满目的休闲商品及休闲设施、丰富多彩的休闲项目、规范成熟的休闲机构及服务让人应接不暇，同时，无论何种身份地位，人人都可以纵情地消遣、豪迈地娱乐、潇洒地出游——这是一个名副其实的大众休闲时代！

以往所有时代的休闲都遭到不同程度的束缚，现代社会却大大推进了休闲发展，这不正是反映了现代社会的进步性吗？但问题恰恰就在这里。

① 〔美〕艾里希·弗洛姆：《健全的社会》，孙恺祥译，上海译文出版社，2011，第79~80页。弗洛姆在其著作中针对的是19世纪资本主义上层阶级，但在现代社会，这种自豪感已经成为一种普遍的社会情绪。

现代人可以十分明确地判断并同情以往时代人们的生存困境，例如，古希腊社会中奴隶“无闲”与“无自由”，中世纪宗教对人们的全方位统治，近代产业工人面临非人遭遇，但对自己的生存境遇失去了反思与批判能力。现代社会的休闲困境面临的最根本问题在于人们对困境无知觉，人们以为自己是在自主选择丰富多彩的休闲项目，自由自在地进行消遣娱乐，却没有发现自己一直在被管理和操纵。本章主要论述在物质文明高度发达、自由时间相对充裕的当代社会，最有利于人的本质发展的休闲如何陷入困境。

我国社会主义市场经济体制建立以来，一方面，经济实力和综合国力不断增强，社会物质财富和闲暇时间同步增长，休闲产业特别是旅游服务业迅猛发展，民众休闲生活水平尤其休闲消费水平不断提高；另一方面，市场经济条件下资本涌入休闲领域，休闲领域受效益原则支配，休闲异化现象开始在我国社会出现并呈蔓延趋势，这和社会主义关于人的自由全面发展的终极目标是相悖的。因此，本章对现代社会休闲困境的批判，虽然主要针对资本的控制，因而场景主要在西方资本主义国家，但批判的目的在于唤起我国民众以及相关政府部门对当前休闲异化现象警醒和意识自觉。这也是本书的主旨。

第一节　资本文明时代新的“无闲”

资本文明带来的不断提高的劳动生产率必然导致社会必要劳动时间不断减少和自由时间不断增加。这一点已经由各种明确的统计学数据（包括周工作时间、年工作时间、法定假期以及带薪休假时间的数据等）提供强有力的证明。但是，近些年来，相关情况的发展以及对事实的进一步研究逐渐让更多学者改变看法。

一方面，人们发现资本主义最长久的神话（即它毫无疑问地减少了人们长时间的辛苦劳作）是建立在对前工业时代的劳作时间的误解基础上的。事实情况似乎是，在前工业时代，人们生活可能贫苦，但劳作时间并不比工业时代长。相关统计数据表明，在西方，现代社会基本通行的8小时的日劳动时间也只不过是恢复到12~16世纪的水平。[①] 也就是说，所谓资本文明大幅减少劳动时间的说法其实只是相对近代资本主义（尤其是18~19世纪）的超长工作日而言的，就整个人类社会发展史来说，资本文明强大的生产能力无疑确实提高了人们的生活水平，但并非绝对减少了人们的劳动时间。最多只能说，在维持如此高的消费水平上，资本文明相对减少了劳动时间。但问题是在基本生存所需之外，维持现在无止境的高消费与适当的闲暇时间何者更为人们所必需，何者更是人们的真实需要。

另一方面，就资本无限增殖的本性而言，资本主义生产方式应该更偏好长工作时间，只要各方面条件容许，资本主义生产就会延长而不是主动缩短人们的工作时间。19世纪中叶以来，工作时间的不断缩短主要是工会及社会改革家们进行的旷日持久的斗争的结果，而并非资本的内部机制自行作用的结果。在第二次世界大战结束以后的这半个世纪里，在北美发达国家，大萧条之后，政府劳动政策的改变，工会斗争力度的明显减小，加上失业竞争的压力以及消费文化对高收入的诉求导致工人自身对减少工作时间的热情减退，这一切使缩短工作时间的进程中断。历史学家本·哈尼卡特指出，二战以后，40小时的周工作时间一直没有降下来。一旦整个社会没有了反对延长工作时间的氛围，工作时间的反弹就成为必然。加尔布雷思指出，"如果把1939年的收入作为最终的目标的话，那么，在接下来的25年内，劳动力应该被削减一半，但事实上，每周的实际劳动时间反而略有增加，这是一个引人注目的结果"[②]。美国学者朱丽叶·斯格尔在《过度劳累的美国人》一书中详细论述了美国社会从20世纪60年代至今工作时间不断增加的历程。斯格尔同时指出，现今这种较长的工作时间似乎是工人自己的选择，因为陷入工作—消费模式的人们更看重的是金钱而非空闲时间，为了更多的薪水，人们自愿选择加班、兼职等，从而导

① 〔美〕朱丽叶·斯格尔：《过度劳累的美国人》，赵惠君、蒋天敏译，重庆大学出版社，2010，第51页。

② Galbraith, John Kenneth, *The New Industrial State*, Houghton Mifflin Company, 1967, p. 272.

致现代美国人普遍忙碌和劳累。

尽管对于现阶段人们工作时间的增减，不同学者由于考察角度和参考的数据类型不同，可能有不同的看法，而且不同国家与地区的具体情况也不完全相同（西欧发达国家整体上比北美以及亚洲部分发达国家的工作时间少），但不可否认的事实是，为了维持时代要求的生活标准和生活方式，当今社会的人们并没有比前工业时代更为悠闲，或者至少没有资本主义先进的工业与科学技术理应带来的轻松与有闲，反而显示出更多的匆忙与疲惫。

一　高消费引发的高收入诉求导致实际工作时间增加

在技术进步与资源消耗的关系问题上有个著名的“杰文斯悖论”，即技术进步可以提高自然资源的利用效率，从理论上讲，其可以在一定程度上缓解资源短缺的危机，更好地满足人类的资源需求，但结果是效率的提高导致生产规模扩大，最终不但没有减少反而增加了对这种资源的需求，从而加快了自然资源的耗竭速度，同时给生态环境带来更大的压力。这就是技术进步与自然资源的利用及环境保护之间的悖论。如今，这种悖论同样适用于劳动效率与自由时间的关系问题。资本发展一直致力于提高劳动生产率以缩短生产的社会必要劳动时间，根据推理，劳动生产率提高节约了社会生产时间，自然会导致人们的自由时间不断增加，众多社会学家和未来学家正是根据这一点推断人类正在或即将步入由休闲主导的社会，从而生活得更加悠闲。但事实情况并非如此，劳动生产率提高的直接结果是出现更快的生产节奏、更大的生产规模和更多的产品，继而必然要求更高水平的消费。这就是问题的关键，即资本发展的路径是“高效率—高生产—高消费”，而不是“高效率—自由时间”。因此，资本本身并不生产“自由时间”，但它必然会生产出“高需求”与“高消费”，而这种“高需求”与“高消费”只会消解而非增加人们的自由时间。这就是劳动生产率与自由时间之间的悖论。

与近代资本主义社会利用新教伦理将劳动宣扬成一种职责和自我救赎的途径相类似，现代资本主义社会将消费宣扬为一种新的公民责任与伦理道德。大多数经济学家的观点是让消费者成为企业的救世主，他们认为消费者永远不会满足，只有全民范围的加速消费才能保证经济增长和社会发展。于是企业将广告作为攻克消费者心理的有力武器，走上了“强行推销”之路。广告商不仅推销生活必需品，还要说服人们购买那些实际上他们并不需要的产品。他们通过多样化的需求鼓吹不断激发消费者新的消费欲望，并通过各种精心谋划的手段（如在产品设计过程中有计划地让特定设备和性能过时，或者在广告中故意暗示与邻居、同事在攀比消费中的“区分”等）“有组织地创造不满意”，从而使需求不断增加。最终，一场制造无止境新需求的商业运动将包括雇佣工人在内的最广泛群体推向由“工作—消费”循环组成的消费主义陷阱。“高消费”不仅成为社会、经济发展的驱动力，还成为一些人获得价值感与存在感的重要依据。既然商家和媒体承诺通过消费可以获得一切，那么，与拥有更多的物质相比，人们对闲暇时间的渴望就退居其次。于是，高生产率被转化为高收入而非更多的休闲时间，这不但是企业的愿望，也成为员工们自愿的选择。

当“高效率—高消费”的循环成为现代资本主义社会的基本模式后。维持高消费所需的“高收入”便成为每一位社会成员的绝对命令。尽管高效率社会使人们的收入不断增加，但在奢侈品不断成为必需品的消费标准下，以及在按揭贷款、分期付款、信用卡透支等各种消费机制的诱惑下，人们很容易发现自己不够富有，甚至入不敷出。为了获得更多的薪水，人们不得不更加卖力地工作。《过度劳累的美国人》一书的作者指出，在美国，从20世纪80年代开始，不仅兼职情况普遍，加班时间也增多。“1989年5月，超过700万的美国人公开宣称他们至少有两份工作”，而“到1987年末，增加的加班时间相当于每年额外工作5周”。[①] 就世界范围而言，这一现象已普遍存在（除西欧一些高福利国家以外），在亚洲一些发达国家（以日、韩为典型）中更为突出。在中国，尽管经济发展

---

① 〔美〕朱丽叶·斯格尔：《过度劳累的美国人》，赵惠君、蒋天敏译，重庆大学出版社，2010，第33~34页。

阶段不同，但消费主义日益盛行，对高收入的追求加上经济发展水平本身的原因导致工作时间更是有过之而无不及。另外，就不同阶层而言，不仅公司等级阶层中的中下层普通雇佣工人为了维持家庭像样的消费普遍选择更长的工时，而且精英阶层的高薪白领延长工作时间的现象更加普遍。总之，消费主义文化让所有人陷入相对贫穷之中，“高收入、高消费、超工作量”成为一种无限循环的社会运动。杰弗瑞·戈比指出，“当生产力水平再次增长的时候，人们所要求的已不再是更多的空闲时间，而是更多的钱”①。

二　岗位压力迫使人们“自觉”增加工作时间

对于更长的工时，除了源于人们的高收入诉求以外，岗位竞争与失业压力也是重要影响因素。

其一，资本主义工业体系的典型特征之一就是高效率与高失业率长期相伴。这让对工作高度依赖的人时刻对失业心怀担忧，从而不得不卖力工作，表现出色。高失业率成为难以化解的现象与资本的利润最大化逻辑相关。一方面，在具备同等可以利用的劳动资源的情况下，企业主宁愿延长现有工人的工作时间，也不愿意雇用新的雇员。这是因为，基本工资以外的福利（各种保险、带薪假期和其他额外福利等）是按人头偿付的，而不是按工时偿付的，另外新增人员还会增加纳税、岗位培训等固定成本。权衡利弊之下，公司当然选择增加工作时间，而不增加雇用人数。另一方面，一定的失业率是资本主义工业体系的必要组成部分。波兰经济学家米哈乌·卡莱茨基就指出，“在永久性充分就业体制下，‘解雇’失去了作为惩罚措施的作用，雇主的地位会受到影响”②，因此，从企业主的立场出发，长久的充分就业是不可靠的，失业才是资本主义工业体系的正常组成部分。实践证明，过低的失业率导致的劳动力市场紧缩会给企业带来巨大创伤，于是，企业、政府和经济学家之间就达成一致意见——国家无法承受过低的失业率。结果是，在一些人无奈失业的同时，另一些人无奈地

① 〔美〕杰弗瑞·戈比：《你生命中的休闲》，康筝译，云南人民出版社，2000，第118页。

② 转引自〔美〕朱丽叶·斯格尔《过度劳累的美国人》，赵惠君、蒋天敏译，重庆大学出版社，2010，第82~83页。

过度劳动，即出现延长工时和失业并存的悖论。

其二，随着各行各业对专业技术水平、管理能力的要求越来越高，且各种技术的更新速度越来越快，很多雇员（尤其是白领阶层）发现工作越来越难以应对，需要耗费更多的时间与精力，如果不延长工作时间，他们就很难在工作中出类拔萃。因此，对于许多白领员工而言，即使不是有偿加班，他们也会自觉延长工作时间。通常情况是，上班的时间提早了，下班的时间推后了。为了自己的发展前途，或坐稳现在的位子，延长工作时间具有无形的强制性。另外，对于雇主而言，全球化境遇下激烈的市场竞争迫使他们更严格地要求员工。雇主宁愿增加工资，也不会降低对雇员的要求，或减少他们的工作时间。

因此，尽管休闲产业已经成为世界范围内的新兴产业，“休闲社会”的旗号也早已打出，但在全世界大多数国家中，工作至上的理念仍然强劲。整个社会并没有如统计学数字所预示的那样悠闲下来，反而是，生活节奏越来越快，人们仍然要为生计（标准自然是提高了）忙碌奔波，甚至疲惫不堪。经济学家凯恩斯将现代社会劳动生产率普遍提高以后人们仍然致力于实现经济目标而卖力工作的现象归因于整个进化史使人们形成的为生存而斗争的本能和习惯。这一观点显然是说不过去的，岗位竞争与失业压力导致的工作时间增加产生于资本的内在规定性，所谓“主动”延长工时实际上仍然是被迫而为。同样，造成这种现象的根源也不能用资本家对获利的贪婪来解释。资本主义企业要追求利润最大化，盈余情况决定它们的存亡。资本家确实掌握着工人的生计大权，市场规则却决定了资本家的生死存亡。不过，资本家并不是运行程序的终端，其背后是资本运行规律和市场规则。

三 被蚕食的自由时间

除上述典型因素对人的自由时间进行侵占之外，还有其他一些原因造成对自由时间的侵占。首先，对于高消费，除了要求延长工作时间以挣得高收入以外，消费本身也会耗费大量时间。无论在实体店还是通过电视、网络购物，从令人眼花缭乱的商品世界中挑选性价比高、最适合自己的商品都是比较费时的事情（尽管商家和广告媒体的服务已经非常周到体贴）。同时，为了保持产品的精致、品格和功能不减退，人们还需要定期花费时间对其进行维护、保养（汽车就是典型）。其次，家用电器的普及并没有使家务劳动的时间明显减少。机器节省的时间又被其他家务填满。做清洁的标准提高，带孩子的要求更严格，做饭也变得更复杂。朱丽叶·斯格尔在综合研究相关调查数据后发现，从20世纪20年代到80年代，美国家庭主妇（全职主妇）的周工作时间一直维持在大约52个小时，90年代的数据略有下降，其间家用技术却发生了巨大变革。[①] 有研究者甚至提出，复杂的技术非但没有减少，反而增加了花在家务上的时间。另外，在工作、消费之外，学习成为现代每个社会成员必须做的事情。我们需要接受的知识与信息每日都在增长，这些知识通常会涉及复杂的技术原理，而且更新换代极为频繁。除正规的学校教育与企业定期的岗位培训外，成人自我再教育无疑要占用大量的自由时间。

对进步和高效率的崇拜使人们相信物质进步与劳动生产率的提高不仅会让我们的生活比以往更加富足和舒适，自由时间也会自动不断增加。而实际上，就正处在职场的主流群体来说，闲暇时间的增加是十分有限的，不仅官方规定的自由时间被以上各种因素侵占，而且社会带给个人前所未有的压力还会从主观上侵蚀人们内在的自由时间，因为过重的忧患感和焦虑感会使人即便在自由时间里也无法感受到闲适。正因如此，尽管某些记录在册的研究结果显示人们的平均工作时间在缩短，但“公众仍然确信他们的休闲时间正在减少”[②]。

第二节　休闲的高效合理化

当今时代，时间已成为最重要的资本，所有对时间的分配都成为一

① 〔美〕朱丽叶·斯格尔：《过度劳累的美国人》，赵惠君、蒋天敏译，重庆大学出版社，2010，第95~97页。

② 〔美〕杰弗瑞·戈比：《你生命中的休闲》，康筝译，云南人民出版社，2000，第67页。

种理性的经济计算。对于每一件事情，人们都会权衡是否值得花时间去做，人们通过加快每件事情的进程或在同一时间内做几件事情，来提高单位时间的效率，直到所有时间资源都得到最合算的分配而给自己带来最大收益。在这种时间观念下，“人们无论做了多少都嫌不够，事情无论发展多快都嫌慢”[①]，在一项覆盖31个国家的调查研究中，研究者对城市居民的走路速度进行随机测定，并与20世纪90年代美国心理学家罗伯特·雷文教授提供的数据对比发现，人们的平均行走速度提高了10%。[②]这说明在过去的十几年里，人们的生活节奏在不断加快。生活中，人们对必要的几秒钟的等待也显得极不耐烦：人们开始受不了电脑开机的时间，嫌微波炉加热食品太慢，在等待电梯、红绿灯、地铁、公交时更显得急不可耐。同时，任何能加快速度的技术和措施（如快递、快餐、快车、快讯等）都大受欢迎，“快”成为一种时代精神。英国社会批判家普里斯特利把时间分为“外在时间”和“内在时间”。“外在时间”是指钟表呈现的线性流逝的时间，“内在时间”是指人内心主观感觉到的时间。他指出，“如果我们变成钟表时间的奴隶，并以一种吝惜的方式去利用它的话，我们的生活内容将变得机械单调和枯燥乏味，那么，内在时间便不复存在了”[③]。尽管对“内在时间”的控制可能会更符合经济理性，使我们取得更大的物质成就，但这种控制不利于丰富我们的经历和提高生活的幸福水平，它甚至会让我们与生活本身擦肩而过。

与在生产领域拼命地提高劳动效率一样，如今人们也在拼命地提高休闲效率。人们对休闲做出了越来越细致的控制，对休闲的时间、地点、活动、方式都进行精心计划与管理，以在更少的时间里获得更多的休闲体验。于是，人们总是在每一个节假日和其他可能的自由时间里依据高效、合理的原则安排自己满意的各种休闲活动，然后匆忙地“赶”着参与一个接一个的活动，以从未有过的速度消费和体验生活。但这种细致的谋划

---

① 〔美〕杰弗瑞·戈比：《你生命中的休闲》，康筝译，云南人民出版社，2000，第68页。

② 覃立、马卫平：《对快的叛逆　对慢的向往——“慢生活”运动对休闲体育的启示》，《体育学刊》2008年第3期。

③ Priestley, Joseph B., *Man and Time*, Aldus Books Limited, 1964, p. 66.

并不强调休闲活动对于主体的特殊意义，而将重点放在参与活动的事实本身和参与的数量上。也就是说，休闲不再被看成在尽可能少的外界干扰下的精神活动，而是人们在自由时间里所从事的一系列具体活动。对休闲做出控制的目的正是要在极端稀缺的时间内从事更多令人愉快的活动。一方面，休闲工业体系极大地满足了公众对高效休闲的需求。休闲服务业精心打造形式多样、内容丰富的休闲活动，从组织形式到设施配备一概为休闲参与者准备到位，人们只需付费即可立刻享受野营、健身、郊游等各类休闲活动，极大减少了人们准备休闲活动所需的时间和精力，从而提高了休闲效率。这些活动可能范围广泛、形式多样，但也因为批量提供，所以越来越标准化，从而使休闲活动失去独特性和内在价值，变成仅仅有利于取得某种象征性地位的活动，而对休闲主体的精神层面的影响甚微。另一方面，高效率的服务和设施也使休闲的具体过程更加匆忙。在托马斯·古德尔和杰弗瑞·戈比合著的《人类思想史中的休闲》中有这样一段描述：

> 假设你在北美的收费公路上驾车，你会发现附近只有快餐馆，这样的设施会促使你匆忙行事：车停得尽可能近些，排队时要找人数最少的队伍；看看柜台后面忙乱的活动吧！雇员们小步紧赶，而且为了缩短交流时间，他们讲着设计好了的语言。你得到的是完全烧好的、能在两三分钟内吃完的食品。你必须在十分钟内吃完饭并离开餐馆；或者也可以所有的事情一起做，比如，边吃饭边开车便可以节约十分钟。①

接着，该书作者指出，“快餐馆使你忙上加忙，但这是为什么呢？你是为了什么目的而匆忙呢？假如你在吃饭的时候匆忙，你可能在做其它活动时匆忙，最终你在自己的全部生活中匆忙；但假如你的全部生活是如此

---

① 〔美〕托马斯·古德尔、杰弗瑞·戈比：《人类思想史中的休闲》，成素梅、马惠娣、季斌、冯世梅译，云南人民出版社，2000，第148页。

匆忙，那么你又在多大程度上享有幸福?"① 事实的确如此，快餐馆以及现代社会的其他可以为我们节省时间的各类技术和设施实际上反而让我们更加匆忙，整个社会节奏因为这些节省时间的机器、设施和机构而变得越来越快。而当自由时间与工作时间一样需要被计量和谋划时，人们在闲暇时间里也要扮演不断进行理性计算的经济人，休闲的性质也就被彻底改变。社会学家托马斯·古德尔、杰弗瑞·戈比指出：

> 就休闲和娱乐而言，"有效地利用时间"可能仅仅意味着我们遭受了更多的困扰，用30秒钟弹奏一首华尔兹舞曲，可能会使我们丢失掉其中的重要部分；或者你在一个晚上快速阅读马克·吐温的小说，那么你可能根本体会不到那些诙谐幽默的精华。②

真正的休闲是和闲适联系在一起的，只有在闲适、平和的心态下，人们才能放松身心，修复工作中的体力和精神损耗。但这种"赶趟儿"型的休闲一点也不比工作轻松，劳动领域中的尽责和顽强的精神同样统领自由时间。人的身心无法得到真正的放松，人们在"休闲"中也照样需要不停地谋算，不停地控制，竭尽全力。结果是，人们越是对时间精打细算，就离真正的休闲越来越远。人们计算好时间聚会、吃饭、打保龄球，甚至计算好时间陪家人一起度周末，每一小段时间都因为不同的目的而分得清清楚楚，人们就不要奢望在这种精打细算中获得丝毫快乐了。

因此，在现代人谋求自己的幸福时，失落和忧虑总是困扰着他们。他们匆忙敛财、匆忙体验与行乐，唯恐错过了走向幸福的最佳时机。资本主义社会机制鼓励这种匆忙，不但对人们的忧虑视而不见，而且试图使人们相信财富、享乐与满足欲望本身就是幸福。但正如耶可拉维茨所指出的：

---

① 〔美〕托马斯·古德尔、杰弗瑞·戈比：《人类思想史中的休闲》，成素梅、马惠娣、季斌、冯世梅译，云南人民出版社，2000，第148页。

② 〔美〕托马斯·古德尔、杰弗瑞·戈比：《人类思想史中的休闲》，成素梅、马惠娣、季斌、冯世梅译，云南人民出版社，2000，第108页。

如果你整天全神贯注于情感、需求和欲望的话，你就不会找到一个更加自由、更具自发性和创造性的自我；你会变得心胸更加狭窄、更加自私、更加封闭，你不会成长，只会萎缩。[①] 休闲与其他活动的不同在于，它可以使我们更多地释放自己、了解自己，它可以孕育仁善、欢乐、美和安宁。席勒在其游戏理论中指出，人的游戏与美密切相关，“艺术和更为艰深的生活之艺术的大厦”都是以人的游戏本能所创造出的生活形式——“美”的原则为基准的。皮珀也认为休闲具有与宗教相似的整合功能，它使人有机会表现出全部的自我，并使人心怀感谢和喜悦。但是皮珀明确指出，我们无法借助外界条件“促使”休闲感产生。任何精心筹划的行乐都不会自动引发休闲感。休闲感意味着“我们怀着喜悦的心情去接受我们在宇宙万物中的这样一种生活和我们在生活中的位置”[②]，只有那些向生命敞开心扉的人才能获得这种状态。这与古希腊哲人强调休闲是一种沉思冥想的状态的观点不谋而合。皮珀强调休闲的态度“不是干预，而是自我开放，不是攫取，而是释放，把自己释放出去，达到忘情的地步，好比安然入眠的境界（人唯有全然释放自己，才可能真正安然入睡）”[③]。从这个意义上说，现代社会的高效合理、收益最大化原则以及现代人的患得患失与贪婪追求的急切心态正好与休闲感的获得背道而驰，因此，大部分现代人被真正的休闲拒之门外，他们无法向世界展现真实的自我，也无法确定自己在这个世界中的位置。正因如此，更多的现代人或者将精力集中在工作上，通过忙碌来逃避内心的痛苦，在物质收获中寻求慰藉；或者匆忙追逐各种具体的“休闲”体验，通过形式上的休闲来给自己贴上安慰标签，事实上，他们从未体会到任何休闲感。可见，“匆忙”既是阻碍人们获得休闲的原因，也是在无法获得休闲后人们重新选择的结果。

---

① 参见耶可拉维茨（Yankelovich）撰写的“The Impact of Changing Social Values on Leisure”，转引自〔美〕托马斯·古德尔、杰弗瑞·戈比《人类思想史中的休闲》，成素梅、马惠娣、季斌、冯世梅译，云南人民出版社，2000，第241页。

② 〔美〕杰弗瑞·戈比：《你生命中的休闲》，康筝译，云南人民出版社，2000，第179页。

③ 〔德〕约瑟夫·皮珀：《闲暇：文化的基础》，刘森尧译，新星出版社，2005，第42页。

第三节　休闲的消费主义

消费主义主要是指开始于二战以后的美国，而后普及于西方发达国家，最终辐射到整个世界范围的一种以高消费为导向的文化态度、价值观念或生活方式。其主要原则就是追求体面的消费以及无节制的物质享受和消遣，并把这些追求当作体现人生价值、获得幸福生活的主要途径。消费主义从一开始就遭到批判理论家的质疑，卢卡奇的物化理论，霍克海默、阿道尔诺、马尔库塞等对商品逻辑和大众商品文化的批判，波德里亚对消费主义的批判，列斐伏尔的日常生活批判理论等纷纷揭示出资本主义工业体系通过人为制造虚假需求进行“强迫购买”的真相以及消费主义的异化本质。但消费主义是由资本自身的运行机制延伸而来的，具有必然如此的内在依据，因此，尽管遭受批判不断，但经过半个多世纪的发展，如今消费主义潮流不仅将发达国家的不分阶层、种族、贫富的所有群体都卷入其中，而且在众多发展中国家（包括像中国这样后发的市场经济国家）也大为盛行（尤其是城市地区）。消费主义向休闲领域渗透形成了消费主义休闲。

一　休闲成为纯粹的消费活动

与传统休闲中偶尔的消费（只限于某些休闲活动所需的特定器材和设备等，但绝不会成为休闲的主要因素）不同，现代休闲直接与消费活动捆绑在一起。一方面，休闲时间被购物活动严重侵占。购物中心不仅利用人们的休闲时间出售商品（各种大型节日，如西方的圣诞节、中国的春节等的销售情况甚至决定众多商家一年的发展情况），而且会直接迎合人们的休闲口味推销商品。今天的商场已经由过去单纯的购物场所变成集娱乐、休闲、购物于一体的美妙场所，大型商场不仅环境优美、气温适宜，步入其中给人一种神清气爽的舒服感觉，而且提供一系列完备的消费项目，如咖啡馆、俱乐部、电影院甚至医务室……让消费者可以在其中从容而尽情地消费，甚至流连忘返。另一方面，休闲活动本身成为消费活动。如今，所有的休闲（包括钓鱼、登山、健身、旅游等）都可以花钱购买。在休闲产业打造的休闲“巨型市场”里，休闲设备和器材、休闲服务、休闲项目甚至休闲理念一应俱全。为了让人们更方便快捷地进行休闲选择，众多度假区、休闲俱乐部以及主题公园开始用“自助餐馆”的方式做休闲规划，将人们热爱的各种休闲活动制作成一个个可相互替换、可自由选择的“标准单元”，这些休闲项目设计规范、与之相关的服务周到，就像即食食品一样可供消费者直接享用。公众可以像在自助餐馆的菜单上选择饭菜一样根据自己的休闲时间与经济预算直接选择对应的休闲单元付费休闲。除此之外，资本还发挥其极限的开发作用，不断制造出各种新奇的休闲体验项目并出售，以迎合人们对新鲜感与刺激的追求。如今人们不仅花钱买商品，也花钱买体验。“一波一波的时尚和新创造的休闲活动使人们不断地追求新奇，人们一边加速对休闲体验的消费，一边考虑什么更值得消费。”①

当休闲成为种种消费活动时，人们就成了休闲被动的消费者。消费主义文化让人们相信这些用钱买来的休闲能带给人快乐和自由，但实际上，它有可能恰恰损毁了人们的休闲。在人们付费参与各种休闲活动的过程中，重要的问题似乎变成活动本身。休闲服务和公共机构也开始认为，“人们所追求的似乎不是快乐、独处、美感、竞争、个性和乐趣，而是追求打垒球、航模、舞会、戏剧或集邮等具体的活动”②。弗洛姆对此表示深深的忧虑。他指出，人们“‘消费’球赛、电影、报纸、杂志、书籍、讲座、自然景色、社会集会，就像消费他所购买的商品一样，采取的都是异化的、抽象的方式。他不是积极地参与，他想‘接纳’所有可以得到的东西，得到尽量多的娱乐、文化以及诸如此类的东西”③。也就是说，人们想通过囤积各种休闲产品和体验来丰富自己的生活，提升幸福和自由

① 〔美〕杰弗瑞·戈比：《你生命中的休闲》，康筝译，云南人民出版社，2000，第54页。

② 〔美〕托马斯·古德尔、杰弗瑞·戈比：《人类思想史中的休闲》，成素梅、马惠娣、季斌、冯世梅译，云南人民出版社，2000，第229页。

③ 〔美〕艾里希·弗洛姆：《健全的社会》，孙恺祥译，上海译文出版社，2011，第111页。

程度，但这些活动都是经资本打造和推销的，并非来自人们的自发性行为，人们在活动中只是被动地“接纳”，因而无法从中获得创造性体验。正如弗洛姆所分析的：

> 当我在进行创造性的、自发的活动时，比如我在看书、欣赏风景、同朋友交谈之时，我自身之中会发生某些事。有了这些经历之后，我便不同于先前的我了。而且异化的享乐形式中，我自身之中什么也没有发生；我消费了这个或那个，而我自己则没有什么变化，留下的只不过是一些对于所做的事情的记忆而已。[①]

二　休闲的符号化

波德里亚批判的商品符号价值对真实意义的消解的情况在消费主义休闲中同样存在。凡勃伦在《有闲阶级论》一书中指出，新生的资本主义上层阶级所有的商品消费和休闲行为都是炫耀性的，目的是使自己与普通人区别开来。尽管随着社会生产力的极大提升，当今社会绝大部分群体（至少是中产阶级）拥有了凡勃伦时代上层阶级所炫耀的财富与实力，但休闲的“地位性”价值仍是人们争相追逐的对象。只是当中等阶层也可以自如地消费时，上等阶层“炫耀的不再是过多地购买物品，而是要体现出更为精致的‘个性’和品味特征……展示自己的高贵气质，展示自己既懂得如何‘出尽风头’，又懂得如何更好地生活”[②]。对于普通大众而言，尽管有些人倾向于炫耀自己的所有物，但很显然，个性、时尚以及流行精神正日益成为休闲活动普遍的追求。因此，一方面，休闲产业致力于凸显休闲商品与服务的精致、韵味及内涵。郊区宁静肃穆的度假区、休闲会所对服务人员严格的细节要求、众多复古性质的休闲商品与活动等均是商家迎合身份性休闲需要的产物。另一方面，商家利用传媒的引领作用，

---

① 〔美〕艾里希·弗洛姆：《健全的社会》，孙恺祥译，上海译文出版社，2011，第111页。

② 〔美〕托马斯·古德尔、杰弗瑞·戈比：《人类思想史中的休闲》，成素梅、马惠娣、季斌、冯世梅译，云南人民出版社，2000，第115页。

极力创造休闲商品的符号意义。由市场经济规则主导的社会很难给人们提供一种认同感、确定感和归属感，人们只能通过消费符号的差异性来显示个性以获得确定感，建构身份地位以获得归属感。弗洛姆就分析了这种符号价值对消费者的暗示功能，“一瓶可口可乐在手，我们喝的是广告上那幅少男少女畅饮的景象，是‘喝一口使你精神百倍’的标语，是伟大的美国习惯，我们很少去品尝味道”①。

休闲的符号化现象在中国也开始凸显。对于已经富起来的部分国人而言，以什么样的方式休闲，应该消费哪些物品和服务，如何保养身体、养护气质，一个身份体面的人应该到过哪些地方，以什么样的方式旅游，怎样体现自己的学识品位，这些就涉及休闲所具备的与地位、身份相匹配的符号性力量。在休闲中，人们更关心的是如何获得这种符号性力量，而不是在休闲中实现知识的增长和意义的收获。出国旅游在中国流行开来以后，具有相应身份和能力的人便趋之若鹜。其中多数旅游者随波逐流，正如一句顺口溜所说“上车睡觉，下车拍照，回来一问啥也不知道”。可见，在这种休闲行为中，旅游者并没有把出国旅游看成一次文化经历、文化体验，而只是为了满足自我的感官需要，同时进行一种炫耀性消费，以实现相应的旅游层次所包含的符号性价值。同样的追求还体现在人们对饮食、服饰、健身、房屋装潢等其他休闲消费上。肯德基、麦当劳在中国的红火自然不是因为中国人更有钱消费，也不是因为其味道更加符合中国人的胃口，中国人在更大程度上是在消费一种洋文化的符号价值。显然，在更重视象征意义的休闲活动中，主体自身的真切需要与感受遭到忽视（甚至是有意无视），休闲成为“一种与我们具体的、实在的自我相疏离的幻想性行为”②。资本主义消费文化却极力助推这种符号化休闲趋势，因为它能促使人们在休闲消费的攀比中“你追我赶”，最终有利于资本的利润增长。

---

① 〔美〕艾里希·弗洛姆：《健全的社会》，孙恺祥译，上海译文出版社，2011，第108页。

② 〔美〕艾里希·弗洛姆：《健全的社会》，孙恺祥译，上海译文出版社，2011，第109页。

三 休闲的娱乐化及放纵倾向

在古希腊哲人的休闲观中，休闲是一种严肃的实现活动。亚里士多德曾明确指出，娱乐消遣虽然令人愉悦，但真正的休闲不在于此。而在消费主义与享乐主义共同盛行的当今时代，休闲已经脱离了与严肃文化（需要进行思考、富有审美意义或批判精神的文化）的所有关联，与消费、娱乐、消遣成了同义词。汉娜·阿伦特说，大众社会“并不需要文化，它要的是娱乐，娱乐业提供的产品被社会消费，就像消费其它任何商品一样”①。实际上，大众社会之所以青睐娱乐文化而疏远严肃文化除了因为前者更易于参与以及更能消释现代社会带给人的普遍压力之外，整个社会的价值观训导是更重要的原因。A. 赫胥黎在《美丽的新世界》所说的“如今人人都快乐”的原则以及大卫·理斯曼提出的“快乐道德”反映的就是这种娱乐文化的强制。丹尼尔·贝尔在《资本主义文化矛盾》中指出，美国文化的主要内容“是享乐主义的、关心戏耍、娱乐、炫耀和快感——并带有典型的美国强制性”，结果是，“‘娱乐道德观’取代了强调干涉冲动的‘向善道德观’”②。沃尔芬斯坦教授也指出：“在过去，禁忌冲动的满足让人感到羞愧，如今，不能获得快乐让人看不起自己。”③ 也就是说，在消费主义、享乐主义文化背景下，人们没有理由不放开脚步去追寻刺激和快乐。娱乐既是大众的权利，也是大众的“责任”。

在当今中国，尽管娱乐尚未成为一种强制性道德责任，但既会赚钱又会娱乐的人显然更受尊敬。近些年来，以麻将馆、歌舞厅、夜总会、大型浴场等为载体的消遣休闲更加盛行，娱乐消费市场成为休闲产业的主要市场。与此形成鲜明对比的是，尽管人们的闲暇时间一直在增加，但人们用于阅读等发展型休闲的时间比例偏低。全国国民阅读调查显示，1999～

① 汉娜·阿伦特：《社会与文化》，转引自〔美〕丹尼尔·贝尔《资本主义文化矛盾》，严蓓雯译，人民出版社，2010，第47页。

② 〔美〕丹尼尔·贝尔：《资本主义文化矛盾》，严蓓雯译，人民出版社，2010，第75页。

③ 玛莎·沃尔芬斯坦：《娱乐道德观的产生》，转引自〔美〕丹尼尔·贝尔《资本主义文化矛盾》，严蓓雯译，人民出版社，2010，第75页。

2005 年，中国人的阅读率下降了 11.7 个百分点。[①] 2008 年以来，尽管国民综合阅读率呈上升趋势，但主要增长来自手机等数字化阅读，数字化阅读由于快捷方便，确实有利于提高国民阅读接触率，但这种方式只适合快速、碎片化的浅阅读，难以形成系统的深阅读。2018 年，全国国民阅读调查显示，我国成年国民人均每天手机接触时长为 84.87 分钟。由于手机和互联网成为国民日常接触媒介的主体，纸质图书、报刊的阅读时长均有所减少。[②]

社会评论家古德曼（Paul Goodman）认为，享乐不应该作为一种目标，它只是活动进展中的一种情感状态。这一观点和亚里士多德关于快乐只是作为产生出来的东西完善着实现活动的观点一致。也就是说，休闲应该是更本质的实现活动，快乐产生于休闲并使休闲更加美好，但其本身不能成为目的。古德曼指出，任何以享乐为目标而参与的行为都注定要失败，从单纯的娱乐方式中不可能产生新的文化。因为当享乐本身成为目的时，其对感官的刺激的要求胜过一切，这样，在整个进程中不会有真正具有意义的活动发生。单纯的享乐只是“给我们的神经不同程度的刺激，不会使人的内心充满快乐”，而“一种没有快乐的生活又迫使人去追求新的、越来越富有刺激的享乐”。[③]

于是，现代人更加热衷于进行充满刺激的新奇体验，如漂流、蹦极、探险等各种极限挑战。同时，我们看到赌博、吸毒等活动在各个国家依然屡禁不绝。据专家估计，在美国，至少有 300 万人为了消遣而吸食海洛因。[④] 文森特·帕里罗等在《当代社会问题》一书中分析道，海洛因的吸食人数在 20 世纪 90 年代迅速增加与传媒和现代摇滚文化的日益发展一致。个别电影演员、流行歌手吸食海洛因对青少年有强烈的示范作用。

① 《全国国民阅读调查显示我国国民阅读率持续走低》，中华人民共和国中央人民政府网站，http://www.gov.cn/jrzg/2006-04/21/content_260568.htm，2006 年 4 月 21 日。

② 《第十六次全国国民阅读调查结果公布》，《光明日报》2019 年 4 月 19 日，第 9 版。

③ 〔美〕埃里希·弗罗姆：《占有还是生存——一个新社会的精神基础》，关山译，生活·读书·新知三联书店，1988，第 124 页。

④ 〔美〕文森特·帕里罗、约翰·史汀森、阿黛思·史汀森：《当代社会问题》，周兵、单弘、蔡翔译，华夏出版社，2002，第 73 页。

"海洛因时尚"（heroin chic）[①] 成为广告、时装摄影和电影的一部分，好莱坞甚至出现了大量以海洛因为主题的电影，这无疑推动"海洛因时尚"发展。在当今中国，也存在休闲的放纵现象。对于某些群体而言，休闲几乎就等于吃喝玩乐。他们在闲暇时间或沉迷于酒桌上下，喝得天昏地暗；或沉醉于"方城之战"，且夜以继日；或流连于浴场、舞厅、夜总会，不到黎明不收兵。某些休闲场所潜在的"特殊服务"更是让休闲完全背离其本意，成为庸俗不堪的"伪休闲"，甚至是触碰道德和法律底线的"反休闲"。

在消费和享乐成为道德责任和生活目的之后，休闲与幸福之间的联系变成消费享乐与幸福之间的联系。但是，消费带来的满足是通过攀比或胜过他人的方式实现的，事实上，在任何时代，上层阶级都比下层阶级对生活更满意，但是相对富裕国家的上层阶级并不一定比贫穷国家的上层阶级对生活更满意。可见，幸福与消费之间的联系是相对和不可靠的。牛津大学心理学家迈克尔·阿盖尔认为人类获得满足的三大主要源泉是"社会关系、工作和闲暇"[②]，但不幸的是，在消费社会中，不仅工作因受制于高消费的价值标准而导致更长的工作时间，而且社会关系与闲暇也在人们倾力消费的过程中接近枯竭或停滞，休闲在纯粹的消费享乐中甚至变成"非休闲的反休闲"（unleisurely）或"逆休闲"（anti-leisure）。[③] 这样，在消费社会中，"许多人感觉到我们充足的世界莫名其妙的空虚——由于被消费主义文化所蒙蔽，我们一直在徒劳地企图用物质的东西来满足不可缺少的社会、心理和精神的需要"[④]。罗伯特·麦克伊夫在描述当今社会的"巨大的空虚"时指出：

无数声音在召唤我们去接近、去理解和享受，但我们的耳朵却对

① 〔美〕文森特·帕里罗、约翰·史汀森、阿黛思·史汀森：《当代社会问题》，周兵、单弘、蔡翔译，华夏出版社，2002，第73页。

② 〔英〕迈克·费瑟斯通：《消费文化与后现代主义》，刘精明译，译林出版社，2000，第23页。

③ 〔韩〕孙海植等：《休闲学》，朴松爱、李仲广译，东北财经大学出版社，2005，第83页。

④ 〔英〕迈克·费瑟斯通：《消费文化与后现代主义》，刘精明译，译林出版社，2000，第23页。

此无动于衷。我们拥有的是闲暇，而非使用它的技巧，因此，闲暇变得一片空虚，而由于接踵而来的不安，人们只有在虚幻的兴奋和幻想中寻找逃避，不再回到属于他们自己的土地上。[①]

真正的休闲活动是一种再创造活动，其深刻意义在于把人们吸引到一个更为高远的层面上，在那里，人们会发现这个世界的美丽、宁静和快乐。事实上，正如杰弗瑞·戈比所说的那样，如果我们能以欣赏的态度看世界，而不是极力去征服和消费，我们就会发现很多休闲和享受几乎都是免费的，“例如唱歌、在林中漫步，慢跑，自己编故事或者给孩子们讲故事，和朋友一起聊天，看着月亮爬上了一座高楼，或者干脆就休息一会儿，这些休闲方式都简单而美好”[②]。而当我们把休闲等同于消费与享乐时，我们不仅牺牲了与这个世界和谐相处的美妙感受，也牺牲了我们固有的想象力和内在的智慧。

第四节　休闲丧失自主性

当古希腊哲人将休闲作为目的和理想来追求时，在他们看来，休闲是和自由联系在一起的，休闲可以使人毫无羁绊地直面人生、幸福以及宇宙真理等终极问题并进行深刻的思考。因此，亚里士多德一直强调劳动只是手段，休闲才是目的。现代人越来越重视休闲，是因为在休闲中，人们可以摆脱在劳动时间里所面临的规则、秩序、效率等的束缚，根据自己的意愿，自由选择自己想做的事情。这时，人成为自己的主人，完全回归自我，在活动中人支配物，而不受物的支配。从客观条件来看，人们可以凭借更丰实的经济基础、更多的自由时间，自由地选择自己喜欢的方式进行休闲，从而享有前人无法比拟的更充分的自由。事实上，资本主义工业社

① 转引自〔美〕文森特·帕里罗、约翰·史汀森、阿黛思·史汀森《当代社会问题》，周兵、单弘、蔡翔译，华夏出版社，2002，第36页。

② 〔美〕杰弗瑞·戈比：《你生命中的休闲》，康筝译，云南人民出版社，2000，第171页。

会中的休闲恰恰失去了自由的特性。打着休闲和自由旗号的现代休闲产业带给人们的只是虚假的休闲自由，丰盛的休闲商品和服务甚至成为控制的帮凶，因为它可能对控制进行覆盖，让人难以察觉，从而导致马尔库塞所说的“一种舒舒服服、平平稳稳、合理而又民主的不自由”[①]。正因为控制难以被察觉，所以人们无从反抗，最终人们只能在不断的顺从下承受莫名的空虚与焦虑，这是现代社会大众的普遍情绪。这样，人类的生活被塞进了光鲜的物质自由，却以牺牲意志自由为代价。

一　资本利润的方向规定着休闲发展的方向

由于资本不同发展阶段具有不同的特点，休闲的合理性依据和发展模式会相应改变。资本主义早期，工人娱乐合理化的基础是出现较少的旷工现象、较低的雇员更换率以及工人具有越来越高的生产积极性和工作能力。政府和资本家通过一系列改革希望把那些大众化的、没有固定形式和规则的娱乐活动转变为有规则、有秩序的活动（包括对小酒馆、杂耍戏院等大众娱乐场所的整顿），目的是使工人的行为更加合理，使工人更加认同工业制度下的价值理念。现代资本大力推崇休闲在于休闲有利于促进消费以及休闲本身可以成为产业。大规模的休闲消费不仅有利于资本主义经济良性运行，还有利于促进工人心甘情愿地卖力工作。一旦农民和工人“学会要过富裕的生活……现代世界的组织，包括公园、娱乐和‘休闲服务’就会被具体化”[②]，朝产业化方向发展。于是，休闲发展越来越受到工具理性和效益原则的支配，走向高度合理化和组织化。

当前，休闲的产业化发展已在全世界范围形成规模，人们休闲生活的方方面面都被纳入产业化系统，从最简单的休闲器具、休闲设施到休闲场所、休闲方式直到休闲需求和休闲理念全都由休闲产业一一打造。而在休闲产业无法达到的地方，资本便会通过需求引领或对其实施改造或使其荒

---

① 〔美〕赫伯特·马尔库塞：《单向度的人——发达工业社会意识形态研究》，刘继译，上海译文出版社，2013，第3页。

② 〔美〕托马斯·古德尔、杰弗瑞·戈比：《人类思想史中的休闲》，成素梅、马惠娣、季斌、冯世梅译，云南人民出版社，2000，第120页。

废。这里，休闲产业扮演着希腊神话中“铁床匪”[①] 的角色，为人类休闲制作了一张高度合理化的产业之床，对于与这张床尺寸不合的部分，一律通过拉长或削短的措施，使之符合商业化标准。于是，凡是直接可以制作成商品和服务的休闲活动，都获得十足的发展。这一点从世界各地井喷式兴盛起来的旅游业、娱乐业可窥一斑。除此之外，凡是仍有商品潜力的地方，资本都不遗余力地进行改造，极力去除其中的非商业化元素，将其打造成标准、规范、可打包出售的商品。结果便是当代休闲产业对人们日常生活的全面入侵：从民俗节日庆典、饮食服饰文化、身体保健，直到婚嫁仪式、亲友聚会等，如今都成为休闲产业大有作为的领地。不过，其中传统的、个人的、含有情感的成分或者被资本无情地“削去”，或者变为做作的、走过场式的语言及符号游戏。尽管如此，有些休闲活动始终是资本无法涉及的，如陪伴亲人、给孩子讲故事（资本也发明了讲故事的机器，不过被证明实在无效）、享受清风明月、躺在摇椅上惬意地消磨时光或独自对人生、幸福与存在等问题做哲学家式的思考等，这些东西都无法做成商品，资本通过用商品化活动填充人们所有的休闲时间使这些活动边缘化，甚至销声匿迹。于是我们发现，我们身不由己地无法顾及生命中那些美好而重要的东西，因为我们总是很忙。可我们明明已经拥有了像样的物质财富和“日益增加”的自由时间。这是为什么呢？只要看看被资本逻辑“削去”的成分都是什么，就不难理解为什么现代人的生活如此丰富，却充满了焦躁情绪。

二　大众传媒对人们休闲需求的训导

商家为了倾销休闲商品和休闲服务，致使现代休闲与广告宣传结下了不解之缘，“铺天盖地的广告总是在我们进行钟爱的休闲活动时袭击我们，看电视、听广播、看杂志、上电影院、看体育比赛，即使是骑车逛一圈，也无法摆脱商业信息的干扰”[②]。不仅如此，报纸、广播、电视、网

① 希腊神话中开黑店的强盗普罗克拉斯提斯。

② 〔美〕杰弗瑞·戈比：《你生命中的休闲》，康筝译，云南人民出版社，2000，第159～160页。

络等主要媒介纷纷开办休闲专栏，如旅游资讯、保健资讯、美食家、时尚快车等。其中，媒体通过无穷的联想和暗示操纵人们的休闲欲望和趣味，将其推销的休闲商品和服务引领为休闲时尚，并让人们相信只有按照媒体所要求的那样去做，才能享受独特而令人满意的休闲。“周六早晨的电视节目喋喋不休地向孩子们推销无穷无尽的玩具。而成人则坚信没有昂贵的装备和附件，他们的网球比赛不可能让人满意。”[①] 关于身体方面的保养型休闲日益流行起来。在此过程中，投资者和生产商却发了财，因为遵从时尚文化所规范的身材标准和法则是要投入大量的精力和金钱的。

类似这样的情况每天都在我们身边发生，无须也不可能一一列举，总之，商家不断制造出新的休闲需求，大众就亦步亦趋，不断更新自己的休闲设备、休闲方式甚至休闲理念。而这些更新有多少是出自自己的真实需要，人们并没有做太多思考。马尔库塞曾将人的需要区分为真实的需要和虚假的需要。他指出：“为了特定的社会利益而从外部强加在个人身上的那些需要……现行的大多数需要，诸如休息、娱乐、按广告宣传来处事和消费、爱和恨别人之所爱和所恨，都属于虚假的需要这一范畴之列”[②]。而在资本各种驯化与引导措施下，在各种丰盛带来的满足下，媒体教导的休闲需求似乎成了人们的“真实”需求，人们没有意识到自己处于一种被奴役的状态。尽管究竟什么是真实的需求，归根到底要由个人来回答，但马尔库塞也强调，只有当人们能自由地做出回答时才能这么说，如果是在被灌输和被操纵的情况下，就不能认为他们的回答是自己的。[③] 当广告宣扬的需求成为人们的真实需求时，其只是证明了这种控制的效率。所以，人们一直以为自己是在根据真实需求自主地做出休闲选择，但实际上，休闲的所有程序，从欲望、需要到购买、消费，都早已被商家和媒体选定了。正如弗洛姆所说：

---

① 〔美〕杰弗瑞·戈比：《你生命中的休闲》，康筝译，云南人民出版社，2000，第171页。

② 〔美〕赫伯特·马尔库塞：《单向度的人——发达工业社会意识形态研究》，刘继译，上海译文出版社，2013，第6页。

③ 〔美〕赫伯特·马尔库塞：《单向度的人——发达工业社会意识形态研究》，刘继译，上海译文出版社，2013，第7页。

> 他并不能自由地享受“他的”闲暇；他消磨闲暇的方式，如同他所购买的商品一样，受到工业生产的支配。他的趣味被人操纵，他想看、想听的都是他被操纵着想要去看和去听的东西……玩乐的价值取决于它的市场行情，而非任何可以从人的方面来衡量的东西。[①]

“大众媒介的独特之处就在于，虽然它指导着我们看待和了解事物的方式，但它的这种介入却往往不为人所注意。”[②] 媒体和商家千丝万缕的联系决定了媒体关注休闲必然是从它的商业价值角度而不是从人自身的角度出发的。这也就注定了在媒体引导下的休闲疏离人的本性甚至扭曲人的本性。在媒体无尽的“欲望制造”和精心的“时尚引领”中，人们渐渐失去了对现实的把握，被一系列休闲幻象迷惑，从而看不到真实需求，或者即便看到了也由于自我评价体系和外界价值标准相悖而选择放弃。至此，不但人们的休闲欲求拜媒体所赐，人们对休闲方式的评价也受到控制。而休闲本应该如杰弗瑞·戈比所说，“是个体能够以自己喜欢的、本能地感到有价值的方式，在内心之爱的驱使下行动”[③]，这种高度驯化下的强制性休闲使人们无法从内心本能的喜爱出发去选择休闲，也就背离了真正的休闲。

三　工业社会的技术系统对休闲方式的强制

工业时代高度发达的技术体系（尤其是其中的信息技术）不仅极大地丰富了人的休闲方式，同时也为休闲产业开拓了一片新天地。借助微电子、通信、网络等信息技术以及数字传媒技术，现代科技不仅能展现现实，还能模拟未来。人们可以在虚拟世界中体味自由、寻找快乐，这是一种崭新的休闲方式和生活方式。卡西尔指出：“人不再生活在一个单纯的物理宇宙中，而是生活在一个符号宇宙中。”[④] 人们在这种影像与符号世

---

① 〔美〕艾里希·弗洛姆：《健全的社会》，孙恺祥译，上海译文出版社，2011，第 111 页。
② 朱晓慧：《新马克思主义消费文化批判理论》，学林出版社，2008，第 30 页。
③ 〔美〕杰弗瑞·戈比：《你生命中的休闲》，康筝译，云南人民出版社，2000，第 14 页。
④ 〔德〕恩斯特·卡西尔：《人论》，甘阳译，西苑出版社，2003，第 44 页。

界中消费、享受新型的休闲商品和服务：电视为人们提供丰富的休闲资源，从世界各地的新闻报道到各种有趣的综艺节目，精彩纷呈；电脑及智能手机带来的休闲内容更是层出不穷，网上冲浪、网络聊天、网上购物、网络游戏、微信、微博等让享受在其中的人们充分感受生活在技术文明时代的幸福与幸运。总之，电视和网络休闲已经成为当代人休闲的重要内容。在美国，据统计，1993 年，看电视大约占了人们 1/3 的自由时间。[①] 调查显示，我国居民每天可自由支配的时间为 3 小时 56 分钟，平均每天有 1 小时 40 分钟在看电视，约占人们整个自由时间的 42%。[②] 普遍情况是：年龄越大，看电视时间越长；收入越少，越喜欢看电视。同时，电脑及智能手机已经成为越来越多人尤其是年轻一代热衷的休闲载体。然而，这些新的休闲方式及休闲载体本身却包含悖论，它貌似给人们带来更多的机会和更大的自由，但实际上恰恰给人们带来了许多新的、无法摆脱的束缚。人们对这些新兴的休闲方式越来越依赖，甚至受它的摆布。

其一，在信息化休闲中，从表面上看，电视、网络等信息载体只是客观地提供了信息、节目和其他休闲方式，休闲主体可以根据自己的喜好自由选择，但在具体的休闲选择过程中，主体的自由极其有限。面对电视屏幕，人们能做的就是不断地调换频道，人们所能选择的并不一定是他们想看的或是对他们来说有帮助的、有意义的节目。实际上，除《新闻联播》以及一些政治访谈性节目外，绝大多数节目都是冲着商业价值来的，娱乐消遣类的多，教导、感染型的少。人们的"自由选择"中还必须包括自己钟爱的节目被不断插播各种商业广告。面对电脑屏幕，网络是一个信息的宝库，但同时也是一个信息的垃圾场，学术、娱乐、经济信息以及各种各样的黄色、暴力信息，泥沙俱下。在失去控制和无组织的海量信息包围下，人们很难做出高效、快速的决断，往往只是根据信息内容的新奇程度或者信息点击率高低去选择。这其实就是一种被动的接受，网络提供什么，人们就接受什么。人在这种被动性的接纳中很难发挥任何创造性的作

---

① 〔美〕杰弗瑞·戈比：《你生命中的休闲》，康筝译，云南人民出版社，2000，第 73 页。

② 《2018 年全国时间利用调查公报：居民平均上网时间 2 小时 42 分钟》，新浪网，https://tech.sina.com.cn/roll/2019-01-26/doc-ihrfqzka1027043.shtml，2019 年 1 月 25 日。

用。因此，在虚拟的网络世界的“畅游”中，休闲的内在价值并没有得到真实的展现，主体的自主选择能力和批判能力不仅没有得到发展，反而不断地被异化。

其二，电视、网络让人们体验许多前所未闻的刺激，获得相关享受，参与现实生活中无法参与的休闲活动，这貌似极大地丰富了人们的休闲方式，但有根据表明，由于两者对人们的控制，近些年来，尽管人们的休闲时间在增加，人们参加户外休闲活动（跑步、登山、野营等）、公共休闲活动（下棋、喝茶、聊天、节日欢庆等）的时间却有所减少。也就是说，人们的休闲方式增加了，但由于电视、网络对人们休闲时间的侵占，人们实际运用的休闲方式反而减少了，人们的休闲生活反而更单调了。这种侵占就是一种“束缚”，它剥夺了人们参加其他休闲活动的机会，让人们在不知不觉间接受摆布。

其三，电视、网络为人们建构了一个热闹非凡的模拟世界，让人们不用亲自参与就获得许多“替代性在场”的体验，加强了私人领域和公共领域的沟通，从而降低了许多人的孤独感，但同时它把人们“锁定”在屏幕之前，阻碍个人与他人交往，从而导致人们面临新的孤独。在家庭中，家庭成员与电视、电脑为伴必然会减少与其他家庭成员相聚、谈笑和欢乐的时间；在社区当中，信息化休闲完全可以使人足不出户，这在为人们带来更大的隐私空间的同时却大大减少了邻里之间的交流，最终导致过去那种随意性的社区休闲终结。结果是电视里的热火朝天对应着室内的冷冷清清，网络上世界各地的“天涯咫尺”对应着家人、邻里的“咫尺天涯”。只要你消费电视、网络休闲，你就逃离不了这种“锁定”，问题是随着信息技术日新月异地发展，越来越多的人心甘情愿地加入这种“锁定”。而这种“锁定”不仅阻碍个人与他人交流，还阻碍个人与社会、个人与自然、个人与自身交流，从而使信息时代成为一个冷漠而孤独的时代。

人类孜孜以求心中向往的自由，休闲本应是距离自由最近的一种生活状态，但在现代休闲面临的各种控制中，人类距离真实自由依然非常遥远，这也是休闲本身遭受的异化。对休闲的控制之所以难以破除，是因为这种控制打着自由的旗号，尽情满足人的物质需求，让人在种种感官愉悦之中失去反抗的意识与勇气。马尔库塞说发达工业社会的显著特点是，它用富裕、舒适“有效地窒息那些要求自由的需要”，因为“一切解放都有赖于对奴役状态的觉悟”[①]，如果人们对自身的奴役状态没有意识，实现自由就毫无可能。相反，人们会将满足需求的自由当作真正的自由而安于现状。因此，从某种意义上说，在这个时代，“丰盛”是自由最大的敌人。人们在“丰盛”的物质享受中成为快乐的奴隶。如果如马尔库塞所说，“在抑制性总体的统治之下，自由可以成为一个强有力的统治工具”[②]，那么，当今时代，丰富的休闲生活和休闲商品与服务也可以成为“强有力的统治工具”。它让人们对休闲中的控制毫无自知，和乐观的社会学家以及预言家一起相信发达的社会生产力已经将人类带入“休闲社会”。人类正在享受史无前例的自由生活。而实际上，即使在极力自诩自由民主的政权下，人们至今也只拥有两种纯粹形式上的自由：政治上的填写选票的自由和生活中按资本引领的方向购物的自由。至于休闲自由，其正被资本拼命拉向消费，最终并入购物的自由。弗洛姆指出，在政治事务中操纵民意与在商业广告中操纵顾客意志极其类似，都是要避免唤醒公众的批判意识。[③] 就目前的情况来看，商业广告的操纵更为成功，它甚至让人喜爱自己的“奴隶地位”，欣喜地接受来自政治、经济、文化领域的一切“幸福关切”，并认真守护自己“快乐的奴隶”的角色。

当我们说休闲是人类的“自由保护区”时，意指在当人类处于控制性、必然性社会阶段时，休闲能为人们撑起一片自由的天空。而当休闲领域也被资本逻辑侵入进而被控制时，人类的自由状态就更加令人担忧。

综上所述，人类在物质大繁荣的大众休闲时代陷入了休闲的种种困境，无法获得真正的休闲。休闲困境不仅导致人的精神无所皈依，灵魂无

---

① 〔美〕赫伯特·马尔库塞：《单向度的人——发达工业社会意识形态研究》，刘继译，上海译文出版社，2013，第7页。

② 〔美〕赫伯特·马尔库塞：《单向度的人——发达工业社会意识形态研究》，刘继译，上海译文出版社，2013，第8页。

③ 〔美〕艾里希·弗洛姆：《健全的社会》，孙恺祥译，上海译文出版社，2011，第156页。

处安放，个体与自我之间严重疏离，进一步加重资本主义工业社会人的多重异化，而且还折射出当代人面临的整个生存困境。其一，休闲困境凸显并加重了现代人的身心健康危机。当今时代的一个普遍现象是疲劳和抑郁长期困扰着人们，亚健康人群越来越多。杰弗瑞·戈比在论述休闲与人的健康关系时指出，人们的健康状况并非取决于医疗水平，80%的决定性因素来自环境、人际关系、受教育的质量以及对自我的认识等，而这些因素大多与休闲有根本的关联。近些年来，长期伏案工作或者压力过大的人的发病率（颈椎病、心血管病等的发病率）明显提高。巨大压力和生活快节奏除了导致直接的躯体不适（失眠、厌食、胃痛等）之外，还会摧毁人的精神，成为现代社会出现精神疾病与高自杀率的重要原因。据美国之音报道，美国中年人的自杀数量在1999～2010年猛增近30%，而且，平均10个美国人中有1个患抑郁症。就中国来说，近些年有关精英群体的自杀与猝死的报道屡见不鲜，而抑郁症患者据统计已达9000万人。其二，休闲与自然不再和谐，成为生态危机的间接祸因。休闲产业的发展、对各种休闲资源的开发、消费主义休闲以及各种奢侈性休闲盛行都将休闲与资源浪费、环境破坏联系起来，加剧了生态环境的恶化。其三，休闲异化中凸显出现代人的信仰与道德危机。现代休闲领域充斥着享乐主义、消费主义、拜金主义、利己主义，生命的价值和意义不再是人们在休闲中要思考的重要主题。在休闲中，人们只管去消费物品、去参与活动、去感受刺激，而无法静下心来进行心灵感悟，无心去经营人与人之间美好、真实的情感。美德、品行、责任被边缘化，人际关系变得冷漠、疏远、虚伪、功利。同时，物质上的纵欲与享乐之后留下的精神上的空虚和失落引发的大量不道德、反文明的休闲行为不断挑战信仰与道德的底线。总之，休闲困境以及休闲引发或加剧的人类其他种种生存困境构成了现代人总的异化存在状态。

第五章

资本逻辑导致休闲困境的作用机制

工作至上理念[①]、工具理性、科技强制、消费主义、“文化工业”等都曾被当作造成现代社会人类生存困境的罪魁，但显然这些因素并非困境的总根源。最终的根源只能来自现代社会的核心建制和主导原则——资本逻辑。而工作至上理念或消费主义的形成，理性、科技以及大众传媒成为工具和手段，文化、艺术的工业化等都只是资本逻辑运行的内在要求和必然结果。因而在物质基础比较坚实、自由时间相对充裕的现代，休闲却陷入困境，根源依然是资本逻辑控制。

那么资本逻辑何以导致休闲困境呢？在资本无限增殖逻辑下，资本的无限扩张原则、合理性原则、效用原则共同作用于现代休闲发展的理念、方式及内容，导致休闲发生异化；同时，资本逻辑下的劳动强制、消费强制以及文化观念强制也渗透到休闲领域，强化了休闲的异化；而资本逻辑带来的精神困境阻碍了真正休闲的出现，让现代人陷入真正“无家可归”的状态。

第一节　资本逻辑的运行原则对休闲发展的强制

既然现代社会的休闲已经被纳入资本主义工业体系，这就不仅意味着

① 约瑟夫·皮珀在《闲暇：文化的基础》一书中批判现代社会的工作至上理念“祛魅化”。

休闲需要依从资本逻辑的运行原则而发展，而且意味着资本逻辑下的劳动强制、消费强制、文化观念强制等也会向休闲领域渗透。

一 资本逻辑的无限扩张原则对休闲的强制

资本的无限扩张原则决定资本要不断探索新的领域，“以便发现新的有用物体和原有物体的新的使用属性”[①]。早期资本主义对劳动价值的推崇、20世纪三四十年代以来对消费主义的宣扬，以及现今对休闲的大力倡导都是不同时期资本逻辑根据价值增值的需要对新领域、新价值进行探讨和利用。无论是劳动至上，还是消费至上，抑或是休闲至上等理念的形成，在资本逻辑时代，其背后的根源都在于资本的增值至上原则。也就是说，资本主义的发展会根据资本逻辑在不同阶段的需要确立不同的价值评判体系：劳动自古希腊到中世纪一直处于价值序列的低端。古希腊自由人不屑于谈及劳动，甚至被禁止劳动；中世纪的劳动也只是被认可为生存所需，远不如休闲默观更为上帝所喜；资本主义却使它具有了象征道德荣耀的崇高地位。在消费领域，奢侈消费和享乐最初被禁欲主义坚决抵制，早期中产阶级也一直以节俭、自制要求自己，到19世纪，奢侈消费还只是限于在特权阶级之间传递，并受到思想家的批判与嘲讽。但到了20世纪，当资本发展发出要扩大消费的信号时，奢侈消费便被拿来大张旗鼓，甚至使出浑身解数加以宣传和推销，消费主义得以形成。近几十年来，同样的情况似乎正发生在休闲领域。近代新教伦理对休闲充满敌视和否定，19世纪，劳动阶级为了争取自己的休闲时间经历了旷日持久甚至头破血流的斗争，即便在终于获得一定的自由时间以后，他们在以工作为中心的价值氛围中也难以进行如愿的休闲。但是有一天，人们发现他们被大肆鼓励去休闲。满世界像是突然冒出来的让人应接不暇的休闲商品、设施、机构以及服务，显然既非工人的斗争所得，也不取决于政府以人为本的政治觉悟。一旦资本逻辑过来开渠挖道，“休闲之流”便会倾泻而下。于是，休闲的价值地位在经历了数个世纪的扭曲之后，又在20世纪后期由资本主

---

① 《马克思恩格斯全集》第30卷，人民出版社，1995，第389页。

导的价值体系中发生了大逆转。商家和媒体纷纷把休闲（尤其是休闲消费）和个人的生活品位、生活质量、幸福度、个性品格等联系起来，鼓励或者说服人们要尽情、合理甚至高效地去休闲，并提供各种资讯和设施服务。劳动者希望能够自在地休闲，但休闲之势来得如此凶猛以至于人们又被推着往前走了。现在，不单是商家、媒体，甚至学者、专家都在使人们相信人类已经进入休闲时代，休闲将要代替工作成为人们生活的中心。似乎几千年的人类奴役状态就要彻底结束，人类终于迎来了自身的大解放。但这是不是一个假象呢？人们真的可以尽情享受自由无迫的休闲生活吗？还是说资本逻辑如今又在人们的休闲领域中发现了无限商机，才有意怂恿人们全力追求商家精心安排好的休闲？

20 世纪以来，一方面，自由时间与财富收入的增加为人们的休闲生活奠定了物质基础。时间方面，不仅周工作时间减少到 40 小时（在欧洲一些国家是 35 小时甚至更少），带薪休假制度也在许多国家普及（假期为 3 ~ 6 周不等）。收入方面，尽管各个国家的经济发展状况有所不同，但民众的个人可自由支配收入普遍增加。另一方面，工作至上的资本主义劳动伦理以及异化劳动带来的工业社会人的异化生存状态激起人们日益强烈的休闲意识与诉求。越来越多的人认为休闲与工作同样重要，甚至更为重要。同时，政府纷纷出台休闲法案，保证人们的休闲权。1970 年，国际娱乐协会①通过《休闲宪章》②，明确规定所有人都拥有参与符合其所在社会的规范和价值标准的休闲活动的基本人权，所有政府都有义务承认并保证公民的休闲权利。人类第一次进入一个把休闲看得如此重要同时又有如此众多的群体可以享受休闲的社会。这是人类休闲史上的一次革命。但是这一切也发生在资本逻辑主宰的工业时代。在人们还未完全意识到这一变革之前，敏感的资本已经嗅到了休闲领域的巨大商机，并开始打造既能带来价值增值又能迎合大众休闲需求的各类休闲商品。在恰逢人们对休闲生活充满美好向往、休闲热情高涨的时代，资本开动机器，从开发各种休闲

---

① “世界休闲组织”（又称世界休闲与娱乐协会）的前身。

② 1979 年曾被修改，2000 年 7 月由世界休闲组织理事会正式批准通过。

商品到引导人们的休闲消费旨趣，一路畅通无阻。

正是资本对休闲的价值新发现引发资本向休闲领域全方位扩张。与资本向文化领域的渗透形成法兰克福学派批判的“文化工业”一样，如今资本正全力打造具有完整体系的“休闲工业”。在许多国家，休闲产业已经包括旅游观光、民俗文化、体育竞赛、娱乐设施、餐饮服务，对城市滨水地区、历史名胜古迹的开发利用，节日和各类庆典场合的商业倾销，以及由此连带的一系列产业群。资本使越来越多的休闲活动变成可以销售的项目，要求人们付费参与或观看。“休闲产品是为了销售才被生产，休闲设施是为了收费才被开发。”[①] 当然，早期也有商业化的休闲活动，例如，人们在小酒馆及后来的酒吧、舞厅等地方的付费娱乐，现代产业化休闲的不同在于过去单一的酒吧、舞厅变成提供综合多项服务的超级娱乐场所，例如，遍及各个城市的大型洗浴中心、娱乐不夜城以及娱乐与购物相融合的“逍遥城”等，顾客只要付费便可以在同一个地方享受一个接一个的休闲项目。今天，以旅游业、娱乐业、服务业和文化产业为龙头的产业系统，已成为促进许多国家经济发展的重要支柱性产业。

休闲产业化以保证资本持续实现价值增值为目标。这就要求从投资开发、规模化发展，到引导人们的休闲需要与消费的整个过程都必须在投资者的掌控之中。整个过程遵循的就是交易原则，而不是以人的发展为目的。于是，寄托着人们美好向往的休闲生活就有可能变成投资商追逐利润的市场。因此，休闲在资本时代的大发展并不等于人们能获得理想的休闲，休闲的产业化与其说极大地丰富了人们的休闲方式，提高了人们的休闲生活水平，不如说为资本拓展了一片辽阔的疆土，为资本在新时代的价值增值带来休闲领域的从生产到消费的一系列机遇和保障。实际上，资本就是个超级熔炉，它将可能的一切都吸纳进去，以作为燃料生成更多的资本。在这个时代，休闲就光荣地成了一种新式燃料。因此，资本所投资的、商家所推销的精彩休闲的目标是促进资本发展，而非人的发展。这就

---

① 〔英〕克里斯·布尔、杰恩·胡思、迈克·韦德：《休闲研究引论》，田里、董建新等译，云南大学出版社，2006，第11页。

不难解释为什么现代人在休闲生活中也依然感受到一种近似于异化劳动带给人的“自我疏离感”。

二　资本的效用原则对休闲的控制

前文已述及，在资本成为整个社会的主宰之后，它便按自己的需要创造一个“普遍有用性的体系”，世界上一切事物都必须在资本面前为自己的效用（具有交换价值、能带来利润）辩护，以获得存在的价值证明。资本正是由于在休闲领域发现了新的“有用性”，才开始大力开发和打造休闲工业。而休闲原本是以放松人、发展人和实现人的自我特质为目的的一种自由自觉的活动或状态，以利润最大化为目的的产业化休闲当然会导致休闲异化。

首先，资本逻辑的效用原则是现代休闲丧失自由自主性的根本原因。一方面，对休闲商品、项目和服务的发展动向而言，利润的大小和流向会直接决定休闲产业的发展方向，从而导致休闲进行选择性发展成为必然，即能够做成商品的、可以进行产业化生产和消费并可能带来高利润的休闲领域得到充分发展，甚至被过度开发，而一些传统的、不能纳入工业体系的休闲领域便逐渐被边缘化，或被遗弃。另一方面，对休闲主体而言，利润至上决定休闲产业不可能真正从休闲主体的利益出发，服务于人，而是不仅要将休闲主体尽可能引向资本打造的各种休闲产品的消费活动中，而且还会源源不断地创造新的休闲需求，持续主导主体的休闲选择，最终使人们完全按照资本需要的方向去看待休闲、选择休闲和消费休闲。

其次，资本逻辑的效用原则导致休闲物化发展和意义减少。显然，在效用原则下，利润成为判断产业化休闲发展状况唯一的标准，这与休闲原本注重的精神层面的内涵完全对立。休闲产业打造形式各样、内容丰富的休闲项目与服务就像工厂制造其他精美的商品一样，商家看重的始终是成本与利润的比例以及销量。在政府、市场、商家，甚至学者对休闲产业化的共同重视以及对休闲作为经济发展的驱动力的极力推崇的社会氛围下，不仅商家将休闲制作成一个个可明码标价的标准化活动单元，休闲主体自身也更加看重所参与的休闲活动本身，而不是活动的结果和收获。这样一来，休闲作为人类精神和灵魂的家园以及作为人类自由保护区的一面自然就被休闲产业以利润为目的的体系化运作所遮蔽，同时，休闲与哲学思考以及对自由、美、创造性等人类的终极关怀的追求失去了联系。休闲的功能不在于创造利润，以创造利润为根本目的的休闲产业不可能成就人们真正的休闲。真正的休闲应该在这些产业化活动之外，但资本逻辑的效用原则阻止了这种休闲的发展，也阻止人们进行这种休闲。

三　资本的合理性原则对休闲的控制

资本逻辑的合理性原则直接导致休闲的高效合理化以及人们对休闲时间的“深度利用”。在马克斯·韦伯论述的新教伦理中，对时间的精打细算就是加尔文“预定说”教义所推行的“有条理的理性化”原则的核心。本杰明·富兰克林用一句更直白的话道出了其中的真谛：“时间就是金钱。”尽管这还是早期资本主义对时间的信条，但时至今日，无论是工业化进程中还是如丹尼尔·贝尔论述的后工业时代，资本主义文明对时间的“算计”都有增无减。时间之所以显得如此珍贵，其原因正如斯塔芬·林德所说，“我们无法像储存资本那样储存时间”。也就是说，与其他经济资源不同，时间是有限且无法积累的，所以代价昂贵。但时间也并非从来都如此贵重，在生产率极其低下的社会形态中，时间被认为是呈周期性循环而无止境的，劳动时间的多少与物质产量的高低并不呈现直接的正相关关系，所以时间的得失并不被人们计较；而在生产率高的社会中，时间与效率、产量直接关联，因此不得不被慎重计量和分配。因此，正如丹尼尔·贝尔所总结的：生产率低下，时间就便宜；生产率高，时间就贵重。[①] 最贫穷的社会往往掌握着最多的时间，而经济的增长、效率的提高必然引起时间的普遍匮乏。

因为时间无法积累，而时间又与产量，进而与利润直接联系，利润最大化原则便要求资本通过改良机器设备、生产工艺、管理技术以及劳动者

① 〔美〕丹尼尔·贝尔：《后工业社会的来临——对社会预测的一项探索》，高铦、王宏周、魏章玲译，商务印书馆，1984，第523页。

的生产技能等要素不断提高生产率，即通过最合理的组织使单位时间的利用率达到最高。早期工厂引进钟表的目的就是规范和加快工人的工作节奏，此后生产速度逐渐加快并统治了整个社会生活的节奏。而运行速度超越人类意识范围的计算机的出现更是将节约时间和提高效率的观念推向了逻辑的尽头。因此，钟表和计算机都不只是工具，它标志着不同时间观念的革命。如今，在这个计算机规定效率边界的时代，时间变得越来越宝贵，以至于人们对时间表现出一种类似饥荒时代对食物的饥渴，人们对时间进行越来越慎重的谋算与规划，分秒必争。“北美人越来越欣赏日本人的工作方式，并且正在学习日本人的敬业精神，极大地提高商品生产的效率；巴西人、韩国人、墨西哥人和其他国家的人全都紧随其后。”①

时间的稀缺性带来的约束与心理压力恐怕已成为当今社会人们获得自由的最大障碍。结果就算自由时间真的增加了，人们还是会感觉生活得更加匆忙。德国社会学家施哈苏在研究中发现，“一个人的交往方式越复杂、所受教育水平越高、工业化程度越高，那么他就越有可能同时做许多事情”②，他将这一现象称为“时间的深度利用”（类似于资本的深度利用）。在对时间的“深度利用”过程中，时间对人们的制约也一直相随。葛拉齐亚说，人们抵制住了人的专制，但屈服于钟表的“暴政”。随着时间在工作领域变得日益稀缺，用于其他活动领域的时间也变得同样宝贵起来。结果是高效合理性原则辐射到生产、服务、消费、休闲、交往等所有领域，形成韦伯曾经预言的高度“合理化”社会。对休闲领域而言，这会导致人们对休闲时间的深度利用，以及使休闲高度组织化与合理化，最终导致人们远离真正的休闲。

杰弗瑞·戈比把人们总是有事要做的匆忙心态归因为“一种文化的延迟”。他认为人们仍然觉得需要突击、永久地保持忙碌的状态是由人们对时间的畸形心理造成的。从表面上看，现代人普遍的“匆忙”确实与

---

① 〔美〕托马斯·古德尔、杰弗瑞·戈比：《人类思想史中的休闲》，成素梅、马惠娣、季斌、冯世梅译，云南人民出版社，2000，第150页。

② Scheucsh, Erwin, “The Time Budget Interview,” in Alexander Szalai (ed.), *The Use of Time-Daily Activities of Urban and Suburban Populations in Twelve Countries*, Mouton, 1972, p. 77.

文化和心理因素密切相关，就是说，尽管物质水平已经大大提高，但人们的观念依旧停留在全力以赴谋生存的阶段。这与凯恩斯将之归因于人类为生存而斗争的本能有相似之处。但很显然，这种高效率文化与对时间的畸形心理并不是问题最终的根源，它们只是更深层原因延伸出的结果，资本逻辑才是这一切的总根源。正是资本的无限增殖和利润最大化原则导致对合理性和高效率的无尽追求，进而产生人们对时间的畸形心理。因此，只要人们还处在资本主导的社会体系之中，无论生产力如何发达，物质多么丰富，人们仍需匆忙度日。

四 资本逻辑在其他领域的强制对休闲领域的渗透

资本逻辑的本质是不断实现价值增值，资本增值由两个基本环节——生产增值的劳动环节和实现增值的消费环节组成，无论在资本主义早期以生活资料、生产资料等为主的传统商品时代，还是在今天包括信息、服务等在内的新商品时代，生产与消费环节始终都是资本逻辑运行的命脉所在。这决定了资本逻辑要求的劳动强制和消费强制会贯穿资本主义时代始终。也就是说，即使在物质财富如此丰富、消费成为更凸显的主题的现代，劳动强制依然存在，而且强制的程度或许更高。

近代工厂主对产业工人赤裸裸的劳动强制随着消费主义的兴起而逐渐淡出人们的理论视野，波德里亚明确提出生产型社会已经让位于消费型社会，如今人们更应该关注的是消费领域的异化现象。但事实上，即便在消费主义盛行的今天，资本逻辑也一直在强化对劳动的控制，并在全社会形成“工作至上理念”与消费主义并行不悖的局面。当然，现代社会的劳动强制不可能再通过“有形的权威”[①] 来达到，而是通过各种“无形的权威”来实现。这些“无形的权威”包括新的价值标准、岗位竞争、市场法则、荣誉、身份感、一致性等。20 世纪初以来，资本主义普遍通过工资制度、晋升制度、福利政策以及舆论倡导等措施来激发劳动者的责任心

① 弗洛姆语，主要指工厂主、政府法规等。19 世纪中叶以后，随着工会力量的增强、工人斗争的加剧、社会有识之士批判力度的加大，通过宗教驯化以及工厂主与政府、教会的联合压制来进行劳动强制已经彻底行不通了。

和奋斗动力，间接进行劳动强制，然而，最有力的措施来自劳动强制与消费强制的结合。

现代资本通过大众传媒与社会舆论不仅将高消费渲染成个人身份地位、价值成就以及理想生活的标准，而且将其宣扬为公民对经济繁荣的贡献以及对国家、社会的道德责任，从而将高消费鼓吹为人们普遍的生活方式。一旦高消费成为生活常态，就必然导致对财富的无尽欲望，而劳动又是创造财富的唯一源泉，人们对财富的欲望越强烈，对工作的依赖度就越高，“然后这种依赖就转化为雇主的控制，再最后转化为雇主的利益”[①]。也就是说，一方面，人们要想获取更多的收入，就不得不进行更长时间的工作。另一方面，对工作的高度依赖导致对失业的担忧。这样，雇主便可以利用解雇的“大棒”迫使人们更卖力地工作。于是，通过消费强制，资本使早期劳动领域的强制变成人们心甘情愿地服从，从而从根本上巩固和加深了劳动强制。

劳动强制和消费强制的叠加使现代人陷入“高消费—卖力工作”的循环：高消费意味着高收入，高收入诉诸卖力工作，卖力工作导致延长工作时间。这样一来，前文分析的大众休闲时代出现新的“无闲”就是一种理所当然的结果。可见，虽然资本逻辑已经将劳动生产率提高到不可思议的程度，但它本身的发展并不直接使自由时间增加。现代资本大力发展休闲产业，并鼓励人们极力进行休闲消费，但并不倾向于增加休闲时间，休闲对于资本而言只是一定领域的市场或商品，资本只关心商品的销售和盈利情况，至于人们以什么方式、用什么时间享用这些商品，和资本完全无关。因此，现代社会的休闲发展看似一片繁荣，但其实只是资本打造的休闲商品和服务的繁荣，并不直接意味着人们休闲生活的同步发展。各种统计学数据指向的自由时间的不断增加并没有为人们带来应有的闲适，资本逻辑的劳动强制和消费强制使得自由时间的增多成为假象。

同时，消费强制向休闲领域渗透必然导致出现休闲消费主义。而资本

---

① 〔美〕朱丽叶·斯格尔：《过度劳累的美国人》，赵惠君、蒋天敏译，重庆大学出版社，2010，第70页。

在文化观念领域的强制又直接对人们的休闲选择进行诱导，促进休闲消费主义形成。休闲与消费之间本来就有多重联系，传统休闲中也有消费成分，只是资本逻辑无限扩大了它们之间的联系，使消费不仅成为休闲的必要条件，甚至还成为最重要的休闲内容和表达方式。休闲消费主义之所以成为必需，一方面，因为休闲已经被纳入资本主义工业体系，同样需要遵循普通商品逻辑的运行原则，即休闲产业在不断扩大生产规模（以旅游业、娱乐业、休闲服务为代表的休闲产业日益壮大，休闲项目、休闲方式千变万化且不断翻新）的同时，需要有不断扩大的休闲消费规模，以保证休闲领域的价值增值顺利实现；另一方面，在休闲产业之外，休闲消费已经成为拉动整个社会消费的重要引擎。据统计，1990 年，美国国民单纯用在娱乐性商品或服务方面的开支达 2800 亿美元，占全部消费开支的 7%，如果加上交通运输、旅行、服装、餐饮等行业中的休闲消费部分，整个休闲的花销就大约占国民全部消费支出的 1/3。[①] 从这个数据可以看出，休闲带动的其他领域的消费比单纯在休闲产业内的消费要多得多。这样一来，全民休闲与消费就不仅成为社会发展、时代进步与人民幸福的重要标志，还成为资本逻辑在休闲领域顺利运行的保证，更成就了整个现代工业体系的良性运转。所以，休闲消费主义是资本逻辑下消费强制的必然结果和内在要求。

第二节　资本逻辑导致休闲的精神困境

休闲的获得固然离不开一定的客观条件，这包括从必然环境中解脱出来的一定的自由时间、可自主选择的自由活动以及相应的休闲设施配备等，但这些客观条件本身并不直接使休闲实现。在资本逻辑主宰的现代社会中，休闲陷入困境不仅因为资本逻辑在客观上导致自由时间被大量侵占、匆忙休闲与消费主义休闲对意义的剥夺，以及商品经济规则和技术系

① 〔美〕杰弗瑞·戈比：《你生命中的休闲》，康筝译，云南人民出版社，2000，第 157 页。

统对休闲的控制等具体可测的现实层面因素，还因为休闲主体的种种精神困境导致真正的休闲成为不可能。

一　资本逻辑对人的主体性的消解

对人的主体性和理性的强调是启蒙时代以来现代性的核心精神。福柯认为，作为主体的“人”是现代理性构造出来的产物。因为在前现代的文化模式下，大多个体只是按照经验、常识、传统和惯例而自发地生存，无所谓主体与自我意识，“只有当个体超越纯粹的自在自发的日常生活的阈限，同科学、技术、理性的自觉的精神再生产或自觉的类本质对象化发生实质性的关联时”①，现代意义上的个体才真正产生。这其实也是马克思的观点，马克思强调独立的“个人”在16世纪以前是不存在的，只有到了18世纪的市民社会，才存在“个人”的概念，才历史地产生出“个人”。也就是说，正是资本主义生产方式及启蒙运动所推崇的理性精神才使个体的主体性与自我意识得以形成并走向自觉。然而，正如20世纪众多著名批判性思想家所揭示的那样，随着理性逐渐服从于经济生产力的发展而演变成工具理性，随着机器工业的内在约束机制日益规范严密，加上以“精确、稳定、有纪律、严肃紧张”为主导精神的科层化行政管理的发展以及包括大众传媒在内的“文化工业”对大众的意识形态训导，主体性、个性与自我意识正遭到颠覆和消解。

弗洛姆在《健全的社会》中给出了“社会性格”的概念，他指出，尽管每个社会的构成和运行方式是由多方面因素决定的，且这些因素在发展过程中一直在改变，但在特定的历史阶段，它是相对稳定的，社会必须在特定的框架结构中运行。所谓“社会性格”就是指不同阶级和阶层的社会成员在按照社会制度要求的方式行事的过程中形成的共同精神和品格。社会性格的功能在于“在特定的社会中锻塑及引导人的力量，目的在于保证社会的持续运行”②。资本主义工业社会要求一切服从资本

① 衣俊卿：《现代性的维度及其当代命运》，《中国社会科学》2004年第4期。

② 〔美〕艾里希·弗洛姆：《健全的社会》，孙恺祥译，上海译文出版社，2011，第64页。

的运行原则，并按照相关原则锻造人们的社会性格。对于机器工业和高度分工要求下的生产方式而言，这种社会性格不仅是指“守纪律”“按秩序”“守时”等基本的行为准则，而且主要包括适应机器，训练有素，主动服从，以及合作、进取、容忍、野心等精神品质。对于20世纪形成的消费文化与消费方式而言，这种社会性格还应该包括易于受影响、趣味趋同等。无论是生产领域还是消费领域，“服从”与“易于受控”都是重要的。这一点自然与资本发展的内在要求相吻合，资本在近代兴起以后就极力扩张，力图建立整个世界的“有用性的体系”，它不仅使机器、技术等物性的东西成为完全意义上的工具，而且使理性、文化、情感、需要等人性的东西都成为工具性存在，任何事物都接受资本的管理与支配，资本才是这个体系的真正主体，而人则是需要被利用和支配的对象。

显然，这一生存境况与启蒙时代以来一直宣扬的个体至高无上的理性精神与主体性地位相悖。霍克海默与阿道尔诺将这种由“启蒙运动”率领的祛除蒙昧的理性精神以及人“作为主人”的主体性精神最终演变成工具理性统治与支配的现代极权主义及其对人的异化称为“启蒙的辩证法”，并认为这是启蒙的内在特性（对世界的祛魅表现为对世界的控制和操纵）的必然产物。如果说现代社会的统治与支配性质主要源于启蒙的辩证发展与蜕变，那么，这种蜕变的世俗基础恰恰是资本逻辑，是资本无限增殖的本性。实际上，在现代社会的表象层面，实施控制与张扬主体性之间并不矛盾，因为资本是在各种假象的掩盖下巧妙实施控制的。资本不仅使人们自动按照社会要求去行动，而且还要让人们从这种行动中获得认同和满足。资本一边利用大工业强大的生产力与丰盛的物质堆积制造美好生活的假象，另一边通过消费文化引领的价值与幸福标准让人们陷入无止境的物质追求之中，同时还利用商家和大众传媒对消费者的刻意奉迎造成大众的主体性与个性化存在错觉……总之，资本权威的独特之处在于它能让人们心甘情愿、舒舒服服地接受宰制。马尔库塞指出，发达工业社会不断增长的生产力证明了现状的合理，物质成就为安定创造了条件，个人已经同强加于他们的生活相统一，并在其中寻求他们的发展和满足，这时，

"拒绝'随大流'的思想情绪显得是神经过敏和软弱无力的"[①]，"异化概念"似乎成为"可怀疑的"，也就是说，"异化了的主体被其异化了的存在所吞没"[②]。在消费领域，大众常常被款待得像主人一样，商业广告千方百计地掩藏其经济强制倾向，营造出大众可以自主选择的虚假氛围，而且每一款产品似乎都只为一个人生产，充分满足消费者的个性化需求。但事实上，正如列斐伏尔所言，资本主义市场与技术体系以扭曲的形式制造了主体性得以发挥的假象，但这种主体性只是得到了抽象的发展和虚假的赞扬。现代大众文化传递的表层信息往往是民主、自由和平等，而深层隐藏的信息却教导大众适应与接受现实秩序的必然性。霍克海默、阿道尔诺直截了当地指出："文化工业的绝对规则不再与自由有任何共同之点。它宣示于众的是：你应该循规蹈矩，即使是在未被告之任何规矩的情况下；应该与任何已经存在的东西保持一致。像其他任何人那样思考。"[③] 同时，工业心理学也彻底背弃了"发现自我、理解个人"的心理学功能，它关注的是如何使工人更好地适应和服从机器，如何减少工人在工作中的摩擦。工人被当成机器来对待，"即上好润滑油，使其更好的运转"[④]。如同泰勒关注如何从技术使用的角度更好地组织工人的体力，工业心理学致力于更好地操纵工人的心理，二者的目的都是试图提高工人的生产力，且都是在理解与自由的名义之下进行的。弗洛姆指出，在生产领域，心理学、精神分析学的许多从业人员正在成为"宣扬享乐、消费及无自我的新宗教的传教士"[⑤]，他们给出"正常"的标准，并设计出帮助人们调整、趋向正常和快乐的方法。

于是在资本主义工业社会中，表面上个体的主体性与个性备受推崇与

① 〔美〕赫伯特·马尔库塞：《单向度的人——发达工业社会意识形态研究》，刘继译，上海译文出版社，2013，第9页。

② 〔美〕赫伯特·马尔库塞：《单向度的人——发达工业社会意识形态研究》，刘继译，上海译文出版社，2013，第10页。

③ 〔德〕马克斯·霍克海默、西奥多·阿道尔诺：《启蒙辩证法——哲学断片》，渠敬东、曹卫东译，上海人民出版社，2003，第27页。

④ 〔美〕艾里希·弗洛姆：《健全的社会》，孙恺祥译，上海译文出版社，2011，第150页。

⑤ 〔美〕艾里希·弗洛姆：《健全的社会》，孙恺祥译，上海译文出版社，2011，第139页。

维护，但实际上，无论在精神层面还是在感性层面，个体都处于服从和被控制状态。而且这种“服从”不仅是资本的客观要求，也是大众的自主选择。“幸福意识”压倒了一切超越性思想，人们自愿维护现状，服从现有秩序。物质上的满足使人“相信现实的就是合理的并且相信这个制度终会不负所望”，这种幸福意识“反映了一种新型的顺从主义”。[①] 同时，彻底物化的世界（既包括强大的工业、科技、生产力等物质力量，也包括完全物化的社会关系）使人感到卑微、不足和有罪。整个世界都被卷入追逐价值增值的巨大旋涡中并高速运转，每个人都竭尽全力，但又觉得对主宰自己的幸福无能为力。商人们在享受利润带来的狂喜之外，时常“感到他自己是他所做的生意和所卖的商品的囚犯”[②]。人们奋力追求的脚步总是赶不上被刻意引领的价值标准，而同时物的堆积与享乐又让人在独处的时候鄙视自己。这是一种因缺乏自我感而导致的焦虑和异化状态。最终，异化的人采取求同的方式来获得安全感和自我感。只有当他同大多数人协调一致并得到他人认可时，他才感到自我的存在。舆论和市场构成一种“无名的权威”，个体自动选择认同和服从。“对适应的认可取代了个人的良心”，服从与接受控制成为大众自主选择的生活方式。

这恰恰反映了资本与市场规则的控制效率，即在自我、个性以及其他所有真正属人的情感、关系以及生活方式全部被强制纳入资本运行体系进行消解，并代之以资本与市场打造的另一套物性的运行准则之后，人们却能对资本缔造的秩序持维护态度。列斐伏尔在揭示现代性条件下人的主体性时指出，在现代性早期，日常生活因还未引起资本的关注而保留了一定程度的自由，尚能勉强抵挡工具理性对人的控制。而到了现代性晚期，随着资本对日常生活的侵入，日常生活趋于结构化和功能化，并日益刻板化和商品化，变成了资本主义社会关系再生产的场所。[③] 而日常生活已经是个体展现主体地位与自我意识、习养个性的仅有的领地（经济与工作领

---

① 〔美〕赫伯特·马尔库塞：《单向度的人——发达工业社会意识形态研究》，刘继译，上海译文出版社，2013，第 68 页。

② 〔美〕艾里希·弗洛姆：《健全的社会》，孙恺祥译，上海译文出版社，2011，第 151 页。

③ 吴宁：《日常生活批判——列斐伏尔哲学思想研究》，人民出版社，2007，第 338 页。

域已经被无奈地排开），也是休闲发挥自由特性以及人类精神家园性能的自然场所。当日常生活也被纳入经济体系与工具理性交织在一起时，不仅休闲不可避免地远离人的发展，个体的所有属人的东西也将无处展现，无处安放。汉娜·阿伦特指出，"过去，通过对社会逃离，个人主义成为可能且生机勃勃，并常常形成反叛或波希米亚群体"。而大众社会下的个人绝望，很大一部分原因是，"当社会将所有阶层的人口聚合在一起的时候，这些逃离的路径当然就被迅速地封死了"[①]。也就是说，当资本侵入人们最基本的日常生活，甚至开始塑造所有人的思想与自我意识时，这种控制便让人无从逃离。

在自我意识、个性与主体性意识被重新形塑以后，个体沦落为服务于资本繁衍增殖的"机器人"。扭曲了自我意识的个体无法进行真正意义上的休闲，反之，异化了的休闲也无法生成个体健康的个性与自我。结果是，休闲与人的本质生成不再统一，而是异化的休闲与异化的自我相统一。人们在迎合资本需要的消费休闲、享乐性休闲中实现了个性的张扬，并在其中找到了自己的灵魂。

二　资本逻辑使休闲与哲学思考失去了联系

在19世纪30年代，法国历史学家德·托克维尔这样描述当时的美国社会："这些国家中的绝大多数人都在狂热地渴望和追求着现实的和物质的满足，他们总是对自己的地位感到不满意，但也总是能轻易地离它而去，所以，他们想到的就仅仅是改善自己命运的手段了。"[②]"这种做法占据了人们的心灵，直到那些目标最终掩盖了世界的其余部分甚至到干预人和天国之间的关系为止。"[③] 德·托克维尔进一步指出，美国人有着范围广泛的"契约"领域，但他们没有哲学，尤其没有休闲哲学。过于注重

① 汉娜·阿伦特：《社会与文化》，转引自〔美〕丹尼尔·贝尔《资本主义文化矛盾》，严蓓雯译，人民出版社，2010，第46~47页。

② de Tocqueville, Alexis, *Democracy in American*, Vol. II, Henry Reeve trans., The Colonial Press, 1899, p. 46.

③ de Tocqueville, Alexis, *Democracy in American*, Vol. II, Henry Reeve trans., The Colonial Press, 1899, p. 140.

实利和无休止的追求阻碍了孕育艺术、哲学和文化的沉思。托马斯·古德尔总结说，在过去的时间里，类似的对美国社会形象的评论成百上千，但遗憾的是，它们至今竟然没有发生任何变化。

凯恩斯曾富有创见地指出，人类真正的永久性问题是如何利用解除了经济忧患之后的自由问题，只有真正从经济需求中解脱出来，才能识别并憧憬那些层次更高和更有意义的活动。因此，我们可能要花费更长的时间（凯恩斯预见大约在21世纪30年代或者更晚一些时候）才能过上理智的休闲生活。到那时：

> 我们又自由地回到了一些可靠的宗教和传统美德的原则上来……我们将重新把目标看得高于手段；我们将更喜欢善的而未必是有用的否定性；我们将敬重能教导我们如何更有效和更好地利用时间的那些人，喜欢那些能直接在事物中发现快乐的人，我们喜欢那些百合花，它们自然地开放在田野上。①

尽管如今看来，凯恩斯预见的时间仍然过于乐观，但是他真切地告诉我们，除非我们能拥有一种适当的休闲哲学，否则，我们绝对不会感到满足，也不会懂得如何使自己“理智地、舒适地和更好地生活”。

然而在现代工业社会，我们始终未能发展出“适当的休闲哲学”。首先，当代人的知识观承续的是康德的观点，即知识完全是思想对感觉材料进行主动的组织化处理的结果，因而知识是通过人的内在努力获得的。怀特海认为这种把知识局限于可证明的事实的做法最终会毁灭哲学。皮珀也反对把所有知识都看成脑力劳动唯一产物的观点，他认为这样做的结果将使人的所有活动都变成劳动或工作，即通过生产劳动获得物质资料而通过脑力劳动获取知识。这样就会始终把人的活动局限在不断进行主动的“攫取”行为上，从而完全排斥来自上帝“赐予”的、直观中的哲学领

---

① Keynes, John Maynard, “Economic Possibilities for Our Grandchildren,” in *Essays in Persuasion*, W. W. Norton & Company, 1963, pp. 371 - 372.

悟。其次，当代知识观的另一大特征就是实用性原则，这一原则来源于对效益的崇拜。科学技术以其对效益的独特贡献获得了当代社会各个领域的绝对话语权，人们相信科技和经济发展能解决一切，高科技和高效益成为当今时代的最高信仰。最终，科学不仅成功地取代了上帝的地位，成为人们新的依靠和安慰，也取代了哲学的地位，成为人们世界观和价值观的向导。而无论是科学技术体系本身的内在逻辑机制还是资本逻辑的生产力发展机制，都要求人们永无止境地"努力"和"攫取"，因此，现代社会的整个运行机制都拒斥休闲哲学。

皮珀一直强调休闲与"努力"直接相反，休闲是一种理智、敏锐而又从容不迫的状态，它和哲学活动的本质相同。在当代，休闲无论在个体层面还是社会层面都得到了前所未有的重视，但休闲与哲学思考失去了联系。"娱乐和公园之所以成为人们追求的目标，仅仅是因为人们需要它们，因为人们需要，所以提供服务的过程只是技术性的了……作为正在出现的行当，娱乐和公园已经不再和那些针对娱乐或休闲的哲学思考相关了。"[①] 现代人把休假看作通过劳动而挣得的自由时间，当作努力工作之后的回报。于是，一方面，要获得像样的休闲，我们必须先卖力地工作，时间和金钱都是工作的报酬。另一方面，当我们休闲时，我们对待自由时间就像我们对待自己劳动收入那样：或者像传统的守财奴那般精打细算，对自己的每一刻自由时间都患得患失，唯恐没有达到价值最大化，进而对自由时间进行高效合理的深度利用；或者认为自由时间既然是我的劳动所得，便可以尽情挥霍而不用受任何伦理道德的束缚。在自由时间里，体验消费或消遣享乐才对得起工作时的劳碌辛苦。

在前资本主义时代，休闲主要集中于传统节日（西方以宗教节日为主）的庆典上，这些节日被当成礼物，它并不是劳动所得或是对劳动的回报，而是要求人们心怀感恩、崇拜与敬畏去庆祝。但是如今，在自由时间里或者在任何一个传统节日里，休闲已经不再涉及对某种共同敬畏的东

---

① 〔美〕托马斯·古德尔、杰弗瑞·戈比：《人类思想史中的休闲》，成素梅、马惠娣、季斌、冯世梅译，云南人民出版社，2000，第 132 页。

西（包括生命、信仰、目的、感恩等）进行共同思考的伦理。

尽管在每个传统节日里，商家与传媒还是故意渲染“浓厚的”节庆氛围，但实质上它与真正的节日精神已经相去较远了，只剩下伴随过度的经济谋算与推销而堆积起来的节日商品。皮珀曾仔细地区分了“人为节庆”活动与“带有宗教崇拜性质的节日庆典”：前者像是植根于土地的一般树木，真实而自然；后者则像是五月里的山楂树，被连根拔起用来装饰庆典。[①]皮珀指出，这种人为的节庆假日不仅不能像宗教崇拜的节日庆典那样带给人们和世界融为一体的和谐感，甚至还可能成为剥夺人们心中那种和谐感的要素。近些年流行起来的“禅修休闲”也有类似于“人为节庆”的发展趋势。“禅修休闲”最初是现代都市的一些高压群体借助寺庙宁静清雅的自然和人文环境，以一种崇拜和敬仰的心态，寻求尽可能贴近自然、释放压力、修身养性的一种休闲方式，一旦政府和商家把“禅修休闲”开发成一种产业（包括禅修旅游、禅修夏令营、各类与禅修相关的商品），那么，这一产业发展得越兴盛，它就越远离真正的休闲。

休闲经济已经成为现代社会繁荣的重要因素，以至于我们有了专门的旅游学、休闲经济学等，这些学科取代了休闲哲学，成为休闲发展的新的指南。其中，无论是由数理统计模型、统计学方法、系统方法等主导进行的定量研究，还是侧重于将管理学、经济学的基本理论应用于休闲经济的定性研究，都是典型的应用性研究。这些研究可能更有利于政府的休闲发展规划、休闲产业的经济策略的制定，但因缺少相应的哲学关涉而无法给人以休闲价值观念方面的指导。最终，在市场经济对休闲领域的强力冲击下，人们对休闲逐渐失去志趣，休闲成为社会生产和消费的一个环节，而没有被当作目的以及与幸福相联系的生活目标来追求。

三　资本逻辑下的精神贫困使真正的休闲难以可能

人类从来没有像今天这样拥有如此强大的科技力量和如此高的生产效

① 〔德〕约瑟夫·皮珀：《闲暇：文化的基础》，刘森尧译，新星出版社，2005，第64页。

率，自然界和人的全部潜力都在被最大限度地发掘，整个社会以史无前例的速度向前发展。但是由经济效益主导的社会发展并没有以个人的发展为目的，甚至与个人发展之间发生了严重的对抗与分裂，从而导致人们面临物质世界的丰富多样与精神世界的焦虑不安并存的局面。而这种精神状态与休闲是根本对立的。

正如美国文艺批评家欧文·白璧德所言，现代人在获得完满的物质权力时总是在精神上"失去体面"[①]。在当今社会物质生活更加富裕和舒适的背后，人们在精神上经历着各种失落。首先是安全感的失落。繁荣的机器工业、完善的科学技术体系以及日益庞大的社会防卫结构，都只彰显社会整体力量的强大，并不能给个体带来踏实的安全感。对每个个体而言，这个社会充满不安全因素。激烈的市场竞争使从资本家、经理到普通雇员以及生活在现代各行各业、各个阶层的社会成员都长期处在高度紧张的精神压力之下，人们害怕稍不留神就地位不保；日新月异的科学技术似乎总是暗含着失控的危险，基因技术、克隆技术、核技术给人的感受一直很复杂，尽管专家许诺一切尽在掌控之中，它们可以为人类带来巨大福利，但大众的内心深处还是充满着被侵犯了的伦理与安全底线的违和感，以及一种灾难随时可以降临、如履薄冰般的恐惧阴影；与富裕、民主、自由的社会口号并存的是不断的战争威胁（以维持和平为借口）和居高不下的社会犯罪率，人们接受的针对战争和犯罪的防卫训练比针对自然灾难的要多得多。马尔库塞说："这种防卫使防卫者和他们所防卫的东西成为畸形。"[②]

其次是成就感的失落。一方面，日趋复杂的社会结构与日益加速的社会变化使人们疲于应付，人们努力的步伐总是赶不上社会要求的节奏，人的内心充满了"无止境的追求带来的徒劳感"[③]。越来越高深、复杂的科

---

① 〔美〕欧文·白璧德：《两种类型的人道主义者——培根与卢梭》，赵燕灵、宋念申译，载于美国《人文》杂志社、三联书店编辑部编《人文主义——全盘反思》，生活·读书·新知三联书店，2006，第23页。

② 〔美〕赫伯特·马尔库塞：《单向度的人——发达工业社会意识形态研究》，刘继译，上海译文出版社，2013，第1页。

③ 〔美〕艾里希·弗洛姆：《健全的社会》，孙恺祥译，上海译文出版社，2011，第181页。

技原理远远超越了普通人的理解能力，人们在惊叹高科技的强大力量和享受高科技设备带来的便捷之余深刻体会到自己的“傻瓜倾向”以及个体的无足轻重。另一方面，尽管工业机器极大地降低了劳动的艰辛程度，但异化劳动的本质并没有改变。劳动仍然只是谋生的手段，而非个人价值实现的途径。而且随着工业机器日益精密、分工日益精细，个人甚至整个企业都只是生产链条中的一部分，人们对劳动过程越来越缺乏控制导致劳动意义的失落。劳动者作为机器的看守人产生的屈从感以及面对最终完美产品产生的无能为力感，代替了先前特殊技能持有者的优越感与成品之后的成就感；而对于阵容不断扩大的白领群体（在发达国家，白领群体数量已经超过蓝领工人）而言，他们案头的大部分工作也像蓝领工人的工作一样，平淡乏味，毫无意义。所谓的“服务性社会”和“信息社会”的到来最终也只是使生产“从‘生产产品’向‘生产产品目录’过渡”，文森特·帕里罗、约翰·史汀森和阿黛思·史汀森指出，“这一转变是从创造性的自我实现的工作倒退到一个文员社会”。[①] 总之，在现代工业社会中，个体无法令人满意地发挥功能，因为有限的工作责任很难为个人提供实现的机会，个体只是根据机器工业运行的各种需要扮演不同的工具角色，这导致个人内心出现持续不断的无助感与挫败感。正如马克思早就指出的，“我们的一切发现和进步，似乎结果是使物质力量具有理智生命，而人的生命则化为愚钝的物质力量”[②]。

最后是信任感的失落。尽管现代社会的信用制度高度完善（尤其是发达国家），但无论是政府与民众之间还是一般的社会成员之间都面临前所未有的信任危机。政治上的操纵以及现实中无法向民众提供人们关心的东西（政府更关心的是投资和税收）使民众对政府失去信心与信任，不信任常常导致民众对自身生活状况强烈不安；而对于个人而言，利益至上原则、激烈的市场竞争以及自我防卫意识的畸形膨胀等是普通社会成员之间丧失信任的主要原因。1996 年，美国的一次全国性社会调查显示，20

---

① 〔美〕文森特·帕里罗、约翰·史汀森、阿黛思·史汀森：《当代社会问题》，周兵、单弘、蔡翔译，华夏出版社，2002，第 40 页。

② 《马克思恩格斯全集》第 12 卷，人民出版社，1962，第 4 页。

世纪60年代大约2/3的美国人表示信任自己的同胞，此次调查中只有1/3依然抱有此态度。[①] 而在市场机制还不够健全的中国，市场主体之间以及商家与消费者之间的不信任更加突出。

此外，人们还面临归属感的失落。现代社会的一个重要特征就是孤独感深深困扰着人们。这不仅是指城市家庭的频繁搬迁导致社区归属感的丧失以及各行业就业人员的频繁流动导致团体归属感的丧失，还指个体失去了价值观上的归属从而无法在生活中给自己定位，无法确定生活的意义和努力的方向。一方面，现代人看似比以往任何时候都有更多坚定的目标要实现，但同时陷入更深的迷惘之中。个人越来越追求“一种无休止的运动，一种无计划的自我发展，一种没有价值标准的生活，在其中，幸福永远存在于未来，而不存在于任何当下的成就之中”[②]。另一方面，在每个人都与他人有着千丝万缕的联系的现代，孤立的个人已经无法有任何作为，因此，个人比以往更多地意识到其对社会的依赖，但同时，“他并没有体会到这种依赖性是一份可靠的财产，是一条有机的纽带，是一种保护的力量，反而把它看作是对他的天赋权利的一种威胁，甚至是对他的经济生活的一种威胁……人只有献身于社会，才能找出那实际上是短暂而有风险的生命的意义”[③]。

以上种种精神上的遭遇最终导致意义与信仰的失落，它使现代人陷入大卫·格里芬所说的“渺小和昙花一现的境地”。美国学者安德烈·维格特将现代人的生存状态归纳为两种“异化”体验：其一，人类失去了对其生活至关重要的某种东西；其二，个人感觉是自身环境的陌生人。[④] 在现代工业社会，一方面，社会整体获得空前发展，无论是生产能力还是防卫能力（当然也是破坏能力）都强大无比；城市繁荣昌盛，人们的物质

① 〔美〕文森特·帕里罗、约翰·史汀森、阿黛思·史汀森：《当代社会问题》，周兵、单弘、蔡翔译，华夏出版社，2002，第40页。

② 〔美〕艾里希·弗洛姆：《健全的社会》，孙恺祥译，上海译文出版社，2011，第181页。

③ 〔美〕爱因斯坦：《爱因斯坦文集》第3卷，徐良英、赵中立等编译，商务印书馆，1979，第315~316页。

④ 〔美〕文森特·帕里罗、约翰·史汀森、阿黛思·史汀森：《当代社会问题》，周兵、单弘、蔡翔译，华夏出版社，2002，第38页。

生活富裕而体面，工业文明为了“生产”更大规模的消费甚至鼓励“浪费”和“破坏”；同时，民主与自由程度也被认为非以往任何时代所能比拟。另一方面，如前所述，消费文化与价值标准让高收入成为必然要求和体现人生价值的唯一标准。结果是，致力于高收入的卖力与忙碌剥夺了生活的乐趣与意义，挣钱与花钱成了生活的全部内容，个体只是在生产工具与消费工具之间不断互换角色。资本在经济、政治、文化领域的全面控制形成被人们不断接纳的、被动的生活方式，这让生活失去了应有的丰富性和生机。最终，人们在如此强盛的工业社会中却未能获得应有的安全感与归属感，以及发自内心的价值感与满足感，人们感到在取得显赫的物质成就的同时恰恰失去了生命中“至关重要的某种东西”，包括爱、创造性、听从良心与信仰召唤的自由行为以及与大自然的和谐共处等，正是这些东西的丧失让人感觉自己是“自身环境的陌生人”。

威利斯·哈曼说，“我们的发展速度越来越快，但我们却迷失了方向”[①]。物质在不断膨胀，人的内心却遭受极度的贫困，无处不在的压力与控制像挥之不去的梦魇导致现代人精神上的种种失落与普遍的“存在主义的焦虑”。弗洛姆将现代人的“存在主义的焦虑”归纳为一种“有罪感”，并仔细分析了这种“有罪感”两个完全不同的根源：其一是个体因为没能像其他人一样适应这个社会、没能达到那个大写的“它”的要求而感到自卑和有罪；其二是他自己的良心。“他意识到自己的天赋——有能力去爱、去笑、去哭、去怀疑、去创造；他感到他的生命是他得到的唯一机会，如果他失去了这个机会，他就失去了一切。它生活在祖先想象不到的舒适安逸的世界中——但是，他意识到，在追求更多舒适的过程中，他的生命正像流沙一样从他指间溜走。他无法不为这种浪费、这种机会的丧失感到有罪。”[②] 也就是说，现代人的焦虑来自他一方面完全受社会的摆布而成为“一件物”或“一部机器”，而无法成为他自己；另一方面他又意识到自己是一个活生生的人，他既无力抗争，也无法获得真正的快

① 〔波〕维克多·奥辛廷斯基：《未来启示录——苏美思想家谈未来》，徐元译，上海译文出版社，1988，第193页。

② 〔美〕艾里希·弗洛姆：《健全的社会》，孙恺祥译，上海译文出版社，2011，第170页。

乐。因此，现代人无法获得内心的和谐安宁。弗洛姆诊断出整个现代社会的不健全状态，他甚至将现代人的处境比拟成希腊—罗马衰亡时代人们在世事面前无力抗争的生存状态，只是现今的“无力抗争”是“幸福意识”麻醉①下的无力抗争，而这一点更加可怕，因为它甚至摧毁了人们“想象另一种生活方式”的意识。而马克思早在19世纪就已经看出，发达工业社会“一方面产生了以往人类历史上任何一个时代都不能想象的工业和科学力量。而另一方面却显露出衰颓的征兆，这种衰颓远远超过罗马帝国末期那一切载诸史册的可怕情景”②。

精神贫困、内心焦虑、创造力受限等状态使真正的休闲成为不可能。休闲必须建立在对生活充满积极的、富有创造性的构想以及个体自身能随时从外界的压力下解脱出来的自由心态上，现代人已经失去了这些能力，因而被真正的休闲“无情地拒之门外”。现代社会所谓的“大众休闲”实质上只是人们按照消费社会预期的规模与节奏以休闲的名义进行的一系列商品交换活动而已。人们既然并不知道该如何休闲，但又被教化必须休闲，于是，人们或者按照工作领域的原则（主要是合理性原则）高效消费一系列新奇商品、服务与体验，以获得充分的象征性地位带来的成就感与价值感；或者纯粹追求感官刺激与享乐，进一步用幸福的谎言麻醉自己，自欺欺人。海德格尔针对现代人的普遍的异化状态指出：“无家可归状态变成一种世界命运。”③ 休闲是人类为自己自由的灵魂开辟出的精神家园，当人类被休闲拒之门外时，就距这种“无家可归”的状态更近了。

① 〔美〕赫伯特·马尔库塞：《单向度的人——发达工业社会意识形态研究》，刘继译，上海译文出版社，2013。

② 《马克思恩格斯选集》第1卷，人民出版社，1995，第774页。

③ 〔德〕马丁·海德格尔：《路标》，孙周兴译，商务印书馆，2000，第400页。

第六章

休闲困境的出路探讨

在由资本主导的现代社会中，科技迅速发展、生产力不断提高、财富巨大积累等骄人成就极大提高和改变了人类作为整体对大自然进行控制与征服的自由程度与主体性姿态，但同时，个体的人逐渐沦为发展这种物质力量的工具性存在。这表现在个人的劳动力、创造力以及一切理性与感性活动能力都在“有用性”原则的裁剪下进行选择性开发与利用，而真正属人状态的自由、创造性、个性与价值追求等则被扭曲或消解。也就是说，现代社会在确证科技、生产力以及资本的力量的同时，却导致个体普遍的异化存在。

休闲陷入困境正是这种异化的特定表现和必然结果。然而，正如弗洛姆所言，“对快乐、和谐、爱与自由的需要内在于人的本性。在历史的进程中，这些需要也是动力因素，若得不到满足，就会引起心理上的反应，最终会创造出符合人的原初需要的环境来”[①]。休闲陷入困境已经引起人们普遍的不适[②]，尽管目前人们可能还没有意识到这些“不适”的来源，但迟早人们会自觉并行动起来，使休闲回归它本然的样态。

既然资本逻辑是导致休闲陷入困境的总根源，对资本逻辑的批判与超越就成为探讨休闲困境出路的基础与前提。

---

① 〔美〕艾里希·弗洛姆：《健全的社会》，孙恺祥译，上海译文出版社，2011，第65页。

② 现代人身体的亚健康状态以及精神上的焦虑、不安、迷茫、空虚等都是这种不适的具体表现。

第一节 超越资本逻辑的理论探索

亚当·斯密提出了劳动原则，赋予了私有财产以主体本质，马克思和恩格斯将他称作“国民经济学的路德”。以斯密、李嘉图为代表的国民经济学家正是通过他们的劳动理论对以私有财产和雇佣劳动为基础的资本逻辑进行守卫。其理论以承认异化劳动为基础，自然无法达到对异化劳动和资本的批判。黑格尔同样将劳动作为时代主题，他将劳动理解为自我意识辩证法，把人的自我产生看作一个过程，提升了人的“主体性”地位。但黑格尔不区分异化和对象化，将异化劳动领会为普遍劳动，论证劳动的特殊性和普遍性之间的辩证运动，对以资本为原则的异化劳动加以接受和肯定。黑格尔虽然以劳动界定人的本质，但真正的主体并非现实的、感性的人，而是自我意识，是绝对精神。最终，资本逻辑在黑格尔的“绝对精神”中得到了最完美的表达和辩护。因此，对资本逻辑的批判，是国民经济学之后尤其黑格尔的形而上学体系受到质疑之后开始的。

一 青年黑格尔派的浪漫主义超越

黑格尔奉行“存在的都是合理的”原则，对封建专制、基督教统治以及异化劳动进行保守主义辩护，但其哲学体系中丰富的辩证法思想又包含革命因素。青年黑格尔派就是19世纪30年代黑格尔去世以后，黑格尔哲学解体过程中产生的秉承其思想中革命元素的激进派。青年黑格尔派成员是一群对历史发展趋势有着敏锐嗅觉的青年知识分子，他们坚信理性精神的力量，对现实充满使命感和理想主义情怀，渴望知识和自由精神。他们反对黑格尔体系的保守倾向，力图从它的辩证方法中引出革命的和无神论的结论。

青年黑格尔派对现实的不满和超越是从宗教批判入手的，进而进入哲学领域再关涉政治。他们将占统治地位的政治、法律、道德观念与意识归入宗教和神学的观念意识，将一切占统治地位的关系都归为宗教的关系，从而通过宗教批判对正统思想展开攻击。但是他们过于强调理性精神对于推动世界历史前进的重要性，使其批判带有明显的浪漫主义成分和唯心主义色彩。在青年黑格尔派看来，宗教本质上是人的自我意识的外化，宗教的根源在于意识领域而不是世俗领域，因此尽管他们的宗教批判激进猛烈，但始终只局限于意识领域的斗争，没有关涉现实领域。即便费尔巴哈站在唯物主义立场，“从宗教上的自我异化，从世界被二重化为宗教的、想象的世界和现实的世界这一事实出发”[①]，他也只是“把宗教世界归结于它的世俗基础”，为宗教异化找到了世俗源泉。但费尔巴哈以为到此便完成了宗教批判的任务，“他没有注意到，在做完这一工作之后，主要的事情还没有做”，他没有分析作为宗教世俗基础的感性世界成为现状的历史发展过程，而“对于这个世俗基础本身首先应当从它的矛盾中去理解，然后用消除矛盾的方法在实践中使之发生革命”[②]。

总之，青年黑格尔派把人与人之间的一切关系、行为举止以及所受到的束缚都看成他们意识的产物，于是他们提出要用“人的、批判的或利己的意识来代替他们现在的意识，从而消除束缚他们的限制”[③]，他们想通过意识领域的斗争来实现现实领域的解放。正如马克思指出的，“既然青年黑格尔派认为，观念、思想、概念，总之，被他们变为某种独立东西的意识的一切产物，是人们的真正枷锁……那么不言而喻，青年黑格尔派只要同意识的这些幻想进行斗争就行了”[④]，但这种斗争的实质只是“用另一种方式来解释存在的东西，也就是说，借助于另外的解释来承认它”。因此，马克思称青年黑格尔派的思想家们“尽管满口讲的都是所谓‘震撼世界的’词句，却是最大的保守派”[⑤]，因为他们仅仅是为反对现存世界的“词句”而斗争，而不是反对现存的现实世界。

可见，青年黑格尔派尽管对社会现实充满批判与超越之决心，但他们

---

① 《马克思恩格斯文集》第1卷，人民出版社，2009，第504页。

② 《马克思恩格斯文集》第1卷，人民出版社，2009，第504页。

③ 《马克思恩格斯文集》第1卷，人民出版社，2009，第516页。

④ 《马克思恩格斯文集》第1卷，人民出版社，2009，第515页。

⑤ 《马克思恩格斯文集》第1卷，人民出版社，2009，第516页。

的批判只是由宗教领域进入哲学领域，没有再进一步进入现实领域，他们没有想到要提出哲学与现实之间的关系问题，即关于他们所做的批判和他们自身的物质环境之间的关系问题。他们对旧时代的批判以及对新时代的理想追求始终都是在纯粹的思想领域中发生的，从而注定这只是一种浪漫主义幻象。正因如此，他们“在共产主义的唯物主义者看到改造工业和社会结构的必要性和条件的地方”，“却重新陷入唯心主义”。①

针对青年黑格尔派的纯意识领域的批判，马克思认为他们只是“同现实的影子所作的哲学斗争”，马克思强调的是“批判的武器当然不能代替武器的批判，物质力量只能用物质力量来摧毁”②，所以他主张必须通过物质力量来重新开辟一条反对现存制度的现实斗争的道路，以取代周旋于“词句斗争”中的形而上学批判路向。

二　法兰克福学派的审美救赎

与青年黑格尔派的纯意识领域的批判相比，兴起于20世纪30年代的法兰克福学派对资本逻辑的批判则直击现实。法兰克福学派代表人物霍克海默明确地把哲学的社会功能界定为对现存的批判。他说：“哲学的真正社会功能在于它对流行的东西进行批判。……这种批判的主要目的在于，防止人类在现存社会组织慢慢灌输给它的成员的观点和行为中迷失方向。”③ 作为“西方马克思主义”的一个重要流派，法兰克福学派继承了马克思资本逻辑批判的立场态度，同时也吸收了西方其他思想资源，提出和建构了一套独特的社会批判理论，旨在对资产阶级的意识形态进行系统分析和“彻底批判”。霍克海默提出以“批判理论”取代“传统理论”，以一种否定性、批判性理论取代传统实证性、保守性理论，从而将自己置于资本主义再生产过程和现行劳动分工的限制之外，让人们清楚地意识到资本主义社会的基本矛盾；阿道尔诺通过“否定的辩证法”的“非同一性”，对理性形而上学的同一性与资本逻辑的抽象统治进行“同构性”瓦

---

① 《马克思恩格斯文集》第1卷，人民出版社，2009，第530页。

② 《马克思恩格斯文集》第1卷，人民出版社，2009，第11页。

③ 〔德〕马克斯·霍克海默：《批判理论》，李小兵等译，重庆出版社，1990，第250页。

解和批判；弗洛姆和马尔库塞对整个现代工业社会进行诊断和审视，揭示了资本逻辑下的大众文化同质化、虚假的需求及强制性消费、媒介控制等造成的人的压抑麻木的生存状态，指出现代社会是一个病态机体，是一个缺少批判维度的单向社会；结构主义马克思主义代表人物阿尔都塞通过对“意识形态”与“科学”的划分，对资产阶级的意识形态进行批判，等等。尽管法兰克福学派道德理论家们的具体批判视角和内容不尽相同，但总的来说，他们都对资本逻辑造成的对人的统治状态进行道德、文化或意识形态的批判。

法兰克福学派强调他们和苏联“止统马克思主义”的区别，他们期望探究一条超越“正统马克思主义”和苏联模式社会主义的消除资本逻辑之抽象统治的新路径。在这一点上，它对于跳出当时人们对马克思的思想和社会主义观念的机械式理解方式，加深对现实资本主义的认识，具有重大进步意义，同时也为后来人们重新认识马克思，以及继续探索社会主义发展的新思路，准备了丰富的理论资源和研究视野。①

但也正因为法兰克福学派从一开始就刻意与“正统马克思主义”划清界限，批判理论逐渐远离马克思主义发展的主流。他们试图去融合那些与马克思哲学方法论对立的理论立场，不仅表现出对马克思主义理解的偏差，而且其折中性和调和性也大大降低和削弱了马克思主义的批判性和战斗力。因此从历史唯物主义立场来看，法兰克福学派的资本逻辑批判思想具有诸多的局限性。首先，在批判标准上，法兰克福学派的资本逻辑批判是以抽象的人道主义为标准的。马克思的资本逻辑批判当然也包含对资本逻辑奴役人性的人道主义批判（尤其在以《1844 年经济学哲学手稿》为代表的早期著作中），但综观马克思的整个批判思路，马克思是从历史唯物主义大尺度，在广义的生产逻辑上进行资本逻辑批判的。历史唯物主义批判要求跳出主体性哲学的范围，从历史科学的角度将资本逻辑放在生产力与生产关系这对既植根于人又超越了单个人狭隘性的关系范畴中去考

---

① 白刚、吕鹏：《“超越”资本逻辑的四条道路——兼论马克思历史唯物主义的当代价值》，《南京社会科学》2013 年第 12 期。

察，从前资本主义的自然经济到资本主义市场经济再到未来共产主义社会的产品经济的发展历程中揭示资本的历史性，从而将资本逻辑批判标准建立在科学性与价值性相统一的基础上。法兰克福学派用人性、爱欲、本能、绝对自由等抽象人道主义标准来批判资本逻辑，把历史唯物主义对资本主义的否定理解为工人因遭受异化劳动产生愤怒情绪进而谴责资本，这偏离了马克思的宏观历史评价架构。其次，在批判维度上，法兰克福学派的资本逻辑批判集中在单纯的异化论维度。法兰克福学派的重要理论武器就是马克思早期著作中的异化概念和卢卡奇的“物化”思想，他们高度评价马克思的异化理论，认为这是马克思学说中的核心思想。他们将异化批判由生产过程扩展至消费过程和意识形态领域，强调异化的“多面性和无所不在性”。但是，法兰克福学派更多的是站在伦理的、道德的、价值性的、“革命的”的视角来抨击异化现象，而没有采用历史的、实证的、科学性的、结构性的视角来揭示资本逻辑运行中的问题。他们把科学性与实证主义混为一谈而加以拒斥，把革命性与人本主义混为一谈而加以推崇，从而割裂了马克思主义的革命性与科学性，形成单一异化论维度的资本逻辑批判模式。而马克思历史唯物主义的资本逻辑批判采取的是革命性与科学性相统一的综合批判模式，它包括资本主义所有制批判、资本主义社会危机批判、资本逻辑的历史性质批判和资本逻辑的伦理性质批判等多重维度，单纯的异化论维度批判显然严重削弱了资本逻辑唯物主义批判的科学性和深刻性。最后，在批判层次上，法兰克福学派对资本逻辑的批判始终停留在社会现实的现象层面，未深入社会现实的深层结构，一个重要的原因在于他们中的大部分集中在学术领域，“在工人阶级的活动低落时期从事写作，从而相对地脱离了政治实践”①。他们对资本逻辑下现代社会人的异化生存状态的揭示和抨击可谓痛快淋漓，但因对资本逻辑缺少历史性和政治经济学的结构性分析，他们的批判理论始终表现为对资本主义社会现实外在的道德批判和文化批判。其理论落脚点不是寻求推翻资本

① 〔英〕戴维·麦克莱伦：《马克思以后的马克思主义》，李智译，中国人民大学出版社，2004，第282页。

主义制度的根据，更多的是发泄对这种制度某一方面的不满和失望。而在超越路径上，法兰克福学派认为，晚期资本主义社会的变革途径和目标只能是主观的、文化的、意识的、心理的革命。可见，他们看似激进的批判话语实质上仍然是保守的，这是对真正马克思主义的退步。法兰克福学派第二代的中坚人物哈贝马斯就曾自嘲又深刻地指出，“我们也乐于无视如下事实：我们依然是青年黑格尔派的当代同人”。正因如此，法兰克福学派的一些主要代表人物，如阿道尔诺、本雅明、马尔库塞等后来都走向了无奈的“审美救赎”之路。“由于没有能力把进步的解放趋势置于历史现实中，批判理论家们被迫到审美领域去查找否定力量的替代性源泉。”①最终，法兰克福学派的资本逻辑超越理论实际上使马克思主义的现实主义原则蜕变为一种空洞的理想化的乌托邦主义和审美救赎论。

三　后现代的虚无主义超越

后现代主义的出现源自它对现代性的不满。现代性的基本特征是资本与理性形而上学结合形成的资本逻辑及其对人的抽象统治，可以说后现代主义总体上是对资本逻辑的反思与批判。在后现代主义的批判视野中，由于资本逻辑在经济领域发挥普遍性交换规则的强制作用，同时兼有世俗领域政治权力的功能，这样，由对人的抽象统治与现实统治共同生成的资本逻辑统治形态取代了宗教领域的上帝，成为现实社会的真正主宰。因此，作为后现代主义理论先驱的尼采呼吁用“铁锤”哲学打碎一切，杀死“上帝”，重估一切价值，彻底批判资本逻辑之抽象性对人的全面束缚。20 世纪，自尼采以来的西方哲学的一个最响亮的口号就是“拒斥形而上学”。在此背景下，后现代主义呈现蓬勃发展态势。德里达用“延异”解构“逻各斯中心主义”，即对稳固的本质主义和结构系统进行去中心化解构；德勒兹用横向思维对抗纵向思维，用解域化对抗领域化，用精神分裂对抗精神分析；福柯用快感和欲望对抗主体和理性；利奥塔用小型叙事对

① 〔美〕理查德·沃林：《文化批评的观念——法兰克福学派、存在主义和后结构主义》，张国清译，商务印书馆，2000，第 113 页。

抗宏大叙事和元话语；福柯、德勒兹、利奥塔和整个女性主义用微观政治来取代宏观政治。总之，后现代主义理论家们的共同特点是用差异性对抗总体性，用片段对抗整体；反对理性、启蒙和主体观念，反对绝对化、基础主义和本质主义；肯定多元性、多样性、差异、非中心、零散化、机遇、混沌、不确定性、流动和生成。

可以说，后现代主义对于西方传统哲学的批判是整个西方哲学发展史上哲学批判和论战中最全面、最激烈、最具根本性的一幕。后现代主义的解构思想和批判理论在揭露启蒙运动之后西方资产阶级话语的形而上学本质以及批判资本的形而上学抽象性造成对人的存在状态的统治方面具有重要意义。因此，在反抗和批判资本逻辑的同一性统治的意义上，后现代主义与马克思主义有相通的地方。

需要注意的是，后现代主义虽然对以资本形而上学为标志的现代主义的批判采取激进立场，但是并未完全超出资本主义的话语逻辑，从根本上来看，后现代主义仍然是“晚期资本主义的文化逻辑”①，在大肆喧嚣批判和解构的背后，“后现代主义并没能提出超越资本主义框架的概念工具”，只是以把资本主义话语逻辑推向极端的方式批判资本主义，其实质是资本逻辑通过后现代主义的形式批判自身，从而进一步延续了资本逻辑的存在。另外，后现代主义虽然对资本逻辑产生的既抽象又现实的统治进行了摧枯拉朽式的批判，但并未真正触及这种统治现象与资本主义经济事实之间的深层关联，因此并未激发人们对克服资本逻辑之统治进行创造性改革的意识，更没有提供克服这一逻辑的现实性总体思路。因此，与马克思对资本逻辑的批判相比，后现代主义批判的彻底性要逊色得多。就根本意义而言，后现代主义思想家们对资本逻辑的形而上学本质的批判，“仅仅代表了沿着资产阶级思想的外围所做的一次思想之旅，除此之外，没有任何新东西”，其甚至成了“同特权利益者相帮衬的意识形态”。②

---

① 〔美〕詹明信：《晚期资本主义的文化逻辑》，陈清侨、严锋等译，生活·读书·新知三联书店，2013。

② 〔埃及〕萨米尔·阿明：《全球化时代的资本主义——对当代社会的管理》，丁开杰等译，中国人民大学出版社，2005，第120~121页。

发展到极致，后现代主义的批判就会陷入多重“虚无主义”。一是后现代主义理论家主要是停留在资本主义思想理论领域展开对资本逻辑的批判的，仅仅从文化和哲学的层面试图给出一劳永逸的答案，相对地脱离了资本主义社会的物质生产实践、政治实践等现实领域，因而，实质上，这是对社会现实的虚无，对作为社会现实之本质的社会实践的虚无。二是后现代主义强调无中心意识和多元价值取向，其直接后果就是评判价值的标准不清楚或全然模糊。这一方面使人们认识到价值的相对性和多元性，使人们的思想不再拘泥于社会理想、人生意义、国家前途、传统道德等，从而使人的思想得到彻底的解放；另一方面使人对于自我有了更深刻的了解，但同时它也导致出现价值相对主义和怀疑主义。后现代主义拒斥理性形而上学，批判现代主义的一切价值形态，在发展到一定程度后就会通向彻底否定价值、否定形而上学的虚无主义。三是后现代主义在世界观和历史观上推崇主观性和相对性，认为现象背后无本质，历史之中无规律，强调理解和解释对历史的影响。后现代主义以小型叙事引导人们对历史经验进行多维的、开放式的思考，倡导对待历史的主观与客观的“视界融合”，鼓励人们在认识客观历史的过程中大胆地运用主观能动性，使历史产生更多的微观现实意义。但如此也否定了近现代哲学中的唯物主义传统，导致历史领域出现虚无主义。正因如此，后现代主义对资本逻辑缺乏历史性生成论维度的认识，因而后现代主义无法提出克服资本逻辑的现实路径也就成为自然。

第二节　马克思对资本逻辑的多维度批判

在马克思所处的时代，资本主义生产方式开始彻底改变人类命运，资本逻辑以及建立在其基础之上的资本主义剥削体系成为控制社会发展和人们生活方式的主宰。马克思对资本主义的批判原则是要“改变世界”而非仅仅“认识世界”，这意味着马克思的资本逻辑批判不会仅仅停留在理论上，而要探讨如何在现实中真正超越资本逻辑。因此，马克思的资本逻辑批判是一种“内在而超越”的“感性活动”，这种“内在超越”的实践性质，决定了资本逻辑批判必然又是历史性批判和存在论批判，即这种批判要超越现象层面的抨击和单纯伦理道德层面的控诉，要深入资本逻辑的运行本质，剖析资本对人的控制的内在机理，资本逻辑的产生、发展、消亡的经济与社会历程及其历史必然性，同时揭示超越资本逻辑的理论与现实路径。

一 对资本逻辑本质的批判

无论是青年黑格尔派还是后来的法兰克福学派抑或是后现代主义学者在批判资本逻辑之余均无法提出超越资本逻辑的现实路径，根本原因在于批判本身未深入资本逻辑的本质及运行过程。尽管马克思早期的资本逻辑批判（以《1844 年经济学哲学手稿》的“异化劳动”批判为代表）仍未摆脱青年黑格尔派的影响，带有明显的人道主义色彩，但随着对所遭遇现实“难题”开始进行思考，马克思进入资本主义市场内部，对资本主义经济事实展开研究，资本逻辑批判便逐渐深入本质。

商品是资本诸形态的逻辑起点，马克思正是从商品概念入手，在分析商品内在属性的过程中揭示了资本逻辑的存在论基础。商品具有的使用价值和交换价值二重性的背后隐藏的是人类劳动在资本逻辑中所表现出的二重化。商品的交换价值把人的具体劳动抽象化为可以等价交换的抽象劳动，这种抽象化是资本逻辑得以运行的前提和基础。资本主义生产方式是一种特殊的、具有历史规定性的生产方式，资本主义生产方式的确立必须建立在存在劳动力商品的条件下。资本的生产体现在资本的总公式 G—W—G′中，这个公式展现了资本的价值增值。那资本是如何实现价值增值的呢？对这一问题的追问构成了马克思资本逻辑本质批判的核心。价值之所以能够增值，正是因为资本主义市场中劳动力的商品化。劳动力商品与其他商品一样有交换价值和使用价值，其交换价值表现为生产劳动力的社会必要劳动时间，由资本所有者在商品交换领域通过工资支付给工人，整个交易“自由且平等”；而劳动力商品的使用价值只有在生产领域，即在它为资本家劳动时才表现出来。问题的关键在于劳动力商品进入生产领域创造了超出自己交换价值的价值量，超出的部分被资本所有者无偿占有，这就是剩余价值。对劳动力商品的消费，即雇佣劳动的生产正是资本主义特有的劳动形式。雇佣劳动不仅生产商品，而且生产剩余价值，这就是资本实现价值增值的秘密。马克思正是通过对劳动力商品的分析提出剩余价值理论，从而揭示了资本主义私有制下资本对雇佣工人的剥削关系。因此，马克思在揭示资本增值秘密的同时也揭示了资本逻辑的剥削本质。

显然，资本逻辑表面上体现为“自由且平等”的物的交换关系，这不仅在于普通商品买卖中的你情我愿，还表现为在劳动力市场中通过工资制度实现的“自由自愿”，资本似乎在一系列“自由自愿”的交换行为中实现了价值增值。但这种物与物之间的平等的交换关系背后是人与人之间真实的剥削关系，经济范畴关系背后隐藏的是人的社会关系。因此，马克思这样界定资本的本质：“资本不是物，而是一定的、社会的、属于一定历史社会形态的生产关系，后者体现在一个物上，并赋予这个物以独特的社会性质。”① 资本以不同的物的形式存在，但本质上它始终构成资本主义私有制的生产关系以及雇佣劳动中剥削关系的核心和主导。

而且在以雇佣劳动为特征的资本主义经济形态中，资本对剩余劳动的剥削是没有界限的。一方面，资本为了追求剩余价值最大化，可以超越雇佣工人的身体界限和道德界限。马克思就通过对资本主义生产内部“工作日”等具体经济事实的考察揭示了资本对雇佣工人的疯狂剥夺。另一方面，这种无界限体现在资本积累的无限扩张中。资本的生产只是一个起点，它的繁殖本能驱使它不断进行再生产，而形成资本积累。资本积累就是剩余价值的再资本化，在这个过程中，资本的规模和力量不断扩大，工人却始终“自由得一无所有”。因为在雇佣劳动制度下，工人的劳动始终被对象化为资本家的产品，实现剩余价值，但工人自身没有任何改变，从而为剩余价值的再资本化源源不断地提供雇佣劳动。因此，资本主义不仅生产商品，生产剩余价值，而且还生产和再生产资本主义生产关系本身。通过对资本价值增值和资本积累过程的批判，马克思揭示了资本逻辑的秘

① 《马克思恩格斯全集》第46卷，人民出版社，2003，第922页。

密：资本不是物，而是由繁殖增殖本能所推动的运动过程。以价值增值为目标的没有止境和没有限度的繁殖，正是资本逻辑的本质。

二　对资本逻辑的历史批判

马克思通过对资本主义市场内部经济事实的批判，揭示了资本逻辑的剥削本质，而资本追求无限扩张、利润最大化的最终结果是资本逻辑的世界化以及人的生存异化的普遍化，即资本逻辑延伸到全世界和人类生活的各个领域，实现资本时代物对人的全面统治。资本主义物化统治是人类社会发展的必经阶段，但历史不会在资本主义社会形态中终结，马克思的资本逻辑批判要在与其历史唯物主义的互释中去理解，对资本逻辑的本质批判暗含并导向对资本逻辑的历史批判。

资本逻辑产生的历史前提是劳动力与劳动资料相分离，并在市场中自愿结成买卖关系，因此，劳动力成为商品是资本逻辑的起点，而这在历史上是在资本的原始积累中实现的。一方面是劳动力商品的形成，另一方面是生产资料迅速大规模集中在少数人手里。资本逻辑以其革命性力量破除了一切“封建的、宗法的和纯朴的关系”[①]，使个人从“狭隘人群的附属物”[②] 变成法律上自由平等的独立“个人”，这无疑是巨大的历史进步。同时，资本逻辑创造了巨大的生产力。马克思从来都不惜笔墨地肯定资本的伟大文明作用，早在《共产党宣言》中，马克思就指出：“它第一个证明了，人的活动能够取得什么样的成就。它创造了完全不同于埃及金字塔、罗马水道和哥特式教堂的奇迹；它完成了完全不同于民族大迁徙和十字军征讨的远征。”[③] 在《资本论》中，马克思详细考察了资本在利润最大化原则下如何实现扩张，把一切国家和民族都卷到资本文明当中来，从而开始了世界历史的进程。资本逻辑的伟大创造性毋庸置疑，但马克思深刻批判了资本逻辑在其伟大的创造性背后对人的剥削和压制。在资本本能的繁衍增殖运动中，人被纳入其有用性的体系中并成为工具，为资本的力

---

① 《马克思恩格斯全集》第 4 卷，人民出版社，1958，第 468 页。

② 《马克思恩格斯全集》第 30 卷，人民出版社，1995，第 22 页。

③ 《马克思恩格斯选集》第 1 卷，人民出版社，1995，第 275 页。

量服务。尽管个体资本运行遵循资本所有者的意愿和目的，但资本逻辑的整体运动摆脱了人的支配，形成一种凌驾于人之上的异己的强制力量，主宰和统治着人的世界。结果是物的丰富性与人的片面性同时发展，贫富分化与拜物主义程度不断加重，人被自己生产的物与社会关系束缚和奴役。

马克思站在历史唯物主义角度，通过对资本主义社会形态的批判性考察透视整个人类历史的发展过程。就人的存在状态而言，马克思将人类社会发展分为三个阶段："人的依赖关系（起初完全是自然发生的），是最初的社会形式，在这种形式下，人的生产能力只是在狭小的范围内和孤立的地点上发展着。以物的依赖性为基础的人的独立性，是第二大形式，在这种形式下，才形成普遍的社会物质交换、全面的关系、多方面的需要以及全面的能力的体系。建立在个人全面发展和他们共同的、社会的生产能力成为从属于他们的社会财富这一基础上的自由个性，是第三个阶段。第二个阶段为第三个阶段创造条件。"① 显然，资本逻辑进程承载的是"以物的依赖性为基础的人的独立性"阶段。资本逻辑以解除人身依附性、形成独立的自由人为前提，其创造的生产力和社会关系不仅解放了人的身体，而且丰富了人的能力和需要，但它实现的"人的独立性"并非个人真正意义上的独立性。无论是资本所有者还是雇佣工人，其存在价值和存在方式都依赖物的标准来衡量和体现。在资本逻辑的无限增殖程序里，工人固然作为劳动力商品被吸附到进行剩余价值生产的庞大机器上并充当零部件，丧失了独立存在的意义；资本家同样被市场规律与盈利欲望所统治，成为资本繁衍增殖的工具。因此，资本逻辑中的个人只是法律和交换关系中的自由个人，并非真正自由独立的社会个人，个人挣脱了"人的依赖关系"，却"以物的依赖性为基础"，并被物所统治，这是"人的独立性"采取的一种异化形式。

马克思曾指出，真正的人的独立性，即建立在个人的全面发展基础上的自由个性是历史的产物，"要使这种个性成为可能，能力的发展就要达到一定的程度和全面性，这正是以建立在交换价值基础上的生产为前提

① 《马克思恩格斯全集》第30卷，人民出版社，1995，第107～108页。

的，这种生产才在产生出个人同自己和同别人相异化的普遍性的同时，也生产出个人关系和个人能力的普遍性和全面性”[①]。资本逻辑生产出物的统治和人的普遍异化只是证明，“个人还处于创造自己的社会生活条件的过程之中，而不是从这种条件出发去开始他们的社会生活”[②]，但是它形成普遍的物质交换、全面的社会关系、多方面的需要以及丰富的能力体系，恰恰为人的全面发展准备了生产力、个人能力和社会联系等方面的条件。这种准备之所以必须，是因为如果没有生产力的巨大发展，社会联系的世界性拓展就只有贫穷和迷信，一切“陈腐污浊”的东西就会“死灰复燃”。因此，对于美化原始或封建状态的“全面”个人的浪漫主义观点，马克思曾予以抨击，“留恋那种原始的丰富，是可笑的，相信必须停留在那种完全的空虚化之中，也是可笑的”[③]。资本逻辑进程是向全面发展的个人以及真正的人的独立性过渡的必经阶段。

但显然，资本逻辑世界只是人类创造更好生活的一个历史阶段，而不是永恒的政治幻象。马克思通过分析具体的经济事实深刻揭示了资本逻辑的自反性。根据马克思的分析，资本从自身的无限增殖逻辑出发，努力将自身打造成一个自我发展的体系，这要求资本不断克服增殖过程中的各种限制，不断创造再生产的前提。于是资本“摧毁一切阻碍发展生产力、扩大需要、使生产多样化、利用和交换自然力量和精神力量的限制”[④]，以保证其增殖体系顺利运行。这不仅是指阻碍生产力发展的外在限制要全力被摧毁（包括破除旧的生产关系的束缚、开拓新市场、创造需求等），生产力本身的内在动力因素（生产与管理技术、机器设备以及劳动力素质等）也要永不停歇地革新与壮大。总之，“生产力或一般财富从趋势和可能性来看的普遍发展成了基础”[⑤]。但是马克思明确指出，资本对这些限制的不断克服并不能说明它在实际上已经完全超越导致这些限制的各种

① 《马克思恩格斯全集》第 30 卷，人民出版社，1995，第 112 页。

② 《马克思恩格斯全集》第 30 卷，人民出版社，1995，第 112 页。

③ 《马克思恩格斯全集》第 30 卷，人民出版社，1995，第 112 页。

④ 《马克思恩格斯全集》第 30 卷，人民出版社，1995，第 390 页。

⑤ 《马克思恩格斯全集》第 46 卷下册，人民出版社，1980，第 36 页。

矛盾，资本主义的生产正是这些限制不断被扬弃而又不断产生的无休止的矛盾的运动过程。最终，“资本不可遏止地追求的普遍性，在资本本身的性质上遇到了限制，这些限制在资本发展到一定阶段时，会使人们认识到资本本身就是这种趋势的最大限制，因而驱使人们利用资本本身来消灭资本”[①]。

资本的运行过程充满了矛盾，马克思指出，它一方面“竭力把劳动时间缩减到最低限度”，另一方面“使劳动时间成为财富的唯一尺度和源泉”。[②] 这样，资本必须尽可能压缩必要劳动时间以增加剩余劳动时间，从而“缩减必要劳动时间形式的劳动时间”，也就是说，剥削成为劳动的条件。另外，资本一方面调动科学和自然界以及社会交往的一切力量，以使财富的创造尽可能不依靠劳动时间；另一方面“想用劳动时间去衡量这些造出来的巨大的社会力量”[③]。而根据资本的使命，所有这些被创造出来的社会力量又必须在交换中实现价值转换，这必然导致无限创造与有限交换之间的矛盾。马克思指出交换价值对使用价值，也即消费对生产的限制是资本最致命的界限。与交换价值的实现问题直接联系的生产过剩使资本遭受“一次比一次更大的崩溃”。

正因为这些限制均来自资本自身的体系，这使类似西斯蒙蒂提出的通过习惯、法律等从外部给生产设置限制的想法注定会失败。“资本的发展程度越高，它就越是成为生产的界限”[④]，资本不断推进的生产力和社会关系，实际上成为炸毁资本大厦的物质条件。生产资料私有制与社会化大生产之间的矛盾导致无法解决的经济危机是埋在资本主义世界的定时炸弹；私有制和雇佣劳动制度下阶级矛盾及贫富差距日益加剧；以利润至上为导向所形成的拜金主义、消费异化、生态破坏、文化工业化以及道德堕落助长了人的全面异化，这一切都预示着资本主义社会有其瓦解的界限。正如马克思指出的，“资产阶级的生产关系和交换关系，资产阶级的所有

---

① 《马克思恩格斯全集》第 30 卷，人民出版社，1995，第 390 ~ 391 页。
② 《马克思恩格斯全集》第 46 卷下册，人民出版社，1980，第 219 页。
③ 《马克思恩格斯全集》第 31 卷，人民出版社，1998，第 101 页。
④ 《马克思恩格斯全集》第 30 卷，人民出版社，1995，第 397 页。

制关系，这个曾经仿佛用法术创造了如此庞大的生产资料和交换手段的现代资产阶级社会，现在像一个魔法师一样不能再支配自己用法术呼唤出来的魔鬼了”①，反而要被这些自己制造出来的强大的生产力和生产关系结束生命。总之，资本主义无法逃过历史的审判，资本逻辑必须且必然被超越，这是马克思立足于“人类社会或社会的人类”② 所做出的科学判断。

三 对资本逻辑的存在论批判

马克思的资本逻辑批判的显性逻辑是以辩证的叙述形式揭示资本逻辑的经济运行方式，但它更重要的隐性逻辑是以存在论的批判形式“承诺”了人类对于自由与解放的终极指向。因此，马克思在分析资本主义生产方式及发展规律、揭示资本逻辑的剥削本质及历史界限时，始终都关涉人的存在状态，可以说，资本逻辑批判的目的正是要探索如何超越资本逻辑以解放现实的个人。因而资本逻辑的本质批判及历史批判最终指向资本逻辑的存在论批判。

对人的自由存在状态的追求是马克思一生的理想与信念。早在撰写博士学位论文期间，马克思就通过对德谟克利特的自然哲学与伊壁鸠鲁的自然哲学的比较表达了对自由个性的崇尚；在早期的异化劳动批判中，对工人的异化生存状态的揭示、对资本残酷剥削的抨击无一不显示马克思对人的自由解放的存在论关怀；尽管以《资本论》为代表的后期理论对早期异化批判中的人道主义倾向进行扬弃，但是人的自由个性及全面发展始终构成马克思对人的理想存在方式以及理想社会形态追求的核心元素贯穿其整个理论历程。

在马克思之前，国民经济学家们从经济学视角揭示了资本主义生产关系下工人的艰难生存状况，黑格尔以哲学思辨的方式展现了人类被抽象理性统治的时代状况。但不管是国民经济学的经济批判还是黑格尔的哲学批判都没有区分作为物（商品）和作为人的存在本质，它们没有从人的存

① 《马克思恩格斯选集》第1卷，人民出版社，1995，第277～278页。

② 《马克思恩格斯选集》第1卷，人民出版社，1995，第57页。

在论维度对资本逻辑展开批判。在马克思所处的时代，资本主义生产方式引发的社会矛盾已经凸显，针对资本的残酷剥夺和雇佣工人的异化境遇，马克思没有停留在对现实的泄愤式抨击和单纯的人道主义同情上，也没有诉诸形而上学的理论逻辑路径，而是深入资本主义经济进程内部，通过对资本主义经济问题的分析展开生存论批判。

《资本论》是一部研究资本主义经济运行情况的著作，但其中每一个概念都不完全是抽象的经济学范畴，而是在经济学的形式下隐匿地表征人的存在方式的哲学存在论范畴。在马克思看来，经济范畴关系背后隐藏的是人的社会关系，每一个经济范畴都是人的生存状况的信号或符号。例如，劳动在国民经济学家那里被规定为财富的源泉和商品价格的依据，但劳动本身只代表"辛苦"和"麻烦"。对马克思来说，劳动成为人的本质和人的需要，具有审美和存在论意义。作为经济范畴，马克思通过劳动的二重性、社会必要劳动和剩余劳动等劳动价值理论揭示资本价值增值过程及其剥削本质；而在经济范畴背后，马克思更注重劳动的存在论意义。马克思认为是劳动成就了人的社会性和历史性，劳动（物质生产活动）的方式体现人的存在方式。马克思批判资本主义生产条件下的劳动异化，构想共产主义社会劳动成为人的第一需要，表达的正是不同生产方式下人的存在的自由度问题。可见，在马克思的资本逻辑批判中，经济学范畴承载着存在论追求。围绕生产资料、劳动资料、劳动力、商品、交换、利润、剩余价值等经济学概念及由之所构建的经济学批判体系的理论实质是建立在存在论基础之上的哲学批判体系。

对资本逻辑的存在论的批判基于马克思对人的生存关切及自由解放旨趣，它是对人的理想存在方式的守护和追求。这种守护和追求并不是形而上学的理论思辨，不是用新的理论重塑"现实"，而要以实践的态度批判与超越现实，不仅现实地分析资本逻辑造成人异化存在的社会历史根源，而且在实践中探寻超越和扬弃资本逻辑的现实途径。

马克思非常反对进行仅限于理论批判的"词句斗争"和观念斗争，对于青年黑格尔派试图通过纯粹意识领域的斗争来实现现实领域解放的做法，马克思曾给予尖锐的批判。资本逻辑统治本质上是经济事实背后的社会关系的统治，而“关系当然只能表现在观念中，因此哲学家们认为新时代的特征就是新时代受观念统治，从而把推翻这种观念统治同创造自由个性看成一回事”①。但“抽象或观念，无非是那些统治个人的物质关系的理论表现”②，也就是说，资本逻辑统治表现为抽象或观念的统治，但最终是物的关系的统治，因此在马克思看来，要想破除资本逻辑对个人的控制，现实的途径就是在实践中摧毁资本逻辑得以滋生的物的基础，即超越资本主义社会关系。

事物的内部矛盾是事物发展的根本动力，因而对资本主义社会关系的超越只能是一种内在超越。改变人受物的统治的资本主义“旧世界”，实现人的自由存在的“新世界”是马克思资本批判理论的根本旨向，但新世界并非完全外在地对立于旧世界，而恰恰是从旧世界中生长出来。不仅“新世界”人的解放和自由个性的形成所需的物质基础来自资本主义，资本主义在自身发展进程中不断积累的矛盾也为新的社会形态孕育生长点，促使旧世界的灭亡和新世界的诞生。因此，马克思是从资本主义生产内部进行资本逻辑批判的，就是“把他正在试图进行的研究作为前提，并通过指明它的矛盾性而摧毁这个前提”③，即通过揭示和批判旧世界内在的矛盾和困境，发掘资本主义社会本身孕育的新世界的革命因素，即在批判旧世界中发现新世界。同时，批判和超越既然是内在的，就必然是历史的。资本主义内部矛盾的不断发展决定了对资本逻辑的批判不可能一蹴而就，资本统治形式的嬗变及自身矛盾的调节决定未来理想世界是一个逐渐生成的过程。正是在这个意义上，马克思强调，资本逻辑批判不是“教条式地预料未来”，不是推断一个“适合将来任何时候的一劳永逸的决定”④，而是一种开放的、需要不断进行下去的实践过程。

可见，对资本逻辑的生存论批判是在实践的基础上进行内在超越的历

① 《马克思恩格斯全集》第30卷，人民出版社，1995，第114页。

② 《马克思恩格斯全集》第30卷，人民出版社，1995，第114页。

③ 〔英〕梅格纳德·德赛：《马克思的复仇——资本主义的复苏和苏联集权社会主义的灭亡》，汪澄清译，中国人民大学出版社，2008，第49页。

④ 《马克思恩格斯全集》第1卷，人民出版社，1956，第416页。

史性批判，它通过对现实的深度揭示与解析彻底瓦解资本逻辑下的种种幻象，为人类开辟一条从资本逻辑统治中获得解放的可能性道路。

第三节　走出休闲困境的现实路径

要摆脱现代人面临的休闲困境，必须破除资本逻辑的全面统治，单纯依靠对资本逻辑的形而上学与意识形态批判（如青年黑格尔派、法兰克福学派或后现代主义的核心立场）显然行不通，真正的出路在于在辩证批判的基础上对资本逻辑进行现实超越与制衡。当下，觉醒与反对的声音已经开始萌发，越来越多的人开始意识到资本逻辑及其统领下的社会价值标准与消费观念对现代人的控制与奴役，并努力开拓新的生活方式。无论就资本逻辑的自反性而言，还是就资本逻辑造成的生存困境不断激发人们的对抗意识而言，在劳动、消费、休闲等异化发生的同时，扬弃的过程也在进行，人类最终一定会创造出“符合人的原初需要”的生存环境。首先，我们要尽可能在超越资本逻辑与发展社会财富之间保持适当的平衡，在利用资本发展生产力的同时，限制资本逻辑的异化力量；其次，对主体自身而言，理想的休闲生活必须以正确的休闲观念和一定水平的休闲能力为基础，因而休闲教育必不可少；最后，要规范和引导休闲发展边界和方向，因而不断完善休闲政策成为必须。

一　对资本逻辑的制衡——“纵向发展，横向制约”

马克思曾明确指出，“资本本身是处于过程中的矛盾”①，并数次直接预言了资本必然灭亡的历史命运，但也正因为资本是“处于过程中的矛盾”，当矛盾过程还未充分展开、矛盾的对立面还未完全生成时，包含自身否定因素的资本就还会继续存在。具体来说，只要人类社会还处在以商品经济为基础的历史阶段，即马克思所说的“以物的依赖性为基础的人

---

① 《马克思恩格斯全集》第46卷下册，人民出版社，1980，第219页。

的独立性”[①] 阶段，资本的创造力和文明面就依然还履行着历史使命，资本就还气数未尽。因此，无论是西方发达资本主义国家还是在市场经济体制下的社会主义国家，我们都不可能人为、主观地取消资本。同时，只要资本逻辑依旧统领社会生产方式，它就不可避免地构成现代社会的生存论基础，人的存在难免陷入困境。因此，如何在发挥资本的“创造力”与限制资本的“破坏力”之间权衡成为现代社会发展无法回避的问题。

人类陷入当前的生存困境最根本的原因在于资本逻辑主宰了社会所有领域，绑架了人的所有生存空间（从生产世界到生活世界、从经济政治到文化观念，从工厂、商店到学校、家庭）。借助现代发达的工业技术与理念，资本不顾一切地征服、占有、提高、加速甚至透支，无论在规模上还是在程度上，资本都处于一种无节制、无边界的激素式扩张之中。结果是，不仅大自然，而且人类都变得空虚和虚弱。但正如马克思强调的，“自我异化的扬弃同自我异化走的是一条道路”[②]，资本的发展、壮大与资本的消亡，或者说对资本的利用和超越将是同一个历史过程。立足于现代社会发展水平与人的生存状态，一方面，我们要坚决摒弃资本永恒论的盲目自欺式观点及其相关的辩护理论，认清超越资本逻辑既是历史发展的必然趋势，也是人类追求解放的内在要求；另一方面，我们要在利用资本的同时限制资本的无限扩张与渗透，在发挥与制约资本逻辑之间保持合理的张力，尽可能让资本在最有利于人类生存的限度内繁衍增殖。

事物的界限规定着事物自身的本质和生命力，超越界限。事物就否定自身成为他物，同样，资本的界限规定资本的生命力及其发生、发展和完成的历程，这一界限由资本内部矛盾运动状况所决定，具有历史必然性。这意味着，在资本的优越性与合理性尚未完全丧失之前，任何人为使之越过界限的举动都是徒劳。尽管如此，但这并不意味着在资本发展过程中，我们只能听任资本肆意蔓延，直至窒息人类的生存。承认资本在现代依然具有合理性和生命力，只是就资本的历史界限而言，也即就资本的纵向边

① 《马克思恩格斯全集》第46卷上册，人民出版社，1979，第104页。

② 《马克思恩格斯全集》第3卷，人民出版社，2002，第294页。

界而言，我们确实无法一下子跨越资本逻辑和商品经济社会，直接步入共产主义的产品经济社会，因此，我们应该保持资本的“纵向发展”，使其继续发挥生命力，但是，我们可以规定资本在运行过程中的横向边界，对资本进行“横向制约”。如果说资本运动是人类社会发展到特定阶段必然呈现的历史潮流，而无限增殖与扩张又是资本的本性，那么我们至少可以利用“引流”的方式以防“资本之流”四处流淌，最终淹没所有适宜人类生存的绿洲。这种“引流”就是给资本设置适当的横向边界，让资本在合理的界域内释放能量。只有这样才能给休闲所必需的属人的、精神的、生活的世界留出空间。

其一，资本的横向界限应该区分生产世界与生活世界。生活世界是社会发展的基础性层次，也是休闲的直接生发地和归属地，是人类蕴含丰富意义和解放潜能的生存空间。但随着资本逻辑向生活世界“殖民”，现代社会的日常生活也受到交换价值规律与经济理性的统摄，习俗、情调、信仰等人们长久以来守护的东西正在丧失，日常生活成为资本赢得新生命力的生产空间，人类社会进入完全的生产世界模式。因此，抵制资本逻辑霸权向生活世界无止境地扩张是必须对资本设置的首要界限。休闲必须摆脱生产世界唯利润率的考量标准，植根于生活世界和人的真实需要，这样，人们才能在休闲中更好地放松身心、体会生活意义、获得真正的休闲感。

其二，这种界限必须区分经济领域与文化精神领域。文化是个人价值观与社会价值标准的引领者与塑造者，是社会批判力量的孕育载体和表达系统，是个人以及群体守卫思想独立性的战略阵地。文化也是决定休闲观念和休闲品质的重要因素。以文化和精神内涵为基础的休闲才能让主体获得独特的创造性体验和内在情感的升华。而资本逻辑向文化和意识领域渗透导致文化发展成为经济活动而丧失原初的基本功能。这也是阿道尔诺与霍克海默所批判的“文化工业化”以及马尔库塞所批判的“单向度的人”“单向度的社会”形成的根本原因所在。在文化精神领域给资本设置界限是为了给真正的艺术、批判性思想以及人们抵制诱导所需要的坚定的自我意识提供必要的自由与保障。

其三，即便在生产领域，资本的界限也应该区分机器、技术与人。现代科学技术赋予资本逻辑与工业体系以令人惊叹甚至令人畏惧的强大力量，然而，对于肉体之身的人来说，无论体力还是心力都不可能随着机器一起无止境地提高效率。因此，按工业机器的节拍与高度合理化的秩序所要求的现代工人会常感到工作毫无意义或力不从心。尽管现代劳动法与企业管理制度对于资本剥夺人们的自由时间已经有所限制（包括法定假日、带薪假期、保险与福利政策等），但还远远不足以维持人之为人的尊严，更何况这些界限在资本与工人完全不对等的选择权面前经常被资本所有者蓄意打破。

其四，资本的横向界限还必须包括对资本训导的消费文化的制约。人们的消费观念本来是在社会生活中自然形成的，而如今，资本动用媒介宣传以及各种营销手段甚至借助政府相关政策刻意塑造迎合资本发展的消费观念与消费方式。这种消费强制不仅直接导致消费异化，也使现代人的整个生存状态始终呈现被动的忙碌与盲目追赶的状态。而只要这种消费强制一直存在，休闲就必然呈现消费化、匆忙化以及与拼命工作并存的现象。但对资本在消费领域的强制，无论是个人还是政府都还未曾对其设置任何限制。个人尚且处于资本诱导下的无意识状态，而各国政府出于推动经济发展的目的，在扩大需求、刺激消费方面蓄意而为而且积极主动，甚至完全成为资本的帮凶。因此，在限制资本对消费领域的控制方面，问题会更加复杂。

以上界限设置主要着眼于价值和理念层面，它应该成为当代社会利用和限制资本的原则和方向。但无论是界限的设置还是维持，除却个人或特定群体的思想与行为自觉之外，政府在经济、政治、文化、休闲等领域的政策规范与制度保障才更为重要，这需要具体领域在形成机制和执行实践中做出更多的努力。我们的目标是在无法立即超越资本之流的现代，在与资本共生的同时全力抵制资本对属人世界的侵犯与宰制，努力使劳动、需要、消费、休闲等人类基本生存实践恢复到更符合人的本性和发展的样态。尽管这种抵制与界限有时可能会被资本的洪流所吞没，但反思与批判、对抗与斗争会一直持续下去，直至抵达资本的真正的历史界限——资本彻底完成自身而走向消亡。

二 加强休闲教育，提高人们科学用闲的能力

当代休闲困境根源于资本逻辑的社会生存论基础，但同时，主体对社会现实的认识与批判能力以及对休闲实践的驾驭能力的欠缺无疑会加深这种困境。因此，在人类步入大众休闲时代，休闲教育就变得异常重要。

首先，抵制资本逻辑的控制需要加强休闲教育，形成人们自觉的休闲意识。资本要维护自己的统治，必然在全社会推行有利于资本价值增值的社会价值标准、生产与消费方式。面对资本无处不在的灌输、诱导、驯化与控制，现代人要想获得相对自主的生存状态与理想的休闲生活，就必须持有坚定的人生观、价值观与处世标准（其中包括有利于自身发展的劳动观与休闲观）。而现实状况似乎是，现代资本以神奇的力量和速度大大增加了社会物质财富与自由时间，当普通大众还未来得及充分思考这些忽然增加的财富与时间意味着什么时，资本就已经开始行动了——大肆利用这些增加的自由时间重新为其价值增值服务，使自由时间生产化。也就是说，普通大众对休闲缺少明确的认识与自觉的操持，休闲在劳动至上理念的统摄下被认为是简单休息、放松、吃喝玩乐；或者在消费社会中被等同于纯粹的消费与纵欲活动；甚至在特定阶层中被当成炫耀性资源。这些其实既是资本对休闲实施控制的条件，也是其要达到的效果。这里面包含一个相互强化的过程：一方面，资本的利用与诱导强烈干扰人们健全的休闲观的形成；另一方面，人们在休闲观念上的不成熟与不完善恰好为资本对休闲领域的渗透与控制提供机会。在现代社会中，各种娱乐方式、消费活动都在竞相争夺人们的自由时间。显然，大多数活动——特别是那些经大众传媒包装推出的活动——并不是为了使我们能够更加健壮、更快乐而设计出来的，这类活动的目的是让另一些人能够赚钱。[①] 如果我们没有明确而自觉的休闲意识，就会轻易接受诱导和摆布，最终把自己所有的自由时间交付给资本逻辑认真设计的各类休闲消费活动，这些活动“会吸去我们生命的精华，只留下一个虚弱的躯壳”。因此，为了更有效地对抗

---

① 〔美〕杰弗瑞·戈比：《你生命中的休闲》，康筝译，云南人民出版社，2000，第297页。

资本逻辑以维持人们生命的完整与丰富性，通过休闲教育形成人们自觉、健全的休闲意识以及对控制的批判能力是当前社会教育必须考虑的问题。

其次，理想的休闲本身需要休闲教育。理想的休闲不仅需要有健全的休闲观念做指导，还需要主体拥有相应的优秀品质，拥有做出正确的选择的能力以及从事丰富休闲活动特定的技能。人们享受的对象是自身本质力量的确证，我们不断发展自身的休闲技能与感受力，才能真正融入并享受更多的休闲活动。事实上，任何一种令人满意的活动都和知识与技能的增长分不开。马克思指出，“如果你想得到艺术的享受，那你就必须是一个有艺术修养的人”①。当人们熟练掌握技巧从而能轻松自如地驾驭活动时，人们的注意力开始由活动本身转向美学的、更深刻的感受：优雅而充分的自我展现、完成挑战的成就感、与自然共处的和谐等。可见，理想的休闲不只是拥有一定的客观意义上的时间与行动的自由，更是指当我们拥有这些自由时，我们能拥有主动的、创造性的生活，即“不必借助愉悦的外部环境”就能享受生命的美好与乐趣。而生活中许多乐趣以及这种创造性生活的能力并不是与生俱来的，而是通过学习培养出来的。拥有丰富的技能与爱好的人更容易培养起对世界和对生活的兴趣，更容易获得和谐的自我意识，更能自觉地享受自由和快乐。

就休闲教育的具体目标和内容来说，它应该包括以下内容。

第一，正确的休闲观的培养。观念是行为的先导，休闲教育首先要引导人们对休闲的本质有一个科学的认识，对休闲行为做出客观的价值判断，形成独立、有个性、有品位的、以促进自我实现为核心的新型休闲观。休闲不能仅仅被当作休息、玩乐或单纯的金钱消费，还要让个体认识到休闲具有发展个性、陶冶情操、提高审美能力等多元的潜在价值，引导主体自觉地追求更高层次的休闲，更加明智、有效地支配和开发自己的闲暇时间。

第二，休闲伦理教育。古希腊的亚里士多德就曾强调，“闲暇愈多，

① 《马克思恩格斯全集》第3卷，人民出版社，2002，第364页。

也愈需要智慧、节制和正义”[①]。当社会趋于繁荣，进行闲暇共享时，如果没有足够的智慧、节制和正义，贪婪的索取就会成为习惯，不仅使人的价值淹没于无尽的物欲当中，而且会给社会与大自然带来无法承受的压力。休闲教育要规范人们的休闲行为，培育人们的责任意识和自律意识，倡导一种义务感、敬重意识和自我约束理念，抵制挥霍性、炫耀性的休闲消费。休闲的本质是自由的，但“并不意味着放纵、无拘束和无视一个人在闲暇中对自己、对他人和对社会所负的责任”[②]。休闲伦理教育要引导人们在休闲活动中把实现自我发展的休闲追求与维持与他人、社会以及自然和谐共生的责任统一起来，做到有礼有节地休闲，享受真正高品质的休闲生活。

第三，对休闲活动的评估和选择能力的培养。休闲是社会化的，更是私密性的，每一项休闲活动都会被投射主体自身的情感领悟，形成独特的休闲体验，主体在自己的创造性休闲经历中不断生长。因此，主体应该根据自己的能力和兴趣倾向选择自己最能驾驭的或者对自己最有意义的休闲方式，以获得更丰富有益的休闲体验，而不是随大流或盲目接受商家、媒介推销的商品化休闲，若是这样，则既浪费了自由时间和钱财，获得的也都是异己的休闲体验。休闲教育要培养个体对休闲活动的评估、批判与反思能力，增强主体的自主选择能力，以在具体的休闲生活中不盲目跟从，根据自己的真实需要和兴趣爱好选择那些适合自己的休闲方式和休闲活动，进行自觉主动而富有个性的休闲生活。要“使个人的兴趣和价值能与那些最值得让人追求的活动相吻合”[③]。

第四，具体的休闲技能培养。齐克森特米哈伊认为，“把自由时间用在既需要集中精力，不断地增长技能，又能够发展自我的休闲活动上，这同以看电视、吸毒来打发时光完全是两回事……前者可以使人成长，而后

① 于光远、马惠娣：《十年对话录——关于休闲学研究的基本问题》，重庆大学出版社，2008，第54页。

② 〔美〕J. 曼蒂、L. 奥杜姆：《闲暇教育理论与实践》，叶京、潘敏、鲍建东等译，春秋出版社，1989，第5页。

③ 〔美〕托马斯·古德尔、杰弗瑞·戈比：《人类思想史中的休闲》，成素梅、马惠娣、季斌、冯世梅译，云南人民出版社，2000，第173页。

者只是使人不至于崩溃”[①]。理想的休闲具有发展性和创造性，是能使人投入其中，收获愉悦，并使自己有所改变的过程，因此，理想的休闲以主体特定的休闲能力和休闲素养为基础。最基本的休闲技能教育是指培养一定的休闲技巧、一般的业余爱好等。拥有自己愿意长期坚持并乐于不断努力的个性化兴趣爱好，个体在闲暇时间就会做出积极的选择，自然摒弃那些被动消极的休闲方式。深层次的休闲技能教育包括提高个体对休闲生活的自我规划、自我决断与自我评价能力，对生活的领悟能力，对美的鉴赏能力，对事物的整体理解和把握能力等。这些能力有助于提高主体的休闲生活质量，获得高层次休闲体验。休闲能力的最高层次应该是休闲中的创造能力。它直接和人的本质实现、人的全面发展相联系。当一个人处在创造性活动中时，他是真正自由的。无论是在工作还是在游戏中，创造性活动都能带给人们强烈的成就感和兴奋感，从而组成齐克森特米哈伊所说的“畅爽”体验，这也是理想休闲的最高境界。

休闲时代已经来临，滥用自由时间、盲目休闲可能会带来灾难。它不仅使人无法享有真正的生活乐趣，甚至还可能损害健康、破坏主体的自我意识与发展潜力。

如何聪明地用闲成为每一个当代人都要面对并应该为之付出努力的问题。然而，由于现代工具理性、实用主义贯彻到教育领域后，教育出现功利化和商业化倾向，休闲教育未得到应有的重视。教育的目的越来越倾向于培养“合格的劳动者”而不是“完整的人”，中小学教育以升学为主要目的，而学院教育则以职业教育为主。“‘如何完成课程、毕业和找工作’成为第一位的事情，真正的学习却被放到了第二位。”[②] 托马斯·古德尔说，我们的学校为雇主提供的服务可能要比为学生提供的服务更好。同时，学生毕业后的就业状况成为衡量教育是否成功的唯一标准。与此相对应，学生的学习态度与专业的选择也是功利性的，易于就业的机械工程、电子信息技术、金融学等专业成为热门专业，而哲学、美学等相关专业则

---

① 转引自〔美〕杰弗瑞·戈比《你生命中的休闲》，康筝译，云南人民出版社，2000，第14页。

② 〔美〕托马斯·古德尔、杰弗瑞·戈比：《人类思想史中的休闲》，成素梅、马惠娣、季斌、冯世梅译，云南人民出版社，2000，第165页。

被看成无用的。这种功利主义教育的结果是，无论对于教育机构还是受教育者来说，教育都成为一种商业性投资，最终我们可能也收获了预期的利润，但我们可能“不再能够发展自己的想象力、优雅的趣味，也不能深化我们的理智与洞见”①。显然，这种功利主义教育背景与意在发展真正的文化、培养全面发展的人的休闲教育相对立。约瑟夫·皮珀指出，教育应该关注完整的人，受过教育的人应该是一个掌握了理解整个世界的方法的人。教育绝不能等同于专业化的职业培训。工作固然是个人展现自己的正常方式，但工作不能定义整个世界，也不能定义人的全部发展与存在方式。一个人要想享受休闲，就必须拥有理解世界、整体把握世界的能力。但是，限于对工作的准备和对效率的追求的教育不可能让学生为休闲做好充分的准备。

在关于休闲教育的最早的认识里，休闲与教育是直接统一的。在古希腊语中，“休闲”（schole）一词本身就有“教育”“教养”的意思，英语中的“school”即由此衍生而来。这里包含休闲与教育的内在联系：休闲可以达到教育的目的；同时休闲需要通过教育和培养来习得。亚里士多德在《政治学》中提出职业教育与博雅教育（休闲教育）的概念，他认为一个“善”的社会必须是职业教育与休闲教育协调统一的社会，并强调“教育的目的不是谋职或挣钱”，而是“使得人们做出理性的行为，并通过精神洞见使人的行动升华，从而让他们成为自由的人”。② 可见，传统意义上的教育本身就包含为人的自由和理智活动的发展而设立的休闲教育。

休闲教育与职业教育不应该是对立的，托马斯·古德尔、杰弗瑞·戈比说，“当我们用目标、意义、直观价值、爱和信仰这些词来定义工作和休闲时，这两者就会被看成十分相似的东西”③。当整个教育的目标是“帮助人们成为理解闲暇、工作、家庭以及其他社会工作都是组成个人成

① 〔美〕托马斯·古德尔、杰弗瑞·戈比：《人类思想史中的休闲》，成素梅、马惠娣、季斌、冯世梅译，云南人民出版社，2000，第163页。

② 邓蕊：《休闲教育与中国高等教育的应对》，《自然辩证法研究》2002年第6期。

③ 〔美〕托马斯·古德尔、杰弗瑞·戈比：《人类思想史中的休闲》，成素梅、马惠娣、季斌、冯世梅译，云南人民出版社，2000，第167页。

长和获取满足的全部生活计划的一部分时”，职业教育与休闲教育就成为伙伴。[①] 在劳动（工作）还是谋生手段的当下，教育当然要注重服务于职业生涯，但这绝不意味着教育要成为雇佣机构和单纯的职业培训。教育的本质是使人自由，而自由的本质涉及人们对事物的认识、批判和选择的能力。教育应当帮助人们去发现生活中那些持久的意义与目的，培养人创造性展示自我价值、形成个性化的生活品格的能力。以实现人的自由发展为目的的休闲教育既是社会发展到特定阶段的时代要求，也是教育自身本质的要求。

在西方，专业的休闲教育已于20世纪初在北美首先展开，1918年，美国联邦教育局的一份报告使休闲教育成为高中教育的一个中心原则。报告明确指出休闲教育的目标：“教育应该使人们能够从其休闲中确保身心的充分休整，并丰富和完善人的个性。这样的一种目标要求人们能够利用通常的娱乐手段，例如，音乐、艺术、文学、戏剧和社会交往等，以及在每个人那儿都培养出一种或多种爱好来。”[②] 在20世纪30年代的经济萧条和第二次世界大战以后，休闲教育重新得到重视，并在大学普及，许多与休闲相关的专业得以开设并建立了包括本科、硕士、博士的完备的学科体制，而且专业学生数量持续增加。在我国，基于经济发展的具体状况以及勤劳节俭的传统观念，人们的休闲意识长期滞后，20世纪80年代，我们才开始谈论并逐渐接受休闲的正当性，正式的休闲教育更是到21世纪初才刚刚起步，部分高校虽然开设了休闲相关专业，但往往需要挂靠体育或旅游管理等其他专业。直到目前，只有浙江大学开设的休闲学专业拥有休闲学硕士、博士学位授予权。而且实际上，无论在西方还是中国，对从事休闲学专业学习的学生而言，为未来的职业做准备仍是他们最重要的动力。休闲学专业学生数量持续增加更多的是出于就业的考虑。也就是说，学院里的专业休闲教育也是一种实用主义的职业化教育。因此，休闲教育

① 〔美〕J. 曼蒂、L. 奥杜姆：《闲暇教育理论与实践》，叶京、潘敏、鲍建东等译，春秋出版社，1989，第163页。

② 〔美〕托马斯·古德尔、杰弗瑞·戈比：《人类思想史中的休闲》，成素梅、马惠娣、季斌、冯世梅译，云南人民出版社，2000，第172页。

的关键不在于学院开设的休闲相关专业的数量以及休闲学专业的学位与文凭的授予权，而在于整个教育理念的转变，从培养优秀的劳动者转向使人有能力过上一种满意的休闲生活。进一步讲，休闲教育需要面向所有群体，强调对全体社会成员进行观念引导和使整体素质提高，因此不能仅仅依靠学校教育，它应该是涉及整个社会的系统工程，还需要家庭、社会、学校通过多种途径共同完成。

总之，休闲教育是教导人们实现圆满生活的教育，它通过提高人们对休闲生活的评价、规划和决断能力，教会人们明智地、创造性地安排休闲生活，从而促进人们休闲生活质量的提高和对生命意义的赞扬。怀特海认为，只有当普遍性教育给我们提供哲学的眼界时，我们的社会才会成功。休闲教育正是要赋予人一种无拘无束地存在于世、坦然地面对人生的哲学。因此，休闲教育是“生成人”的教育，是区别于职业教育的成“材”、成“器”的教育，是促进“完整的人”的全面发展的教育。换句话说，休闲教育的目的是要使人成为人，成为其自身，而非使人成为单纯的雇佣工人，成为工具。它“不但要使人们知道‘何以为生’，更要使人们懂得‘为何而生’，并进而获得生存的价值向度，建立起人们特有的‘意义世界’和精神家园”①。

三　完善休闲文化政策，规范休闲发展的边界和方向

在市场经济条件下，我们无法阻挡资本进入休闲领域，尤其当休闲发展为社会经济增长的重要推动力时，休闲产业化在所难免。合理的休闲文化政策可以在一定程度上规避资本逻辑在休闲领域的强制，守护人们的休闲生活。这包括规范休闲文化产业发展，引导休闲产业的发展方向；完善休假制度，从时间上保障个体的休闲权；提升公共休闲文化服务水平，促进休闲公平；等等。本书的宗旨在于引起我国政府和民众对当前休闲异化现象的重视，因此，以下对休闲文化政策的探讨主要针对我国社会现实情况。

① 刘海春：《休闲教育的失位、错位与归位》，《自然辩证法研究》2007 年第 4 期。

当前，我国经济发展进入新阶段，国民生产总值增速放缓，产业结构面临巨大调整，休闲产业发展构成国民经济发展的重要增长点。同时，休闲成为国民生活的重要组成部分，人们对美好生活的需求已被提至社会主要矛盾层面，如何协调休闲发展的经济效益诉求和人们对美好生活的需求之间的关系，成为新时代社会发展的重要问题。各级政府需要从宏观指导和细节落实两方面制定科学合理的休闲经济和社会政策，以保障休闲产业和休闲公共事业有序发展。

我国对休闲文化政策的探索起步较晚，2008 年以前很少有休闲文化专项政策出台，自 2008 年人均 GDP 整体突破 3000 美元，国民的休闲需求迅速增长，旅游产业逐渐形成规模，与休闲产业相关的政策开始频繁出台。2009 年出台的《国务院关于加快发展旅游业的意见》将休闲作为加快发展旅游业的重要内容；2013 年颁布的《国民旅游休闲纲要（2013—2020 年）》意在推动带薪休假制度落实，保障国民旅游休闲时间，完善国民旅游休闲公共服务，提升国民旅游休闲服务质量。2014 年颁布的《国务院关于促进旅游业改革发展的若干意见》，阐发了促进休闲发展的诸多思路和举措。2016 年出台的《国务院办公厅关于进一步扩大旅游文化体育健康养老教育培训等领域消费的意见》针对国民休闲需求全面增长，在休闲文化政策方面进行探索。这些文件为我国国民休闲发展，尤其旅游休闲产业的发展起到了保驾护航的作用，但随着休闲经济发展中新的问题不断暴露以及民众的休闲需求、休闲观念、休闲方式的发展变化，休闲文化政策还需不断改进和完善。

（一）规范休闲文化产业发展

休闲文化产业是指与人们的休闲生活、休闲行为、休闲需求密切相关的文化产业，特别是以旅游业、娱乐业、服务业为龙头形成的经济形态和产业系统，涉及旅游、餐饮、体育、影视、出版、交通及与之相连的上下游产业群。[①] 显然，休闲文化产业发展遵循市场规则，受资本逻辑支

① 马惠娣：《21 世纪与休闲经济、休闲产业、休闲文化》，《自然辩证法研究》2001 年第 1 期。

配，经济效益至上必然遮蔽休闲的人本价值和生态考量。因此，在大力发展休闲文化产业，利用这一新的经济引擎促进国民经济增长的同时，我们需要对休闲文化产业进行政策规范和引导，确定发展的边界和方向。

1. 借鉴国外相关政策实践，规定休闲文化产业开发的生态政策

主要包括自然资源政策、野生生物政策、滨水空间游憩开发政策、森林游憩开发政策以及乡村游憩开发政策等。自然资源政策应遵循的原则通常包括环境容量原则、多方满意原则、专门化原则、可代替性原则等，其政策核心和出发点就是要减少人为游憩活动对自然资源的冲击。[①] 森林游憩开发政策就是针对森林旅游开发与森林土地资源管理问题确立管理法案，以约束开发、经营中的不当行为。其中，环境影响因素应摆在首位，针对这一点，加拿大在国家公园建设中的"以资源为基础"的原则值得借鉴，即游憩开发以资源为基础，而不以人们的需要为基础。野生生物政策主要包括建立保护区制度，结合旅游业发展来保护濒危野生生物。滨水空间游憩开发政策需要解决游憩供应与环境资源管理问题，相关政策既要保证居民的公共游憩权利，又要保护自然环境，还要权衡游憩开发与当地办公用地、工业发展用地之间的关系。乡村游憩开发在我国是伴随新农村建设，特别是精准扶贫的国家政策而启动的，因此，目前，我国乡村游憩开发政策还是以扶持政策为主，以推广以乡村资源为主题的旅游开发政策，以增加农业附加值、带动乡村经济发展为核心目的。随着在乡村游憩开发中问题逐渐暴露，相关政策应逐步得到完善，主要包括对乡村自然资源、人文习俗的保护，以及减少对乡村生活完整性的冲击。

2. 推进休闲文化产业发展重心从"产业化休闲"到"文化休闲"

在纯粹市场驱动模式下，利润至上原则不仅会带来休闲产业开发的无序，生态环境以及休闲地人文环境的破坏，而且可能导致休闲商品与服务丢失精神与文化内核，使休闲主体难以获得真正的休闲。文化是休闲的灵魂，赋予休闲以生命力。中央政府需要对休闲文化产业进行整体的政策指

① 吴成忠：《国外休闲政策实践及其启示》，《武汉大学学报》（哲学社会科学版）2015 年第 2 期。

导，倡导休闲产业开发中的人文关怀和文化关涉。地方政府需要根据整体政策要求因地制宜地制定将促进休闲经济发展和弘扬休闲文化完美结合的休闲文化政策，在挖掘城市文化内涵、打造休闲文化品牌中推动经济发展，在休闲文化产业发展中推广地方文化资源、增强地方文化软实力。例如，国家“十二五”和“十三五”规划都明确提出要进一步建设地方文化示范区，此项政策举措就可以放在休闲文化产业开发中落实，但要求以弘扬文化为根本，而非单纯地进行促进 GDP 增长的产业项目开发。地方政府可以发挥主观能动性，借助文化产业示范区的创立，充分利用城市文化资源打造文化之都、魅力之城。最终以点带面，逐渐形成规模，提升我国休闲文化建设整体水平。

以“文化休闲”为宗旨的休闲产业的发展，不再仅仅是休闲设施的搭建以及休闲项目的开发，而朝着更新城市休闲空间、丰富休闲产品和服务、改善城市休闲环境、完善历史文化保存的方向演进。对城市休闲空间、休闲产品和休闲环境的优化，对历史文化的守护，让一个城市更加温暖、舒适、美好，增强人们的归属感、获得感和幸福感。在“十三五”规划涉及城市建设的政策建议提出之后，《上海城市总体规划（2016—2040)》提出，要从人的需求出发，营造便利、舒适、温馨的居住环境，增强城市的文化休闲功能，将上海建设成国际文化大都市。2015 年后，上海开启了新一轮公共文化服务设施建设（包括上海市历史博物馆、中国近现代新闻出版博物馆、上海大世界传艺中心、上海戏曲艺术中心、上海少儿图书馆新馆等）以及黄浦江两岸 45 公里岸线改造工程（2018 年元旦全线贯通)。黄浦江两岸改造工程参考了不少国外案例，尤其是巴黎的塞纳河岸治理。主要理念包括慢性环境理念（增设漫步道、跑步道、骑行道)、“还江于民”的以人为本理念（沿岸修建休闲娱乐设施以及公共厕所、停车库、直饮水饮用点等便民设施)、文化休闲理念（结合滨江各区段不同特征打造各具主题的公共空间，串联历史文化遗存和特色的活动场地，集中建设城市景观设施等)。与塞纳河岸从“废弃工业区”华丽转身为公共空间的效果相似，黄浦江两岸改造将滨江生产岸线完美置换为生活岸线。如今，黄浦江两岸成为人们体验上海特色、品味当地历史文化、欣赏风貌景观、感受城市美好生活气息的标志性休闲空间场所。

不仅城市休闲产业发展需要以文化支撑，农业休闲、休闲小镇、森林休闲等特色休闲产业的开发也需要注重文化内涵。《关于大力发展休闲农业的指导意见》要求注重对农业文化遗产的挖掘与保护，根据农业主题和特色去思考、设计传统文化，打造自己的休闲文化。针对最美休闲乡村的开发建设，农业农村部认定了一批农业特色突出的历史古村、特色民俗村，以发掘历史沉淀，传承文化，更好地保护资源。《国家林业局关于大力推进森林体验和森林养生发展的通知》中也提出，“要根据我国的国情、林情和各地实际情况，有创造性地推动森林体验和森林养生发展，避免照搬照抄、千篇一律”。只有依存自己的传统文化，才能开发出有特色、有生命力的休闲产品和服务，否则就会出现“千村一面、千景一面”的粗暴模仿和低劣伪造。因此，要发挥休闲文化政策的价值观引导作用，明确休闲文化产业应该坚守的价值诉求和发展方向，才能在发展休闲经济的同时提供给人们真正想要的休闲商品与服务。

此外，对于低俗化休闲娱乐产品以及违法交易，现有法规条例进行了较为有效的管理和监督。而对于网络新媒体时代出现的网络休闲，相关政策还在探索之中。网络休闲使人们的休闲方式发生了革命性变革，方便、快捷、丰富、即时性以及互动性使其迅速虏获广大休闲主体，但网络休闲提供的文化产品参差不齐，大量低俗、违法甚至威胁国家意识形态安全的内容充斥其中，文化部颁发的《互联网文化管理暂行规定》基本覆盖了网络休闲文化，不过有待在实施过程中不断完善。

当休闲成为国民日常生活的重要内容，休闲产业成为国民经济的重要助推器，休闲文化建设就直接影响整个社会发展水平，包括国民的幸福度以及国家的文化竞争力和影响力。通过提高民族休闲文化生活品质来树立民众的文化自信，是未来休闲文化政策的前进方向。

（二）完善休假制度

休假制度主要包括公共节假日和带薪休假，双休日制度在世界众多国家普遍实行，差别不大。公共节假日方面，发达国家或地区有多有少，并不规律。较发达国家而言，发展中国家或地区的公共节假日普遍较多。“出现这种情况的原因是发展中国家缺乏带薪假期，资方也缺少提供带薪假期的动力。为尽可能保障劳动者休息的权利，政府设立了数目较多的公共节假日。”[①] 而在经济发达国家或地区，带薪假期制度就相对完善多了。1936 年，法国就率先确立了带薪休假制度。1948 年 12 月，联合国大会通过的《世界人权宣言》第 24 条提出，“人人享受休息和闲暇的权利，包括工作时间有合理限制和定期带薪休假的权利”[②]。二战后，许多国家制定法律确保公民休假的权利。如今在发达国家（尤其是欧美国家），带薪假期成为公民日常生活的一个重要组成部分。

我国休假制度的确立和完善离不开对国际经验的借鉴。2007 年调整后，我国的节假日时间总和为 115 天或 116 天，约为全年总时间的 1/ 3，和发达国家相当。2008 年 1 月 1 日起，我国正式施行《职工带薪年休假条例》，在职职工可以享受带薪年休假制度。但是我国带薪年休假制度尚未全面落实，中国社会科学院旅游研究中心对全国 2552 名在业者进行的一项调查显示，40.1% 的受访者表示“没有带薪年休假”，4.1% 表示“有带薪年休假，但不能休”，18.8% 表示“有带薪年休假，可以休，但不能自己安排”，而“有带薪年休假，可以休，且可自主安排”的仅占 31.3%。[③] 同时，带薪年休假制度的实施情况也不平衡，中国人力资源网的调查数据显示：超过 3/4 的党政机关和外资企业实施了带薪年休假制度；超过 66% 的国有企业和国有单位实施了带薪年休假制度；民营企业只有 1/3 实施了带薪年休假制度。

带薪年休假制度落实不到位首先与我国的国情有关，带薪年休假必须建立在劳动生产率提高的基础上，从世界范围看，在劳动生产率高、经济实力强、城市化进程较快的国家，带薪年休假制度才能全面实施。改革开放以来，我国经济较快增长，综合国力快速提升，但劳动生产率水平和发

① 杨劲松：《国外休假制度及其对中国的借鉴》，《旅游学刊》2006 年第 11 期。

② Ellen Furlough, “Making Mass Vacations: Tourism and Consumer Culture in France, 1930s to 1970s,” *Comparative Studies in Society and History*, 1998, 40 (2), pp. 247 – 286.

③ 宋瑞主编《2017 ~ 2018 年中国休闲发展报告》，社会科学文献出版社，2018，第 2 ~ 3 页。

达国家依然有很大差距。其次，虽然我国劳动力成本在不断提高，但近几十年的人口红利带来了巨大的岗位竞争压力，与带薪年休假的权利相比，大家更在意保住自己的职位。同时，我国国民经济总量位居世界第二，但人均 GDP 排名依旧居后，平均财富水平偏低，总是忙于挣钱依然是大部分人可接受甚至乐于接受的状态。调查显示：有业群体没有带薪年休假的主要原因是工作太忙，没有时间休，这一比例达到 45.6%；接着是单位未实施带薪年休假制度，比例为 20.0%；竞争压力太大，担心失业也是另一个原因，占 12.8%；其他原因还有担心上司批评（2.6%），加班费丰厚、主动放弃休假（4.2%）。[①] 这些数据也印证了上述分析。

2013 年出台的《国民旅游休闲纲要（2013—2020 年）》提出，“到 2020 年，职工带薪年休假制度基本得到落实”。目前来看，全面充分落实带薪年休假制度依然有难度。因此，《职工带薪年休假条例》还有待从落实细节上进行改进和完善。首先，对于未落实带薪年休假制度的补偿标准和惩罚细则需更加细化，即违规成本要明确。加大对用人单位尤其是民营企业的监管力度，可以把职工带薪年休假纳入单位和个人考核内容，同时加强职工休息权益保障方面的法律援助，以免出现“有假不敢休”的现象。2013 年 2 月 20 日《人民日报》社论指出，落实带薪年休假制度，更重要的是要有强制执行的刚性，提出落实职工带薪年休假制度基于满足公民旅游休闲需求的角度还不够，更应从保障公民休息权利的角度上升到法律法规的层面，而且要细化补充内容，确保职工带薪年休假制度落实到位。其次，要敦促企业健全内部机制，明确落实带薪年休假制度的重要性和必然性。我国用人单位大多还未形成积极的带薪休假意识，过于强调员工的出勤率，而在带薪年休假制度落实良好的国家或地区，该制度被认为可以增强企业的竞争力和凝聚力，很多企业甚至将带薪年休假作为招揽优秀人才的诱饵。另外，条例针对我国地区发展不平衡的现实情况以及一些地区特殊的风俗文化，对如何严格推行带薪年休假制度应做出弹性规定。

---

① 宋瑞主编《2017～2018 年中国休闲发展报告》，社会科学文献出版社，2018，第 186～188 页。

（三）提升公共休闲文化服务水平

休闲是人们美好生活的重要内容，也是公民的权利和需要。对发达国家休闲政策的研究表明，当社会发展到一定阶段时，政府会提升公共休闲服务水平，使休闲成为一种福利。民众的休闲生活水平，尤其是公共休闲服务水平成为社会进步的重要标杆。作为社会主义国家，全民共享社会发展成果是社会主义发展的基本要求，满足民众对美好生活的需求是社会主义发展的根本目的，因此，提升公共休闲文化服务水平不仅是我国市场经济条件下抵制资本逻辑控制、推进以人的发展为中心的社会发展模式形成的内在要求，也是新时代我国社会主要矛盾转换后，实现“共建、共享、安全、绿色、美好生活”愿景的题中应有之义。

21 世纪以来，我国政府在公共休闲供给方面做出了积极努力，不断完善公共休闲文化政策，如 2003 年颁发的《公共文化体育设施条例》促进了公共文化体育设施的建设与管理，更好地满足人民群众开展文化体育活动的基本需求；2005 年发布的《中共中央办公厅　国务院办公厅关于进一步加强农村文化建设的意见》推动了农村数字化文化信息服务以及乡村文化设施建设；2007 年发布的《中共中央办公厅　国务院办公厅关于加强公共文化服务体系建设的若干意见》以建设覆盖全社会的公共文化服务体系为目标，保障了人民群众进行公共文化鉴赏、参加大众文化活动等基本文化权益；2011 年颁发的《关于推进全国美术馆公共图书馆文化馆（站）免费开放工作的意见》，将公共文化设施的免费开放纳入了国家政策范围。到 2015 年 4 月，全国 2780 个公共博物馆、347 个全国爱国主义教育示范基地及 43510 个公共图书馆、美术馆、文化馆（站）实现免费开放。[①] 美术馆、公共图书馆、文化馆（站）的免费开放，是国家公共文化服务体系建设中具有里程碑意义的事件。而 2016 年出台的《中华人民共和国公共文化服务保障法》，则意味着我国公共文化服务法律保障取得历史性突破——人民群众基本文化权益和基本文化需求实现从行政性

① 朱磊：《2780 个公共博物馆免费开放》，《党政干部参考》2015 年第 10 期。

“维护”到法律“保障”的跨越。2017年颁布的《中华人民共和国公共图书馆法》，保障了人民群众的公共读书阅览权利。

公共休闲文化服务制度的设计和实践标志着我国公共休闲服务体系建设进入福利化阶段。但就现实供给情况而言，我国公共休闲文化服务还存在诸多不足。首先表现为公共休闲文化服务整体供给水平低。2017年，中国人均GDP已经达到8836美元，中国在居民生活方式、城市功能和产业结构等方面相继形成休闲化的特点。但各级政府对公共休闲服务的投入与快速增长的公共休闲需求不匹配。就公共文化基础设施而言，虽然“十一五”以后，我国公共文化设施基本实现了按行政层级的“全设置”，但相当一部分文化设施的建设没有达到标准化要求。公共文化服务资源的提供与发达国家差距显著。就图书馆藏书来说，《中国文化文物统计年鉴2016》显示，截至2015年末，全国公共图书馆馆藏总量为83844万册，人均图书藏量仅为0.61册，远低于联合国教科文组织和国际图联《公共图书馆服务发展指南》（2001年修订版）中提出的人均1.5~2.5册的建议性标准。[①] 此外，满足民众游憩、健身等日常休闲需求的公共基础设施供给不充分。城市公共休闲服务除了涉及博物馆、图书馆、科技馆、文化宫等文化休闲基础设施外，通常还包括城市公园、城市广场、公共绿地、休闲商业街、滨水休闲区等免费开放的公共休闲空间，以及植物园、动物园、主题乐园、海洋公园、水族馆、游乐园等非免费的休闲场所和设施。在一般大中城市，收费经营的休闲场所和设施以及休闲商业街基本是标配的，但对居民日常休闲而言，需求量较大的恰恰是免费开放的公共绿地、广场和公园。城市的中心广场和中央公园已远远不能满足民众日益增长的休闲需求。于是，城市化进程的加快、民众对公共休闲空间的需求不断增加，与城区空间的固化、难以开发新的休闲空间之间的矛盾日益突出。近年来频繁报道的广场舞扰民现象就是典型例证。

其次，公共休闲服务供给不均等。一方面，休闲公共设施和服务存在明显区域差别和城乡差异。在公共休闲服务供给实力、基础设施以及资源

---

① 纪东东、文立杰：《公共文化服务供给侧结构性改革研究》，《江汉论坛》2017年第11期。

配置等方面，东部地区各项指标均值远高于其他地区。2015年，我国人均文化事业经费为49.68元，但有16个省（自治区、直辖市）没有达到全国平均水平；人均文化事业经费最高的是上海，达121.96元，最低的是河南，为17.15元，仅为上海的14.06%。[①] 经费上的投入差距自然导致人均占有资源的差距。另一方面，特殊群体的休闲需求未得到足够重视。尽管我国为了满足弱势群体的休闲文化生活需要，提出了"文化低保"[②] 的概念，并出台《关于进一步加强农民工文化工作的意见》等专项政策，对弱势群体的公共服务和休闲权益保障做出了政策规划，但整体上面向老人、留守儿童、农民工、残疾人、低收入民众等群体的休闲设施和服务明显不足。截至2015年，我国65岁及以上人口已达1.4亿人，到2020年，我国60岁以上人口占总人口的比重将达到17.2%。人数不断增加、休闲需求高涨的老年群体，却没有适合的休闲空间，已成为各地普遍存在的问题。[③] 留守儿童的情况更令人担忧，农村公共文化和体育等基础设施缺乏，加上缺少监管，充斥农村的以营利为目的的电子游戏室、录像厅、网吧等成为留守儿童的休闲娱乐场所。同时，调查表明，针对特殊群体建立起来的"十分钟文化服务圈"、"农民工文化驿站"、农民工流动图书站等公共文化服务体系收效甚微，受众的参与和消费热情并不高。究其原因，一是由于资金保障不充足等，类似的公共文化服务资源质量有限，吸引力不够；二是由于这些公共文化服务供给都是由政府文化部门主导的，在供需互动中会出现弱势群体的休闲文化需求与文化服务政策供给错位的状况。总体来说，包括农民工、残疾人等在内的弱势群体的消遣休闲方式仍然较为单调，文化生活缺乏内涵。

最后，公共休闲文化服务供给的协调机制尚未建立。一是上文提及的供需之间的协调机制不健全。以农村公共文化服务为例。调查发现，2015年，政府配送的公共文化内容主要为戏曲等文艺节目和电影，但农村居民

---

① 纪东东、文立杰：《公共文化服务供给侧结构性改革研究》，《江汉论坛》2017年第11期。
② 孟莉英：《我国"文化低保"略论》，《中共中央党校学报》2012年第3期。
③ 宋瑞主编《2017～2018年中国休闲发展报告》，社会科学文献出版社，2018，第8页。

急需的文艺辅导、健身辅导、体育器材等得不到很好的满足。[①] 二是部门之间的协调机制不健全。公共文化服务体系建设是一项覆盖多个主管部门业务的系统工程，协调不好就会导致重复建设，而不能集中资源建设又影响供给质量。例如，农业部制定了《"十三五"全国农业农村地区间的公共文化信息化发展规划》、商务部积极推进电子商务进农村工程，但由于条块分割的管理体制，多个部门投入、多个部门建设，而每个部门受制于经费不足往往浅尝辄止，导致农村网络基础设施建设仍然滞后，影响了农村网络文化的发展，这成为阻碍城乡文化建设一体化的重要因素。[②]

针对以上种种不足，要提升公共休闲文化服务水平，必须完善相关政策，这涉及政策内容本身以及政策形成路径。

第一，依托大数据调研，实现公共休闲文化服务供给决策的科学化。地方政府应建立健全公共休闲文化需求的表达机制，根据公共休闲文化服务类型做好需求调研工作。调研对象既要包括典型城市居民，也要包括城市化进程中的社区新增居民，还要注意包括女性、儿童、老人以及农民工、残疾人等弱势群体。通过定期调研，形成相对完整的需求数据库，以便为公共休闲文化服务供给提供决策依据。

第二，健全公共休闲文化服务供给的资金保障机制。①合理安排公共休闲服务项目的供给。改变重政绩工程的基建模式，用于公共休闲服务供给的财政支出要以人的发展和民众的实际需求为重心。地方财政支出应有轻重缓急，对城市公园、公共绿地等市民需求量大且弹性小的公共休闲服务项目，应予以优先考虑、重点支持。②健全免费开放项目的资金保障机制。根据免费开放项目的发展目标、规模和实施效果，确定免费开放项目可持续发展的经费保障措施。③为多渠道资金投入提供制度保障，形成以中央专项资金、地方财政投入为基础，灵活利用市场资源和社会捐赠的供给模式。对于市民需求量大且地方财政支持有限的公共休闲服务项目，可大胆尝试采用市场化供给模式，有效引入社会资金。

---

① 纪东东、文立杰：《公共文化服务供给侧结构性改革研究》，《江汉论坛》2017 年第 11 期。

② 纪东东、文立杰：《公共文化服务供给侧结构性改革研究》，《江汉论坛》2017 年第 11 期。

第三，实现公共休闲文化服务政策的不断创新。一方面，地方政府对公共休闲服务项目供给的决策应有适当的前瞻性。不能仅仅根据当前的市民需求进行规划，而应尽量考虑未来 5～10 年甚至更长时间的需求状况，尤其是对于那些有利于提升市民休闲生活质量而且更新周期长的公共休闲服务项目。另一方面，地方政府在中央总的决策精神下，要善于发挥主观能动性，在借鉴国外和部分地区先进经验的同时，进行政策规划创新，灵活解决现实困难与问题，如在对老城区的空间规划上，国外“口袋公园”的做法就为拓展老城区的休闲生态空间、增加城市休闲功能注入了一剂良药。

结 语

海德格尔说，“我们愈是邻近于危险，进入救渡的道路便愈是开始明亮地闪烁，我们便变得愈是具有追问之态”①。资本无限增殖、无限扩张的逻辑本性促使其将整个世界打造成一个“有用性的体系”，包括人和自然界在内的整个世界变成资本繁衍增殖的工具性资源，结果是，在生产力与社会物质财富得以迅速发展的同时，人类也陷入前所未有的生存困境：生产、消费、休闲等全部领域以及整个生活世界发生异化，人性扭曲发展，道德信仰沦丧，个性及自我意识被消解，整个生态环境持续恶化。在资本逻辑的支配与组织下，现代社会充满矛盾和悖论：人类整体日渐强大，个体却日渐渺小，人性、情感、快乐、幸福等所有曾经重要的东西或被兑换成商品，或被边缘化甚至遗弃；人类拥有了发达的社会生产体系，却正在丧失唯一的生存家园；人类建设起钢铁般强硬的安全防御系统，却要经受更多自然灾难之外的人为安全威胁；发达的科技节省了劳动时间，高消费却迫使人们更拼命地工作；人们以为赢得了更多的自由，却落入资本的掌控之中；社会步入了“休闲时代”，休闲却异化成商品和消费；文化丰富多彩，却难以承载意义；城市一片繁华，却充满焦虑与冷漠；人们物质生活日益风光，内心却几近枯竭；人们即便终日操持谋算，仍难以摆脱空虚迷茫；人们即便不断收获财富与保障，却无法获得起码的安全与归属感。人的精神无法得到慰藉，灵魂无处安放，这就是海德格尔所称的现

① 孙周兴选编《海德格尔选集》，生活·读书·新知上海三联书店，1996，第954页。

代人“无家可归”的生存状况。

人类是唯一自由的存在，没有理由一直安于这种困境。现状必须也正在发生改变。尽管并非所有现代人都意识到了自己的不幸，为资本所奴役而浑然不知、沉浸在资本的进步神话中贪享物质繁华甚至为资本唱赞歌的还大有人在，然而普遍的情况是，人们即使没有能力洞察一切，却已经明显感到不适。歌德在他的诗里说，“人世俗务过于繁重；起早摸黑挣钱花钱，我们荒废了天赋；我们在大自然里很少看见自己的东西；我们丢弃了自己的心灵，可怜的恩赐”①。于是，反思与追问开始从思想家、哲学家那里生发。20 世纪，众多哲学家（包括胡塞尔、海德格尔、伽达默尔以及西方马克思主义者列斐伏尔、马尔库塞、弗洛姆等）从不同角度反思现代社会人的生存危机，并不同程度地表现出对人们生活世界的关注。哲学家的“追问之态”逐渐在普通大众那里引发一种觉醒和对抗意识并为越来越多的人所践行：人们决定从无止境的“挣钱花钱”的工具性角色里抽身，寻找属于自己的真实生活。西方一些发达国家兴起了休学、部分时间工作、暂时退休、自由职业等形式，人们希望拥有更多的时间休闲，反思和感悟生活。2005 年，世界闲散人大会在英国举办，意在倡导人们放慢自己的生活节奏，珍爱休闲，欣赏生命。② 在法国巴黎，源自 18 世纪的“哲学咖啡屋”如今又成为人们频繁光顾之地。③ 发起于 20 世纪末意大利的“慢生活”理念，在 21 世纪的流行范围越来越广，由最初的“慢餐”文化到现在的“慢城”哲学，都是为了对抗由快节奏生活导致的健康与意义的流失。迄今为止，全球 25 个国家已“诞生”了 140 个慢城，我国江苏省南京市高淳区桠溪镇也名列其中，整个欧洲有 60 多个慢城，仅意大利就有 42 个，甚至连亚洲的日本、韩国也有慢城，“慢城运动”正在成为一种国际潮流。④ 慢城强调人与自然和谐发展，反对大都市高效

① 转引自于光远、马惠娣《十年对话录——关于休闲学研究的基本问题》，重庆大学出版社，2008，第 53 页。

② 于光远、马惠娣：《十年对话录——关于休闲学研究的基本问题》，重庆大学出版社，2008，第 56 页。

③ 马惠娣：《休闲：人类美丽的精神家园》，中国经济出版社，2004，第 111 ~ 112 页。

④ 冷静：《“快”时代的“慢城运动”》，《决策》2010 年第 12 期。

率文化下的高能耗、高污染的生产方式和生活方式，强调生活的品质，提倡在悠闲的生活节奏中追求生命的意义、回归生活的本质。

正如马克思所说，“任何解放都是使人的世界和人的关系回归于人自身”[①]，资本从自身的无限增殖逻辑出发把人推向资本缔造的物质化、商品化世界，使人与自然、人与人的关系异化为物的关系，将人置于异己的世界与关系之中。但是这种异己的存在迟早会引发人们的抗争，最初可能只是自发的排斥，然后会发展成自觉的、全面的反抗，直至人们重新夺回属于自己的世界和关系。以上这一切改变就是典型的例证，它充分反映了人们从对单纯的物质财富追求转向精神价值追求的意识自觉，从被商品规律主宰的异己的生活方式向自然简单的生活方式回归的诉求，以及对一种新的、更符合人性的价值观和社会评价标准的召唤。

当然，通往自由的道路向来都不是一帆风顺的，尤其当阻碍自由的对手是如此强大的资本时更是如此，人们微弱的反抗力量也许很快又会被资本逻辑摧毁，例如“慢城”与“慢生活”哲学在目前存在争议，遭到众多“有识之士”的反对。同样的困难存在于对资本逻辑其他形式的抵制中。但是，人类是生而自由的，任何宰制人、奴役人的因素最终都会消融于历史长河之中，资本也不例外。资本的基因中含有的使其灭亡的自反性逻辑决定其不可能恒久存续于世，超越资本逻辑对现代人的统治既是人类通往自我解放道路上的一个关键点，也是资本作为一个历史存在物从产生到消亡的必然过程。

在古希腊神话中，控制人们生活的各种力量从潘多拉魔盒中逃脱出来，只有希望还留在里面。当今的世界不是一个能够提供休闲所必需的自由的世界，但我们不能放弃希望，毕竟休闲是充分挖掘人的潜能的精神舞台，除非人的潜能与创造性能得以自由发挥，否则人类不会获得真正的幸福。亚里士多德曾生动描述过那些有足够休闲的人的幸福存在状态：“俯仰于这样的宇宙之间，乐此最好的生命……吾人由此所禀受之活动与实现，以为觉醒，以为视听，以为意想，遂无往而不盎然自适，迨其稍就安

① 《马克思恩格斯全集》第3卷，人民出版社，2002，第189页。

息又以为希望，以为回忆，亦无不悠然自得。”[①] 人类的终极生存目标是一种自由自觉的存在，即马克思描述的理想社会状态。尽管此刻我们仍处在资本逻辑带来的困境中，但谁又能说它不是人类解放的黎明前的黑暗呢？因此，即便在资本之光正灿烂地照耀着人间大地的每一个角落时，我们依然可以展望太阳黯然西落后的那漫天星光——人类终将实现自由自觉的劳动与自由自觉的休闲相互融合的一种“整体性生存”状态。当然，这种融合并不是指劳动变成休闲，而是强调劳动和休闲均能脱离那种有碍于人的发展的强制。

① 〔古希腊〕亚里士多德：《形而上学》，吴寿彭译，商务印书馆，1995，第284页。

参考文献

一 中文文献

[1]〔美〕阿尔温·托夫勒:《第三次浪潮》,朱志焱、潘琪、张焱译,生活·读书·新知三联书店,1984。

[2]〔德〕阿克塞尔·霍耐特:《为承认而斗争》,胡继华译,上海人民出版社,2005。

[3]〔英〕阿利斯特·麦格拉思:《加尔文传——现代西方文化的塑造者》,甘霖译,中国社会科学出版社,2009。

[4]〔美〕埃里希·弗罗姆:《占有还是生存——一个新社会的精神基础》,关山译,生活·读书·新知三联书店,1988。

[5]〔美〕埃里希·弗罗姆:《精神分析的危机——论弗洛伊德、马克思和社会心理学》,许俊达、许俊农译,国际文化出版公司,1988。

[6]〔美〕埃里希·弗罗姆:《生命之爱》,王大鹏译,国际文化出版公司,2001。

[7]〔美〕埃里希·弗罗姆:《逃避自由》,刘林海译,国际文化出版公司,2007。

[8]〔美〕艾里希·弗洛姆:《健全的社会》,孙恺祥译,上海译文出版社,2011。

[9]〔德〕爱克曼辑录《歌德谈话录》,朱光潜译,人民文学出版社,2000。

[10] 安希孟:《关于闲暇的理性思考》,《自然辩证法研究》2005年第12期。

[11]〔美〕B. F. 斯金纳:《超越自由与尊严》,王映桥、栗爱平译,贵州人民出版社,1988。

[12] 白刚、吕鹏:《“超越”资本逻辑的四条道路——兼论马克思历史唯物主义的当代价值》,《南京社会科学》2013年第12期。

[13]〔美〕保罗·福塞尔:《格调:社会等级与生活品味》,梁丽真、乐涛、石涛译,中国社会科学出版社,1998。

[14]〔英〕J. D. 贝尔纳:《科学的社会功能》,陈体芳译,商务印书馆,1982。

[15]〔加〕本·阿格尔:《西方马克思主义概论》,慎之等译,中国人民大学出版社,1991。

[16]〔美〕本杰明·富兰克林:《富兰克林自传》,蒲隆译,译林出版社,2015。

[17]〔德〕彼得·科斯洛夫斯基:《后现代文化——技术发展的社会文化后果》,毛怡红译,中央编译出版社,1999。

[18]〔美〕查尔斯·K. 布赖特比尔:《休闲教育的当代价值》,陈发兵、刘耳、蒋书婉译,中国经济出版社,2009。

[19]〔加〕查尔斯·泰勒:《现代性之隐忧》,程炼译,中央编译出版社,2001。

[20] 陈嘉明等:《现代性与后现代性》,人民出版社,2001。

[21] 陈鲁直:《民闲论》,中国经济出版社,2005。

[22] 陈彦霞、庞晓光:《自由时间和人的全面发展》,《自然辩证法研究》2002年第9期。

[23] 陈迎宪:《闲暇时间:创造生命的意义》,《自然辩证法研究》2004年第6期。

[24] 成思危:《知识经济时代与人的休闲方式变革》,《自然辩证法研究》2003年第2期。

[25]〔日〕川胜久:《广告心理学——市场决战的奥秘》,汪志龙、施锦标译,福建科学技术出版社,1985。

[26] 崔伟奇:《现代休闲研究的哲学意蕴》,《中共中央党校学报》2003

年第2期。
[27]〔美〕大卫·雷·格里芬:《后现代精神》,王成兵译,中央编译出版社,2005。
[28]〔美〕戴维·哈维:《后现代的状况——对文化变迁之缘起的探究》,阎嘉译,商务印书馆,2003。
[29]〔英〕戴维·麦克莱伦:《马克思以后的马克思主义》,李智译,中国人民大学出版社,2004。
[30]〔法〕丹纳:《艺术哲学》,傅雷译,人民文学出版社,1963。
[31]〔美〕丹尼尔·贝尔:《后工业社会的来临——对社会预测的一项探索》,高铦、王宏周、魏章玲译,商务印书馆,1984。
[32]〔美〕丹尼尔·贝尔:《资本主义文化矛盾》,严蓓雯译,人民出版社,2010。
[33] 邓蕊:《休闲教育与中国高等教育的应对》,《自然辩证法研究》2002年第6期。
[34]〔德〕恩斯特·卡西尔:《人论》,甘阳译,西苑出版社,2003。
[35]〔美〕凡勃伦:《有闲阶级论》,蔡受百译,商务印书馆,2018。
[36]〔法〕菲迪南·罗特:《古代世界的终结》,王春侠、曹明玉译,上海三联书店,2008。
[37]〔德〕弗里德里希·尼采:《权力意志——重估一切价值的尝试》,张念东、凌素心译,商务印书馆,1991。
[38]〔德〕弗里德里希·席勒:《审美教育书简》,冯至、范大灿译,北京大学出版社,1985。
[39]〔法〕G. 格洛兹:《古希腊的劳作》,解光云译,上海人民出版社,2010。
[40] 高伟:《论自由时间哲学的谱系》,《自然辩证法研究》2003年第1期。
[41]〔美〕格雷厄姆·莫利托:《未来世界的五大冲击》,操凤琴译,《中国改革》2000年第4期。
[42] 韩庆祥、邹诗鹏:《人学——人的问题的当代阐释》,云南人民出版

社，2001。

[43] 韩庆祥：《人的全面发展理论及其当代意义》，《科学社会主义》2004 年第 1 期。

[44] 〔美〕汉娜·阿伦特：《人的境况》，王寅丽译，上海人民出版社，2009。

[45] 何萍：《罗莎·卢森堡的〈资本积累论〉与中国》，《马克思主义研究》2005 年第 6 期。

[46] 〔美〕赫伯特·马尔库塞：《爱欲与文明——对弗洛伊德思想的哲学探讨》，黄勇、薛民译，上海译文出版社，2005。

[47] 〔美〕赫伯特·马尔库塞：《单向度的人——发达工业社会意识形态研究》，刘继译，上海译文出版社，2013。

[48] 〔秘〕赫尔南多·德·索托：《资本的秘密》，王晓冬译，江苏人民出版社，2001。

[49] 〔美〕亨利·梭罗：《瓦尔登湖》，徐迟译，吉林人民出版社，1997。

[50] 胡大平：《崇高的暧昧——作为现代生活方式的休闲》，江苏人民出版社，2002。

[51] 胡伟希：《中国休闲哲学的特质及其开展》，《湖南社会科学》2003 年第 6 期。

[52] 胡智锋、杨乘虎：《免费开放：国家公共文化服务体系的发展与创新》，《清华大学学报》（哲学社会科学版）2013 年第 1 期。

[53] 黄巧灵：《休闲改变中国——四天工作制营造和谐社会》，上海人民出版社，2005。

[54] 黄德兴、姚永杭、李良美、金哲编《现代生活方式面面观》，上海社会科学院出版社，1987。

[55] 〔德〕马克斯·霍克海默、西奥多·阿道尔诺：《启蒙辩证法——哲学断片》，渠敬东、曹卫东译，上海人民出版社，2003。

[56] 〔荷〕J. 胡伊青加：《人：游戏者》，成穷译，贵州人民出版社，2007。

[57] 〔美〕J. 曼蒂、L. 奥杜姆：《闲暇教育理论与实践》，叶京、潘敏、鲍建东等译，春秋出版社，1989。

[58] 纪东东、文立杰：《公共文化服务供给侧结构性改革研究》，《江汉论坛》2017 年第 11 期。

[59] 季斌：《休闲：洞察人的生存意义》，《自然辩证法研究》2001 年第 5 期。

[60] 〔美〕杰弗瑞·戈比：《你生命中的休闲》，康筝译，云南人民出版社，2000。

[61] 〔美〕杰弗瑞·戈比：《21 世纪的休闲与休闲服务》，张春波、陈定家、刘风华译，云南人民出版社，2000。

[62] 〔德〕卡尔·雅斯贝尔斯：《现时代的人》，周晓亮、宋祖良译，社会科学文献出版社，1992。

[63] 〔英〕卡莱尔：《文明的忧思》，宁小银译，中国档案出版社，1999。

[64] 〔英〕克里斯·布尔、杰恩·胡思、迈克·韦德：《休闲研究引论》，田里、董建新等译，云南大学出版社，2006。

[65] 冷静：《“快”时代的“慢城运动”》，《决策》2010 年第 12 期。

[66] 李宏伟：《现代技术的人文价值冲突及其整合》，中国市场出版社，2004。

[67] 李仲广、卢昌崇：《基础休闲学》，社会科学文献出版社，2004。

[68] 〔美〕理查德·沃林：《文化批评的观念——法兰克福学派、存在主义和后结构主义》，张国清译，商务印书馆，2000。

[69] 林语堂：《生活的艺术》，作家出版社，1995。

[70] 刘奔：《时间是人类发展的空间——社会时—空特性初探》，《哲学研究》1991 年第 10 期。

[71] 刘晨晔：《休闲：解读马克思思想的一项尝试》，中国社会科学出版社，2006。

[72] 刘耳：《休闲、信仰与对生命意义的追寻》，《自然辩证法研究》2005 年第 10 期。

[73] 刘方喜：《试论“自由时间”的双重内涵及两种价值趋向》，《自然辩证法研究》2006 年第 9 期。

[74] 刘福森、李力新：《人道主义，还是自然主义？——为人类中心主

义辩护》,《哲学研究》1995 年第 12 期。

[75] 刘海春:《休闲教育的失位、错位与归位》,《自然辩证法研究》2007 年第 4 期。

[76] 刘慧梅、张彦:《西方休闲伦理的历史演变》,《自然辩证法研究》2006 年第 4 期。

[77] 刘翔:《试论消费社会语境下的休闲》,《学术论坛》2004 年第 5 期。

[78] 〔德〕鲁道夫·奥伊肯:《生活的意义与价值》,万以译,上海译文出版社,2005。

[79] 罗刚、王中忱主编《消费文化读本》,中国社会科学出版社,2003。

[80] 〔英〕罗杰克:《休闲理论原理与实践》,张凌云译,中国旅游出版社,2010。

[81] 〔英〕罗素:《西方哲学史》,何兆武、李约瑟译,商务印书馆,1982。

[82] 〔法〕罗歇·苏:《我知道什么?休闲》,姜依群译,商务印书馆,1996。

[83] 〔英〕M. J. 卡里、T. J. 哈阿霍夫:《希腊罗马世界的生活与思想》,郭子林、曹彩霞译,大象出版社,2012。

[84] 〔德〕M. 兰德曼:《哲学人类学》,阎嘉译,贵州人民出版社,2006。

[85] 〔德〕马丁·海德格尔:《存在与时间》,陈嘉映、王庆节译,生活·读书·新知三联书店,2008。

[86] 〔德〕马丁·海德格尔:《路标》,孙周兴译,商务印书馆,2000。

[87] 马惠娣:《21 世纪与休闲经济、休闲产业、休闲文化》,《自然辩证法研究》2001 年第 1 期。

[88] 马惠娣、刘耳:《西方休闲学研究述评》,《自然辩证法研究》2001 年第 5 期。

[89] 马惠娣:《休闲问题的理论探究》,《清华大学学报》(哲学社会科学版)2001 年第 6 期。

[90] 马惠娣:《休闲:人类美丽的精神家园》,中国经济出版社,2004。

[91] 马惠娣:《走向人文关怀的休闲经济》,中国经济出版社,2004。

[92] 马惠娣、张景安主编《中国公众休闲状况调查》,中国经济出版社,2005。

[93]《马克思恩格斯全集》第3卷，人民出版社，2002。
[94]《马克思恩格斯全集》第30卷，人民出版社，1995。
[95]《马克思恩格斯全集》第31卷，人民出版社，1998。
[96]《马克思恩格斯全集》第32卷，人民出版社，1998。
[97]《马克思恩格斯全集》第44卷，人民出版社，2001。
[98]《马克思恩格斯全集》第45卷，人民出版社，2003。
[99]《马克思恩格斯全集》第46卷，人民出版社，2003。
[100]《马克思恩格斯全集》第2卷，人民出版社，1957。
[101]《马克思恩格斯全集》第3卷，人民出版社，1960。
[102]《马克思恩格斯全集》第12卷，人民出版社，1962。
[103]《马克思恩格斯全集》第16卷，人民出版社，1964。
[104]《马克思恩格斯全集》第20卷，人民出版社，1971。
[105]《马克思恩格斯全集》第46卷上册，人民出版社，1979。
[106]《马克思恩格斯全集》第46卷下册，人民出版社，1980。
[107]《马克思恩格斯全集》第47卷，人民出版社，1979。
[108]《马克思恩格斯选集》第1~4卷，人民出版社，1995。
[109]〔德〕马克斯·舍勒:《资本主义的未来》，罗悌伦等译，生活·读书·新知三联书店，1997。
[110]〔德〕马克斯·韦伯:《新教伦理与资本主义精神》，苏国勋、覃方明、赵立玮、秦明瑞译，社会科学文献出版社，2010。
[111]〔美〕马斯洛等:《人的潜能和价值——人本主义心理学译文集》，林方主编，华夏出版社，1987。
[112]〔美〕马歇尔·伯曼:《一切坚固的东西都烟消云散了——现代性体验》，徐大建、张辑译，商务印书馆，2003。
[113]〔英〕迈克·费瑟斯通:《消费文化与后现代主义》，刘精明译，译林出版社，2000。
[114]〔英〕梅格纳德·德赛:《马克思的复仇——资本主义的复苏和苏联集权社会主义的灭亡》，汪澄清译，中国人民大学出版社，2008。
[115]〔英〕I. 梅扎罗斯:《超越资本——关于一种过渡理论》，郑一明

等译，中国人民大学出版社，2003。

[116] 孟繁华：《众神狂欢——当代中国的文化冲突问题》，今日中国出版社，1997。

[117] 孟莉英：《我国“文化低保”略论》，《中共中央党校学报》2012年第3期。

[118]〔德〕尼采：《悲剧的诞生》，周国平译，生活·读书·新知三联书店，1986。

[119]〔美〕尼尔·波兹曼：《娱乐至死》，章艳译，广西师范大学出版社，2004。

[120]〔美〕尼古拉·尼葛洛庞帝：《数字化生存》，胡泳、范海燕译，海南出版社，1996。

[121]〔美〕欧文·白璧德：《两种类型的人道主义者——培根与卢梭》，赵燕灵、宋念申译，载于美国《人文》杂志社、三联书店编辑部编《人文主义——全盘反思》，生活·读书·新知三联书店，2006。

[122]〔美〕欧文·佩基：《进步的演化》，蔡昌雄译，内蒙古人民出版社，1998。

[123]〔法〕皮埃尔·布尔迪厄：《关于电视》，许钧译，辽宁教育出版社，2000。

[124] 齐鹏：《人的感性解放与精神发展》，《哲学研究》2004年第4期。

[125] 卿前龙：《什么是休闲？——国外不同学科学者对休闲的理解》，《国外社会科学》2006年第4期。

[126] 卿前龙：《西方休闲研究的一般性考察》，《自然辩证法研究》2005年第1期。

[127]〔法〕让·波德里亚：《消费社会》，刘成富、全志钢译，南京大学出版社，2001。

[128]〔法〕让·波德里亚：《象征交换与死亡》，车槿山译，译林出版社，2006。

[129]〔法〕让—雅克·卢梭：《孤独漫步者的遐想》，钱培鑫译，译林出版社，2006。

[130]〔埃及〕萨米尔·阿明:《全球化时代的资本主义——对当代社会的管理》,丁开杰等译,中国人民大学出版社,2005。

[131]〔法〕尚·布希亚:《物体系》,林志明译,上海人民出版社,2001。

[132] 沈爱民:《闲暇的本质与人的全面发展》,《自然辩证法研究》2004年第6期。

[133]〔美〕斯科特·拉什、约翰·厄里:《组织化资本主义的终结》,征庚圣、袁志田等译,江苏人民出版社,2001。

[134] 宋瑞主编《2017~2018年中国休闲发展报告》,社会科学文献出版社,2018。

[135] 孙承叔:《关于资本的哲学思考——读〈1857—1858年经济学手稿〉》,《东南学术》2005年第2期。

[136]〔韩〕孙海植等:《休闲学》,朴松爱、李仲广译,东北财经大学出版社,2005。

[137] 孙周兴选编《海德格尔选集》,生活·读书·新知上海三联书店,1996。

[138] 覃立、马卫平:《对快的叛逆　对慢的向往——"慢生活"运动对休闲体育的启示》,《体育学刊》2008年第3期。

[139]〔英〕特里·伊格尔顿:《历史中的政治、哲学、爱欲》,马海良译,中国社会科学出版社,1999。

[140]〔英〕特里·伊格尔顿:《美学意识形态》,王杰、傅德根、麦永雄译,广西师范大学出版社,1997。

[141]〔美〕托马斯·古德尔、杰弗瑞·戈比:《人类思想史中的休闲》,成素梅、马惠娣、季斌、冯世梅译,云南人民出版社,2000。

[142] 王宁:《消费社会学》,社会科学文献出版社,2001。

[143] 王琪延:《中国人的生活时间分配》,经济科学出版社,2000。

[144] 王雅林、董鸿扬主编《闲暇社会学》,黑龙江人民出版社,1992。

[145] 王雅林主编《城市休闲——上海、天津、哈尔滨城市居民时间分配的考察》,社会科学文献出版社,2003。

[146]〔波〕维克多·奥辛廷斯基:《未来启示录——苏美思想家谈未来》,

徐元译，上海译文出版社，1988。

[147] 〔美〕威廉·巴雷特：《非理性的人——存在主义哲学研究》，杨照明、艾平译，商务印书馆，1995。

[148] 〔美〕文森特·帕里罗、约翰·史汀森、阿黛思·史汀森：《当代社会问题》，周兵、单弘、蔡翔译，华夏出版社，2002。

[149] 〔德〕乌尔里希·贝克、〔英〕安东尼·吉登斯、〔英〕斯科特·拉什：《自反性现代化——现代社会秩序中的政治、传统与美学》，赵文书译，商务印书馆，2001。

[150] 吴成忠：《国外休闲政策实践及其启示》，《武汉大学学报》（哲学社会科学版）2015 年第 2 期。

[151] 吴宁：《日常生活批判——列斐伏尔哲学思想研究》，人民出版社，2007。

[152] 吴文新：《闲暇、自由和休闲——从马克思"工作日"理论看休闲的内容和必然性》，《毛泽东邓小平理论研究》2005 年第 9 期。

[153] 夏甄陶：《人是什么》，商务印书馆，2000。

[154] 〔英〕肖恩·塞耶斯：《马克思主义与人性》，冯颜利译，东方出版社，2008。

[155] 徐长福：《劳动的实践化和实践的生产化——从亚里士多德传统解读马克思的实践概念》，《学术研究》2003 年第 11 期。

[156] 徐长福：《人的价值本质与事实本质的辩证整合——马克思关于人的本质的思想及其解释过程新探》，《中山大学学报》（社会科学版）2003 年第 5 期。

[157] 许斗斗：《休闲、消费与人的价值存在——经济的和非经济的考察》，《自然辩证法研究》2001 年第 5 期。

[158] 许斗斗：《马克思休闲价值思想探析》，《学术研究》2006 年第 5 期。

[159] 〔英〕亚当·斯密：《国民财富的性质和原因的研究》（上卷），郭大力、王亚南译，商务印书馆，1972。

[160] 〔古希腊〕亚里士多德：《形而上学》，吴寿彭译，商务印书馆，1995。

[161] 〔古希腊〕亚里士多德：《政治学》，吴寿彭译，商务印书馆，1996。

[162]〔古希腊〕亚里士多德:《尼各马可伦理学》,廖申白译,商务印书馆,2003。
[163] 杨劲松:《国外休假制度及其对中国的借鉴》,《旅游学刊》2006年第11期。
[164] 衣俊卿:《回归生活世界的文化哲学》,黑龙江人民出版社,2000。
[165] 衣俊卿:《现代性的维度及其当代命运》,《中国社会科学》2004年第4期。
[166]〔德〕尤尔根·哈贝马斯:《作为"意识形态"的技术与科学》,李黎、郭官义译,学林出版社,1999。
[167]〔德〕于尔根·哈贝马斯:《现代性的哲学话语》,曹卫东译,译林出版社,2004。
[168] 于光远:《吃·喝·玩——生活与经济》,华东师范大学出版社,2001。
[169] 于光远:《论普遍有闲的社会》,中国经济出版社,2005。
[170] 于光远、马惠娣:《关于"闲暇"与"休闲"两个概念的对话录》,《自然辩证法研究》2006年第9期。
[171] 于光远、马惠娣:《十年对话录——关于休闲学研究的基本问题》,重庆大学出版社,2008。
[172] 于海:《西方社会思想史》,复旦大学出版社,1993。
[173] 俞可平主编《全球化时代的"马克思主义"》,中央编译出版社,1998。
[174] 俞吾金:《论马克思对西方哲学传统的扬弃——兼论马克思的实践、自由概念与康德的关系》,《中国社会科学》2001年第3期。
[175] 俞吾金:《马克思对现代性的诊断及其启示》,《中国社会科学》2005年第1期。
[176]〔美〕约翰·凯利:《走向自由——休闲社会学新论》,赵冉译,云南人民出版社,2000。
[177]〔美〕约翰·肯尼思·加尔布雷思:《富裕社会》,赵勇、周定瑛、舒小昀译,江苏人民出版社,2009。
[178]〔美〕约翰·奈斯比特:《大趋势——改变我们生活的十个新方向》,梅艳译,中国社会科学出版社,1984。

[179] 〔英〕约翰·特莱伯编著《休闲经济与案例分析》，李文峰编译，辽宁科学技术出版社，2007。

[180] 〔德〕约瑟夫·皮珀：《闲暇：文化的基础》，刘森尧译，新星出版社，2005。

[181] 岳培宇、楼嘉军：《国内休闲理论研究阶段、重点及评述》，《北京第二外国语学院学报》2005 年第 5 期。

[182] 〔美〕詹姆斯·米勒：《福柯的生死爱欲》，高毅译，上海人民出版社，2003。

[183] 周宪：《审美现代性批判》，商务印书馆，2005。

[184] 〔美〕朱丽叶·斯格尔：《过度劳累的美国人》，赵惠君、蒋天敏译，重庆大学出版社，2010。

[185] 朱晓慧：《新马克思主义消费文化批判理论》，学林出版社，2008。

二　外文文献

[1] Brightbill, Chales K. , *The Challenge of Leisure*, Prentice-Hall, 1963.

[2] Csikszentmihalyi, Mihaly, *Flow—The Psychology of Optimal Experience*, Harper & Row, 1990.

[3] de Tocqueville, Alexis, *Democracy in American*, Vol. I and II, Henry Reeve trans. , The Colonial Press, 1899.

[4] Dulles, F. , *A History of Recreation*: *America Learns to Play*, Appleton-Century-Crofts, 1972.

[5] Dumazedier, J. , *Towards a Society of Leisure*, The Free Press, 1967.

[6] Fromm, Erich, *The Revolution of Hope*: *Toward a Humanized Technology*, Harper & Row, 1968.

[7] Galbraith, John Kenneth, *The New Industrial State*, Houghton Mifflin Company, 1967.

[8] Gist, N. P. , Fava, S. F. , *Urban Society*, Thomas Y. Crowell Company, 1964.

[9] Grazia, D. , *Of Time*, *Work and Leisure*, The Twentieth Century Fund,

1962.

[10] Greif, M., *The Holiday Book: America's Festival and Celebrations*, Universe Books, 1978.

[11] Henderson, H., *The Politics of the Solar Age: Alternatives to Economics*, Anchor Doubleday, 1981.

[12] Henri Lefebvre, *Critique of Everyday Life*, Verso, 1991.

[13] Keynes, John Maynard, "Economic Possibilities for Our Grandchildren," in *Essays in Persuasion*, W. W. Norton & Company, 1963.

[14] Linder, S., *The Harried Leisure Class*, Columbia University Press, 1970.

[15] Neulinger, John, *An Introduction to Leisure*, Allyn and Bacon, 1981.

[16] Priestley, Joseph B., *Man and Time*, Aldus Books Limited, 1964.

[17] Rybczynski, W., *Waiting for the Weekends*, Penguin Books, 1991.

[18] Scheucsh, Erwin, "The Time Budget Interview," in Alexander Szalai (ed.), *The Use of Time-Daily Activities of Urban and Suburban Populations in Twelve Countries*, Mouton, 1972.

后记

本书是在我的博士学位论文的基础上修改而成的。回想博士学位论文的撰写过程，感慨万千。樱花年年绽放，枫叶岁岁飘红，珞珈山四年美好的求学时光永远值得怀念。四年里所有的艰辛、努力、喜悦与收获最终积淀成一份珍贵的财富，让我受益终生。

首先，衷心感谢我的恩师姜锡润教授。姜老师在学业上和生活中给予我无微不至的关心和帮助，令我终生难忘。从第一次给我们拟出必读书目、时时敦促我们要多读书到认真修改、悉心指导我的每一篇小论文，我的每一点进步都凝聚着姜老师的心血与教诲。对于我的博士学位论文，姜老师更是从选题到开题，从逻辑结构到具体论证，从格式规范到遣词造句乃至标点符号，都给予我详细的指导和建议。我很多次在深夜甚至凌晨一两点收到姜老师关于论文修改意见的邮件，在深深感恩与愧疚的同时，发自肺腑地为姜老师严谨治学的态度动容。我唯有竭尽全力不断提高自己以报师恩。姜老师为人谦和、豁达的品格于我而言也是一种无声的教诲，他让我学会在逆境中不轻言放弃，并在为人处世方面不断成长。在生活中，不仅姜老师本人，师母郭老师对我及家人也关怀备至，借此机会向师母表达深深的谢意。

论文开题及写作过程中，萧诗美教授、赵凯荣教授、赵士发教授、李佃来教授、李志副教授等多位老师就我的论文结构和内容提出了许多宝贵意见，为我指点迷津，厘清思路。李佃来老师每次都耐心地回复我的邮件，并给我鼓励。对于诸位老师的谆谆教诲，我将铭记于心并深表谢意。我还要衷心感谢这些年来教导和关心过我的汪信砚教授、何萍教授、陈立新教授等，你们的人生智慧、丰富学识和人格魅力让我如沐春风、受益匪浅，谢谢你们！感谢学院徐萍书记、张辉老师和颜彦老师等长期以来对我学习和生活的大力关照。

此外，感谢2011级所有同仁给予我学业上的帮助和生活中的照顾，我定会将这份难得的情谊一直珍藏于心底。特别感谢朱银银和江海全同学熬夜帮我校对论文。还要感谢与我一起并肩奋战的“战友”：美学专业的陈静同学和法学专业的杨瑛同学。不仅对学术问题的讨论、揣度常常能激发我们写作的灵感，帮助我们厘清写作思路，而且相互间的鼓励、开解使那段最难熬的日子少了几分艰辛，多了几分豪迈。

最后，当然要感谢一直支持并陪伴我的家人。论文写作期间，我成了家里的重点保护对象。工作繁忙的丈夫承担了更多的家务，懂事的儿子学会了照顾自己；远在异国的妹妹帮助我收集国外的相关资料，并一直鼓励我；在老家的父母时刻关注我的论文进展和身体状况。记得博士学位论文完成之后，父亲让我专门寄一份给他，说他要研读。世事无常，四年后的今天，父亲已不在了，很遗憾他没能成为这本书的读者。

生命的奇异之处正在于它的无法预料吧，修改本书的过程中，我的小儿子出生了，感谢上苍赐予我的礼物，感谢小儿子给我带来的无尽欢乐！

由于时间仓促，本书有太多不足，还望各位专家和读者斧正！

周海荣

2019年8月6日